Thorsten Sellhorn
Steuersatz und Verfassungsrecht

Thorsten Sellhorn

Steuersatz und Verfassungsrecht

Rechtliche Vorgaben für ein politisches Instrument

Mit einem Geleitwort von
Prof. Dr. Hermann-Wilfried Bayer

Springer Fachmedien Wiesbaden GmbH

Die Deutsche Bibliothek – CIP-Einheitsaufnahme

Sellhorn, Thorsten:
Steuersatz und Verfassungsrecht : rechtliche Vorgaben für ein politisches Instrument
/ Thorsten Sellhorn. Mit einem Geleitw. von Hermann-Wilfried Bayer.
(DUV : Wirtschaftswissenschaft)
ISBN 978-3-8244-0405-6   ISBN 978-3-663-08977-3 (eBook)
DOI 10.1007/978-3-663-08977-3

Alle Rechte vorbehalten
© Springer Fachmedien Wiesbaden 1998
Ursprünglich erschienen bei Deutscher Universitäts-Verlag GmbH,
Wiesbaden, 1998

Lektorat: Monika Mülhausen

http://www.duv.de

Gedruckt auf säurefreiem Papier

ISBN 978-3-8244-0405-6

Meinen Eltern,
Dieter & Dorothea Sellhorn,
in Liebe und Dankbarkeit

Geleitwort

Wer sich etwas gründlicher mit denjenigen Vorschriften innerhalb der Steuergesetze beschäftigt, die die Regelung des Steuersatzes zum Inhalt haben, stellt sehr bald fest, daß sie sich von den Vorschriften allen sonstigen Inhalts auf zumindest zweifache Art und Weise abheben. Gehört ein steuergesetzlicher Rechtssatz dem Steuersatz- oder, wie man es in etwa genauso auch ausdrücken kann, dem Steuertarifrecht an, so zeichnet er sich nämlich einmal dadurch aus, daß seine juristische Existenz eher eine solche "am Rande" des Notwendigen ist, er seinen Platz im Gesetzestext nicht ein einziges Mal an erster oder zweiter Stelle, sondern immer erst gegen Schluß findet. Eine zweite Eigenart tritt hinzu. Läßt sich von einem steuergesetzlichen Rechtssatz sagen, daß er im Recht der Steuersätze zu Hause ist, so bedeutet das auch, daß sein Inhalt die breitere Öffentlichkeit im Zweifel ganz außergewöhnlich stark bewegt, sich für diese eine Einkommensteuerreform, man denke nur an die Reformdebatten der letzten zwei Jahre, schon in nichts anderem als darin manifestiert, daß der Spitzensatz der Einkommensteuer um vier "Punkte" von 53 auf 49 oder um acht "Punkte" von 53 auf 45 v.H. sinkt. Das Steuersatzrecht besitzt, man mag die Dinge drehen und wenden wie man will, ein dem übrigen Steuerrecht so nicht bekanntes Doppelgesicht: Es führt steuersystematisch ein Schattendasein, steuerpolitisch steht es im Rampenlicht.

Die vorliegende Arbeit setzt es sich zum Ziel, den Problemen, die sich zum Teil schon über mehr als ein Jahrhundert hinweg mit der Regelung der Steuersätze verbinden, unter Zugrundelegung einer modernen Methodik zu Leibe zu rücken. Der Verfasser gliedert seine Arbeit dazu im wesentlichen in drei große Teile. In einem ersten Teil geben seine Ausführungen einen Überblick über all diejenigen Äußerungen in Lehre und Rechtsprechung, die sich zum einem dem Begriff und zum zweiten den Erscheinungsformen des Steuersatzes widmen. Der Verfasser erkennt schon an dieser Stelle sehr treffend, daß sich ein Urteil über die "Richtigkeit" eines Steuersatzes oft nur dann gewinnen läßt, wenn man dessen Eigenart in dem Zusammenspiel zwischen ihm und seiner Bemessungsgrundlage sieht, ihn als "Steuersatz im weiteren Sinne" begreift. Es kommt außerdem schon hier zum Vorschein, daß es in der Tat kaum eine Frage des Steuersatzrechts gibt, die nicht auch eine Frage des progressiv gestalteten Einkommensteuertarifs wäre.

Im Rahmen des zweiten Teils seiner Überlegungen geht der Verfasser den, wie er sie nennt, "Formalen Besteuerungsgrundsätzen" nach, dies im großen und ganzen im Hinblick auf die Frage, ob und inwieweit die bestehenden Steuersatzvorschriften durch das Prinzip der Rechtssicherheit und dessen einzelne Ausprägungen gerechtfertigt werden. Dem Leser begegnen damit an dieser Stelle drei je eigene Abschnitte, von denen der erste die Steuersätze aus dem Blickwinkel des Prinzips der Gesetzmäßigkeit der Besteuerung zu beleuchten versucht, während der zweite und dritte dasselbe aus dem Blickwinkel der Prinzipien der Tatbestandsmäßigkeit und der Einfachheit der Besteuerung tun. Das Schwergewicht liegt, durch den Titel der Arbeit als solchen schon vorgezeichnet, auf dem zweiten Punkt. Ihn benutzt der Verfasser dazu, um sich insbesondere damit auseinanderzusetzen, ob der Steuersatz innerhalb des einzelnen Steuergesetzes mehr als auf der Seite des Steuertatbestandes oder mehr als auf der Seite der steuerlichen Rechtsfolge stehend zu denken ist, ob sich also, anders gewendet, begründete Einwendungen dagegen erheben lassen, daß der Steuersatz in der von mir entwickelten Stufenbaulehre in dem gleichen Sinne als mit den Ingredienzien eines Tatbestandselements versehen erscheint, in dem das für das Steuersubjekt, den Steuergegenstand und den Steuermaßstab gelten soll. Mit Fontane: Ein weites Feld!

Der Verfasser wendet sich schließlich in einem dritten Teil noch den, in seinen Worten, "Inhaltlichen Besteuerungsgrundsätzen" zu. Er legt es damit darauf an, das Steuersatzrecht der wichtigsten Steuerarten an den ihnen gemäßen Gerechtigkeitsmaßstäben zu messen, die Einkommensteuer, die Körperschaftsteuer und einige weitere an dem Prinzip der Besteuerung nach der Leistungsfähigkeit, die Grundsteuer und die Gewerbesteuer an dem der Besteuerung nach der Äquivalenz. Namentlich innerhalb des weiten Bereichs der Einkommensteuer kommen so gut wie alle verfassungsrechtlich relevanten Gesichtspunkte zur Sprache, auch die Rechtsgeschichte und die Rechtsvergleichung finden, wenngleich naturgemäß nur punktuell, Eingang in das vom Verfasser Gesagte.

Die Arbeit hat der Wirtschaftswissenschaftlichen Fakultät der Ruhr-Universität Bochum im Spätsommer 1997 als Diplomarbeit im Fach Steuerrecht vorgelegen. In meiner Eigenschaft als der für die Arbeit verantwortliche Fachgutachter habe ich sie mit der mir zu Verfügung stehenden Höchstnote bewertet. Die Arbeit gibt die Rechtsprechung und das Schrifttum im wesentlichen nach dem Stande vom August 1997 wieder, berücsichtigt darüber hinaus nur auch schon meine im Spätherbst 1997 im Verlag Walter de Gruyter & Co., Berlin und New York, als Großes Lehrbuch erschienene "Steuerlehre".

Hermann - Wilfried Bayer

Vorwort

Steuersätze entscheiden über die finanzielle Belastung von Bürgern und Wirtschaft. Die Tatsache, daß diese weitreichende Entscheidung sich für einen Großteil der Steuern in einer einzigen Zahl oder Formel ausdrückt, hat zur Folge, daß der Steuersatz ein beliebtes Objekt finanzpolitischer Überlegungen ist. Als solches stößt er auf besonderes Interesse in der aktuellen politischen Diskussion.

Die nachfolgende Untersuchung betrachtet die Steuersätze aus dem Blickwinkel des Steuerverfassungsrechts. Sie geht der Frage nach, welche formalen und inhaltlichen Besteuerungsgrundsätze der Gesetzgeber beim Erlaß oder bei der Änderung von Steuersätzen beachten muß.

Die vorliegende Arbeit wurde im August 1998 dem Prüfungsamt der Wirtschaftswissenschaftlichen Fakultät der Ruhr-Universität Bochum als Diplomarbeit mit dem Titel „Der Steuersatz im Rahmen der Lehre vom Stufenbau des Steuertatbestandes" vorgelegt.

Mein Dank gilt in allererster Linie meinem akademischen Lehrer, Herrn Professor Dr. Hermann-Wilfried Bayer, für die Anregung des Themas und die kritische Betreuung der Arbeit. Thematisch setzt sich der vorliegende Text in weiten Teilen mit der von Herrn Prof. Bayer entwickelten Lehre vom Stufenbau des Steuertatbestandes auseinander, die ihre aktuellste Form zuletzt in seinem Buch „Steuerlehre" (de Gruyter, 1998) gefunden hat. Daneben danke ich Frau Gabriele Bourgon, die mir bei der Bewältigung der mit der Veröffentlichung verbundenen Schwierigkeiten stets zur Seite gstanden hat.

Bei der Anfertigung dieser Arbeit habe ich immer auf die stetige und wohlwollende Unterstützung durch meine Eltern, Dieter und Dorothea Sellhorn, rechnen dürfen. Ihre liebevolle Geduld und ihr dauerhafter Optimismus haben es mir ermöglicht, dieses Projekt zu einem guten Abschluß zu bringen. Ganz besonders erwähnen möchte ich außerdem meine Freundin, Melania Stelmach, die mir in dieser Zeit mit ständiger Diskussions- und Hilfsbereitschaft, juristischem Sachverstand und nicht zuletzt mit ihrem Verständnis hilfreich zur Seite gestanden hat.

Dem Deutschen Universitäts-Verlag möchte ich dafür danken, daß er meiner Arbeit zur Veröffentlichung in seinem Verlagsprogramm verholfen hat. Meine besondere Verbundenheit gilt Frau Monika Mülhausen, die mich bei der Herstellung der Druckvorlage sowie der Abwicklung verschiedener verlagstechnischer Probleme stets kenntnisreich unterstützt hat.

Weiterhin danke ich der Studienstiftung des deutschen Volkes, die mich während der Entstehung der Arbeit finanziell gefördert hat.

Die vorliegende Untersuchung ist im Kern am 1. August 1997 abgeschlossen worden. Änderungen der Rechtslage, die zu einem späteren Zeitpunkt in Kraft getreten sind, habe ich leider nicht mehr berücksichtigen können.

Thorsten Sellhorn

INHALTSVERZEICHNIS

Abbildungsverzeichnis

Abkürzungsverzeichnis

Abs.	Absatz
ÄndG	Änderungsgesetz
AO	Abgabenordnung
AöR	Archiv des öffentlichen Rechts (Zeitschrift)
Art.	Artikel; Article
AusfBest	Ausführungsbestimmung
BB	Betriebs-Berater (Zeitschrift)
Bd.	Band
BdF	Bundesminister der Finanzen
BefSt	Beförderungsteuer
Begr.	Begründung
Beih.	Beihefter
ber.	berichtigt
BeschlEmpf	Beschlußempfehlung
BewG	Bewertungsgesetz
BFH	Bundesfinanzhof
BFHE	Sammlung der Entscheidungen und Gutachten des Bundesfinanzhofs
BGB	Bürgerliches Gesetzbuch
BGBl	Bundesgesetzblatt
BMF	Bundesministerium der Finanzen
BranntwMonG	Branntweinmonopolgesetz
BR-Drucks.	Bundesrats-Drucksache
BSHG	Bundessozialhilfegesetz
Bsp.	Beispiel
BStBl	Bundessteuerblatt
BT-Drucks.	Bundestags-Drucksache
Buchst.	Buchstabe
BV	Bundesverfassung
BVerfG	Bundesverfassungsgericht
BVerfGE	Amtliche Sammlung der Entscheidungen des Bundesverfassungsgerichts
BVerwG	Bundesverwaltungsgericht
BVerwGE	Amtliche Sammlung der Entscheidungen des Bundesverwaltungsgerichts
BVwVfG	Bundesverwaltungsverfahrensgesetz
BW	Baden-Württemberg
BWGZ	Baden-Württembergische Gemeindezeitschrift (Zeitschrift)

DB	Der Betrieb (Zeitschrift)
ders.	derselbe
dies.	dieselbe(n)
DJT	Deutscher Juristentag
DÖV	Die Öffentliche Verwaltung (Zeitschrift)
Drucks.	Drucksache
DStJG	Deutsche Steuerjuristische Gesellschaft
DStR	Deutsches Steuerrecht (Zeitschrift)
DStZ	Deutsche Steuer-Zeitung (Zeitschrift)
DStZ/A	Deutsche Steuer-Zeitung Teil A (Zeitschrift)
EFG	Entscheidungen der Finanzgerichte (Zeitschrift)
EG	Europäische Gemeinschaft
EinfGRealStG	Einführungsgesetz zu den Realsteuergesetzen
ErbSt	Erbschaftsteuer
ErbStG	Erbschaftsteuergesetz
Est	Einkommensteuer
EstG	Einkommensteuergesetz
ESVGH	Entscheidungssammlung des Hessischen und Baden-Württembergischen Verwaltungsgerichtshofs
EU	Europäische Union
FA	Finanzarchiv (Zeitschrift)
FG	Finanzgericht
FGO	Finanzgerichtsordnung
FKPG	Gesetz zur Umsetzung des Föderalen Konsolidierungsprogramms
FR	Finanz-Rundschau (Zeitschrift)
FS	Festschrift
G	Gesetz
GenBeschlG	Genehmigungsverfahrensbeschleunigungsgesetz
Ges.-Slg.	Gesetzessammlung
GewESt	Gewerbeertragsteuer
GewSt	Gewerbesteuer
GewStG	Gewerbesteuergesetz
GG	Grundgesetz
GmbH & Co KG	Gesellschaft mit beschränkter Haftung und Compagnie Kommanditgesellschaft
GO	Gemeindeordnung

GoB	Grundsätze ordnungsmäßiger Buchführung (und Bilanzierung)
GrESt	Grunderwerbsteuer
GrEStG	Grunderwerbsteuergesetz
GrSt	Grundsteuer
GrStG	Grundsteuergesetz
GS	Gedächtnisschrift
GVBl	Gesetz- und Verordnungsblatt
GV NW	Gesetz- und Verordnungsblatt für das Land Nordrhein-Westfalen

H.	Heft
HdbKommWissPrax	Handbuch der kommunalen Wissenschaft und Praxis
HdF	Handbuch der Finanzwissenschaft
HdWW	Handwörterbuch der Wirtschaftswissenschaften
Hrsg.	Herausgeber
HStR	Handbuch des Staatsrechts der Bundesrepublik Deutschland
HSW	Handwörterbuch der Sozialwissenschaften
HwS	Handwörterbuch der Staatswissenschaften
HwStR	Handwörterbuch des Steuerrechts

JA	Juristische Arbeitsblätter (Zeitschrift)
JStErgG	Jahressteuerergänzungsgesetz
JStG	Jahressteuergesetz
JuS	Juristische Schulung (Zeitschrift)
JZ	Juristenzeitung (Zeitschrift)

KAG	Kommunalabgabengesetz
KapESt	Kapitalertragsteuer
KAVO	Kommunalabgabenverordnung
KfzSt	Kraftfahrzeugsteuer
KiSt	Kirchensteuer
KSt	Körperschaftsteuer
KStG	Körperschaftsteuergesetz
KStZ	Kommunale Steuer-Zeitschrift (Zeitschrift)

LdR/StuFR	Lexikon des Rechts/Steuer- und Finanzrecht
LSt	Lohnsteuer

MBl	Ministerialblatt
Nds.	Niedersachsen
N.F.	Neue Folge
NJW	Neue Juristische Wochenschrift (Zeitschrift)
NW	Nordrhein-Westfalen
o.V.	ohne Verfasser
OVG	Oberverwaltungsgericht
preuß.	Preußisch
PreußOVG	Preußisches Oberverwaltungsgericht
PreußOVGE	Entscheidungen des Preußischen Oberverwaltungsgerichts
PreußVBl	Preußisches Verwaltungsblatt
PTNeuOG	Postneuordnungsgesetz
RAO	Reichsabgabenordnung
Rdn	Randnummer
RFHE	Sammlung der Entscheidungen und Gutachten des Reichsfinanzhofs
RGBl	Reichsgesetzblatt
RP	Rheinland-Pfalz
RVO	Rechtsverordnung
Schs.	Sachsen
SpielbankAbg	Spielbankabgabe
SpielbankG	Gesetz über die Zulassung öffentlicher Spielbanken
SpielbankVO	Verordnung über öffentliche Spielbanken
SR	Systematische Sammlung des (Schweizer) Bundesrechts
St	Steuer
StabG	Stabilitätsgesetz
StandOG	Standortsicherungsgesetz
StAnpG	Steueranpassungsgesetz
StBemG	Steuerbemessungsgrundlage
StbJb	Steuerberater-Jahrbuch
StEK	Steuererlasse in Karteiform
SteuerStud	Steuer und Studium (Zeitschrift)
StG	Steuergesetz

StuW	Steuer und Wirtschaft (Zeitschrift)
StVj	Steuerliche Vierteljahresschrift (Zeitschrift)
USA	United States of America
USt	Umsatzsteuer
USt-ÄndG	Umsatzsteuer-Änderungsgesetz
UStG	Umsatzsteuergesetz
VGH	Verwaltungsgerichtshof
VjSchrStuFR	Vierteljahresschrift für Steuer- und Finanzrecht (Zeitschrift)
VO	Verordnung
VSt	Vermögensteuer
VStG	Vermögensteuergesetz
VVDStRL	Veröffentlichungen der Vereinigung der Deutschen Staats-rechtslehrer
WiSt	Wirtschaftswissenschaftliches Studium (Zeitschrift)
WRV	Weimarer Reichsverfassung
ZKF	Zeitschrift für Kommunalfinanzen (Zeitschrift)
ZwSt	Zweitwohnungsteuer

*"Ich scheine in einer Zeit zu leben, da man Probleme lieber mit Wort-
nebeln umhüllt, als daß man versuchte, sie zu lösen, und wäre es auch
nur in aller Bescheidenheit und, was dabei unvermeidlich ist,
tastend."*

JEAN-LOUIS SERVAN-SCHREIBER, *L'art du temps, 1984*

Einleitung

Wohl kaum ein anderes Thema scheint in der aktuellen finanzpolitischen Diskussion so
großes Interesse auf sich zu ziehen wie die - mittlerweile wohl endgültig gescheiterte - sog.
Große Steuerreform.[1] Im Zusammenhang mit diesem Gesetzespaket waren zahlreiche Maßnahmen diskutiert worden, die eine Erhöhung oder Senkung von Steuersätzen zum Gegenstand haben. Der Steuersatz entscheidet zum einen über das Steueraufkommen, also über die
Einnahmenseite der öffentlichen Haushalte. Zum anderen bestimmt er letztlich die Steuerbelastung von Bürgern und Wirtschaft und beeinflußt damit die Wettbewerbsfähigkeit des Wirt-
schaftsstandorts Deutschland. Der Steuersatz ist somit für zentrale Bereiche des öffentlichen
Lebens höchst bedeutsam.

Mit dieser tragenden politischen Rolle des Steuersatzes scheint es auf den ersten Blick nicht
recht vereinbar zu sein, daß die Steuerrechtswissenschaft sich ihm alles in allem eher zurückhaltend nähert, ihn vielmehr meist dem politischen Gestaltungsspielraum der gesetzgebenden
Gremien überläßt.

Eine Untersuchung der tragenden Grundsätze des Steuerrechts hinsichtlich ihrer Implikationen für die Ausgestaltung und Höhe der Steuersätze könnte möglicherweise helfen, die Entscheidung über die Steuerbelastung des Bürgers wissenschaftlich zu fundieren und somit der
parteipolitischen Willkür zumindest bis zu einem gewissen Grade zu entziehen. Im Rahmen
dieser Arbeit soll aufgezeigt werden, welchen Fragestellungen sich eine solche Untersuchung
zuzuwenden hätte. Ein Anspruch auf Vollständigkeit kann hier freilich nicht erhoben werden.

Der Gang der Untersuchung wird eröffnet von einer grundlegenden Begriffserklärung (A).
Der sich daran anschließende Hauptteil besteht aus drei großen Kapiteln. Den Schluß der Arbeit bildet eine thesenförmige Zusammenfassung der Ergebnisse.

Das erste Kapitel (B) befaßt sich mit einer Bestandsaufnahme der Erscheinungsformen, die
für die Ausgestaltung von Steuersätzen zur Verfügung stehen. Im Anschluß an eine Darstellung grundlegendster Einteilungskriterien gilt hier das Hauptinteresse dem Progressionstarif.
Die Ausführungen nehmen die Ergebnisse der finanzwissenschaftlichen Steuertariflehre zum
Ausgangspunkt, weichen von diesen allerdings teilweise ab, um die Verbindung zu steuerjuristischen Grundfragen herzustellen.

Im zweiten Kapitel (C) werden zunächst die aus dem Gebot der Steuerrechtssicherheit folgenden formalen Besteuerungsgrundsätze dargestellt, denen steuerrechtliche Vorschriften zu
genügen haben. Es handelt sich um die Grundsätze der Gesetzmäßigkeit, der Tatbestandsmäßigkeit und der Einfachheit der Besteuerung. Anschließend wird untersucht, welche Bedeutung diese Prinzipien speziell für den Steuersatz entfalten. Der Schwerpunkt der Ausführungen liegt dabei auf der Frage, inwieweit im geltenden Steuerrecht steuersatzrechtliche
Vorschriften vorkommen, die mit den genannten Grundsätzen in Konflikt stehen.

---

[1] Vgl. allein *o.V.*, Nichts geht mehr, Der Spiegel 1997, H. 32, S. 62 ff.

Das dritte und umfangreichste Kapitel (D) widmet sich schließlich der Frage, welche Bedeutung den beiden inhàltlichen Besteuerungsgrundsätzen, nämlich dem Leistungsfähigkeitsprinzip und dem Äquivalenzprinzip, für die Gestaltung steuersatzrechtlicher Vorschriften zukommt. Zunächst sollen diese Gerechtigkeitsmaximen allgemein dargestellt werden. Anschließend werden die positiven Aussagen betrachtet, die aus ihnen für die Steuersätze der auf ihnen beruhenden Steuern gewonnen werden können. Das Leistungsfähigkeitsprinzip tritt dabei gegenüber dem Äquivalenzprinzip in den Vordergrund. Schließlich sind die derzeit geltenden Steuersätze ausgewählter Steuern daraufhin zu beurteilen, ob und inwieweit sie diesen Anforderungen genügen. Etwaige Abweichungen werden dabei auf ihre politische Rechtfertigung und Zweckmäßigkeit sowie auf ihre Vereinbarkeit mit den Freiheitsgrundrechten untersucht. Besonders auf dem Gebiet der Einkommensteuer soll der Steuersatz Anlaß für die Untersuchung weitergehender Fragestellungen bieten, wohingegen die eher knappe Beurteilung der übrigen Steuern sich auf die wesentlichsten Gesichtspunkte beschränkt.

Alle in der Arbeit verwandten Monographien, Aufsätze, Kommentare und Quellen werden in den Fußnoten in verkürzter Form zitiert. Die vollständigen Angaben sind dem Literaturverzeichnis und dem Quellenverzeichnis zu entnehmen.

A. Der Begriff des Steuersatzes

Der Begriff des Steuersatzes mag aufgrund seiner herausragenden Rolle in der politischen Diskussion einer breiten Öffentlichkeit vertrauter sein als manch anderer steuerlicher Fachbegriff. Gleichwohl erscheint es geboten, den folgenden Untersuchungen eine allgemeine Definition des Steuersatzbegriffs voranzustellen. Denn dem Steuersatz gesellen sich zum einen weitere, ähnliche Begriffe hinzu, zum anderen wird auch er selbst nicht überall einheitlich gebraucht.[2]

In einem allgemeinen Sinne soll hier unter dem Steuersatz diejenige Größe verstanden werden, die das Verhältnis des geschuldeten Steuerbetrags zu der diesem zugrunde liegenden Steuerbemessungsgrundlage darstellt.[3] Alle Normen, die dieses Verhältnis zum Inhalt haben, sollen im folgenden zusammenfassend als steuersatzrechtliche Vorschriften bezeichnet werden.[4] Der Steuersatz hat nach diesem Verständnis den Charakter einer bloßen Variablen, die eine funktionale Beziehung,[5] eine rein mechanische Verknüpfung zwischen zwei Zahlengrößen herstellt.[6] Diese begriffliche Unumstrittenheit[7] sowie der mathematisch-formale Ruch, der dem Steuersatz anhaftet, sind offenbar wesentliche Gründe dafür, daß ihm seitens der rechtswissenschaftlichen Steuerlehre kaum jemals gesteigertes Interesse gegolten hat.[8] Ein genau

---

[2] Vgl. zum Folgenden überblicksartig Übersicht 1 im Anhang.

[3] Bereits v. *Myrbach-Rheinfeld* verstand in seinem Pionierwerk (so *Bayer*, Grundbegriffe 1992, Rdn 465) "Grundriß des Finanzrechts" den Steuersatz als die "Ziffer, welche das Verhältnis der Abgabe zur Besteuerungsgrundlage ausdrückt" (v. *Myrbach-Rheinfeld*, Finanzrecht 1916, S. 105). Die jüngeren Steuerrechtsmonographien, etwa die von *Bayer* (aaO, Rdn 104; jetzt auch *ders.*, Steuerlehre 1997, Rdn 1453), *Tipke/Lang* (Steuerrecht 1996, § 7 Rdn 33) und *Kruse* (Steuerrecht 1991, S. 73) stimmen damit im wesentlichen überein.

[4] Diese allgemeine Formulierung erscheint eingangs der vorliegenden Arbeit angebracht, um nicht dem Rechtscharakter derjenigen Normen vorzugreifen, die den Steuersatz enthalten (vgl. dazu unten C I).

[5] Dieses generelle Verständnis des Steuersatzes kommt im finanzwissenschaftlichen Schrifttum in Form einer mathematischen Zuordnungsvorschrift, der sog. Steuertariffunktion, zum Ausdruck, der jeder denkbaren Höhe der Bemessungsgrundlage einen Steuerbetrag zuordnet (vgl. *Zimmermann/Henke*, Finanzwissenschaft 1994, S. 119; ebenso *Bös/Genser*, Steuertariflehre, HdWW VII 1977, S. 412 ff, 413).

[6] So bereits *Bühler*, Steuerrecht 1927, S. 11; vgl. aus heutiger Sicht *Birk*, Steuerrecht I 1994, S. 45: "Der Steuersatz ist die Rechengröße, durch deren Anwendung auf die steuerliche Bemessungsgrundlage sich der im Einzelfall zu zahlende Steuerbetrag ... ergibt"; ferner schon *Fechner*, Steuerrecht 1960, S. 3 ("Belastungsgradzahl").

[7] Abweichungen von der obigen Definition finden sich freilich in der einen oder anderen Richtung. Für die junge Steuerrechtswissenschaft war der Steuersatz meist noch selbst eine Geldgröße (vgl. schon *Hensel*, Steuerrecht 1933, S. 60: "Geldsumme, die für jede Steuereinheit zu entrichten ist" [ebenso schon in der ersten Auflage 1924, S. 21]; ähnlich auch *Merk*, Steuerschuldrecht 1926, S. 90; *Crisolli*, Steuerrecht 1933, S. 18). Dies mag damit zusammenhängen, daß früher die Mehrzahl der Steuern mit Festmaßstäben (vgl. unten B I 2) arbeitete. Der genau umgekehrte Umstand, nämlich die Dominanz der Wertmaßstabssteuern (vgl. unten B 1 2) könnte heute dafür verantwortlich sein, daß manche im Steuersatz stets einen Prozentsatz erblicken wollen (*o.V.*, Steuersatz, Gabler-Wirtschafts-Lexikon 1992, S. 3145: "Prozent- oder Promillesätze der Bemessungsgrundlage einer Steuer"). Ist der erste Fall noch nachvollziehbar, so kann es sich im letzteren Fall freilich, wenn man den Steuersatz im obigen allgemeinen Sinne versteht, um kaum mehr als eine terminologische Ungenauigkeit handeln. Da nämlich die Steuerpflicht den Charakter einer Geldleistungsverpflichtung hat (§ 3 I AO 1977), wird man vergebens nach Steuersätzen suchen, die den Pflichtigen dazu anhalten, im Falle der Festmaßstabssteuer von einer nicht-monetären Größe einen Prozentsatz abzuführen, seine Steuerpflicht durch Übereignung von Bier oder Hunden (!) zu begleichen.

[8] Vgl. statt Aller schon *Hensel*, Steuerrecht 1933, S. 60 mit FN 1, für den der Steuersatz "juristisch meist kein besonderes Interesse bietet". Folgerichtig verzichtet eine Reihe von Autoren darauf, in ihren Werken eine

entgegengesetztes Bild bietet die finanzwissenschaftliche Steuerlehre, die dem Steuersatz eine hohe, wenn nicht überragende Bedeutung beimißt. Dies drückt sich am deutlichsten wohl darin aus, daß sie ihm in Gestalt der Steuertariflehre eine eigene Teilwissenschaft gewidmet hat.[9]

Hier klingt bereits an, daß sich dem, was die rechtswissenschaftliche Steuerlehre zumeist als Steuersatz bezeichnet, der Begriff des Steuertarifs hinzugesellt. Das Verhältnis der beiden Begriffe zueinander ist im Steuerrecht umstritten.[10] Werden sie auf der einen Seite als synonym angesehen,[11] so legt man ihnen an anderer Stelle unterschiedliche Bedeutung bei. Dabei wiederum werden unterschiedliche Differenzierungskriterien herangezogen.[12] Der Begriff des

---

allgemeine Definition des Steuersatzes vorzunehmen, sei es einerseits, daß sie den Begriff offenbar als bekannt voraussetzen (so etwa *Schranil*, Besteuerungsrecht 1925; *Bühler/Strickrodt*, Steuerrecht I 1960; *Paulick*, Steuerrecht 1977; *Weber-Fas*, Steuerrecht 1979; *Arndt*, Grundzüge 1988; *Dölfel/Forster/Bilsdorfer*, Steuerrecht 1993), sei es andererseits, daß er bei ihnen allein am Beispiel konkreter einzelsteuergesetzlicher Vorschriften fällt (symptomatisch insofern *Biergans*, Einkommensteuer 1992, S. 8: "Die Steuersätze sind in den verschiedenen Einzelsteuergesetzen klar beschrieben"; vgl. auch *Mirbt*, Steuerrecht 1926, S. 255 [USt]; *Bühler/Strickrodt*, Steuerrecht II 1958, S. 40 [ESt]; *Eckhardt/Labus*, Steuerrecht 1959, S. 100 [ESt]; *Arndt/Zierlinger*, Steuerrecht 1991, S. 96 [ESt]). Zu letzterer Kategorie zählen vor allem auch die Vertreter der Betriebswirtschaftlichen Steuerlehre (vgl. nur *D. Schneider*, Unternehmensbesteuerung 1994, S. 136 [ESt]).

[9] Als Begründer einer geschlossenen formalen Steuertariflehre kann wohl *Bräuer* gelten (so *Bickel*, Steuertariflehre, HSW X 1959, S. 164 ff, 164). Sein Buch "Umrisse und Untersuchungen zu einer Lehre vom Steuertarif" (erschienen 1927) und der diesem vorangehende Beitrag im HwS (*Bräuer*, Steuertarife, HwS VII 1926, S. 1102 ff) können insofern als wegweisend gelten und bilden bis in die heutige Zeit die Basis für diesbezügliche Bemühungen (vgl. etwa *Pollak*, Steuertarife, HdF II 1980, S. 239 ff; *Bickel*, aaO, S. 164 ff; *Bös/Genser*, Steuertariflehre, HdWW VII 1977, S. 412 ff; ferner auch *Schmölders/Kaiser*, Steuertarif, HwStR II 1981, S. 1356 ff; *Zimmermann/Henke*, Finanzwissenschaft 1994, S. 117 ff; *Schmölders/Hansmeyer*, Steuerlehre 1980, S. 83 ff).

[10] Hierbei spielen offenbar sowohl der Einfluß der finanzwissenschaftlichen Steuertariflehre als auch die Terminologie der Steuergesetze eine Rolle. Forschungsobjekt der Tariflehre ist im wesentlichen die steuersatzrechtliche Vorschrift der ESt. Denn zum einen ist die ESt fiskalisch (Aufkommen in 1996: etwa 275 Mrd DM [LSt, veranlagte ESt, Zinsabschlag], also etwa 34 % des Gesamtsteueraufkommens [*BMF*, Unsere Steuern 1997, S. 50 f]) höchst bedeutsam und zum anderen stellt ihr Steuersatz (§ 32a I EStG) die komplizierteste steuersatzrechtliche Vorschrift des geltenden Steuerrechts dar. Beschäftigung mit Steuersätzen heißt, überspitzt formuliert, für Finanzwissenschaft und Steuerrechtswissenschaft zumeist Beschäftigung mit dem ESt-Satz. Dieser wiederum trägt die gesetzliche Bezeichnung "Tarif" (vgl. Überschrift zu §§ 31 f EStG). Diesen Umständen ist es wohl zuzuschreiben, wenn der Begriff des Steuertarifs in der Finanzwissenschaft und - unter deren Einfluß - auch in der Steuerrechtswissenschaft von Fall zu Fall auf die Steuersätze anderer Steuern ausgedehnt wird.

[11] *Bayer* (Steuerlehre 1997, Rdn 1453) verwendet Steuersatz und Steuertarif ausdrücklich als gleichbedeutend (aA *Ball*, Steuerrecht 1925, S. 135: "Regelt ein Gesetz nur eine einzelne Steuer und enthält es nur einen stets gleichen ... Steuersatz, so kann von einem Tarif nicht die Rede sein"). Für *Bayers* Auffassung spricht die AusfBest KAG Nds., Ziff. 1 zu § 2: "Satz der Abgabe ist der auf die jeweilige Maßstabseinheit bezogene Abgabetarif". *Schmölders/Hansmeyer* (Steuerlehre 1980, S. 83) verwenden offenbar den Begriff des Steuertarifs auch in dem allgemeinen Sinne, in dem ein Großteil des steuerrechtswissenschaftlichen Schrifttums den Steuersatz definiert (vgl. oben), nämlich als "funktionale Beziehung zwischen der Bemessungsgrundlage und der Steuerschuld des Pflichtigen".

[12] So taucht vereinzelt die Ansicht auf, der Steuertarif müsse, im Unterschied zum Steuersatz, gesetzlich geregelt sein. Besonders deutlich wird dies im Gabler-Wirtschafts-Lexikon (*o.V.*, Steuertarif, Gabler-Wirtschafts-Lexikon 1992, S. 3147): Steuertarif ist die "gesetzlich festgelegte funktionale Beziehung zwischen der Bemessungsgrundlage einer Steuer und der Steuerschuld". Dies scheint auch dem allgemeinen Sprachgebrauch am ehesten zu entsprechen (vgl. etwa *o.V.*, Steuertarif, Brockhaus-Enzyklopädie 1993, S. 205). Andere wollen unter dem Steuertarif allein den Progressionstarif (vgl. dazu unten B II) verstehen (vgl. *Birk*,

Steuertarifs soll hier im Sinne obiger Definition für die Fälle reserviert sein, in denen zwischen Steuerbetrag und Steuerbemessungsgrundlage ein nicht einheitliches, sondern nach der Höhe der Steuerbemessungsgrundlage differenziertes Verhältnis besteht,[13] in denen also ein Gefüge von Steuersätzen zur Anwendung kommt.[14] Der Sprachgebrauch der Steuergesetze schließt sich dieser Abgrenzung indes nicht durchgehend an.[15] Die Steuertariflehre wiederum verfährt insofern noch etwas anders, als sie unter dem Begriff des Steuertarifs oftmals Steuersatz und Steuerbemessungsgrundlage zusammenfaßt,[16] wohingegen die Steuerrechtswissenschaft beide Elemente seit jeher strikt zu trennen pflegt.[17]

Die Steuergeschichte und das deutschsprachige Ausland kennen im Zusammenhang mit steuersatzrechtlichen Fragen weitere Begriffe. So ist der Steuersatz früher oft auch als Steuerfuß,[18] Steuermaß[19] oder seltener als Steuermeßzahl[20] bezeichnet worden. Besonders in der

---

Steuerrecht I 1994, S. 45). Auch diese Abweichungen hängen wohl mit der Dominanz der ESt zusammen, deren Terminologie auf das gesamte Steuerrecht einwirkt.

[13] Diese Verwendung des Begriffspaars "Steuersatz" und "Steuertarif" scheint der herrschenden Auffassung zu entsprechen. Diese ist seit den Anfängen der Steuerrechtswissenschaft (vgl. bereits *Merk*, Steuerschuldrecht 1926, S. 91: "Ist eine Mehrheit von Steuersätzen aufgestellt, so spricht man von einem Steuertarif"; differenzierend *Ball*, Steuerrecht 1925, S. 134 f) bis heute im wesentlichen unverändert geblieben (vgl. *Tipke/Lang*, Steuerrecht 1996, § 7 Rdn 33: "Die Steuergesetze bezeichnen eine Mehrheit von Steuersätzen als Steuertarif"; wörtlich übereinstimmend bereits *Lang*, Steuervergünstigungen 1974, S. 61; ebenso *Kruse*, Steuerrecht 1991, S. 73; *Koch*, Steuersatz, HwStR II 1981, S. 1342). Konsequenterweise reduziert sich damit ein sinnvoller Gebrauch des Begriffs "Steuertarif" auf den Fall des Progressionstarifs (vgl. unten B II). Denn Steuern, die einer steigenden Bemessungsgrundlage sinkende Steuersätze zuordnen würden (Regression; vgl. dazu unten B IV), gibt es in modernen Steuerrechtsordnungen weit und breit nicht.

[14] Ein solcher Fall soll insb. dann nicht vorliegen, wenn in einem Steuergesetz einer bestimmten Höhe der Bemessungsgrundlage unterschiedlich hohe Steuersätze zugeordnet werden, wobei das Differenzierungskriterium auf einer vorgelagerten Tatbestandsebene liegt (vgl. dazu unten B I 4).

[15] Folgerichtig wird zwar die entsprechende Formel im EStG als "Tarif" (vgl. die Überschrift zu §§ 31 f EStG: "IV. Tarif") und der einzelne Prozentsatz im GrEStG als "Steuersatz" (vgl. § 11 GrEStG) bezeichnet. Es gibt jedoch auch Beispiele für Steuergesetze, in denen die Dinge genau umgekehrt liegen. So wäre für den zweifach differenzierten Aufbau des ErbSt-Satzes (vgl. § 19 ErbStG: "Steuersätze") durchaus die Bezeichnung "Steuertarif" angemessen, wohingegen bei der KSt, die im Regelfall mit einem einzigen Steuersatz auskommt (dementsprechend auch § 23 KStG: "Steuersatz"), die Bezeichnung "Tarif" wohl kaum passen dürfte (so aber im wesentlichen die Überschrift zu §§ 23 f: "Dritter Teil: Tarif"). Zur Terminologie der übrigen Steuernormen vgl. unten Anhang.

[16] Vgl. bereits *Bräuer*, Steuertarife, HwS VII 1926, S. 1102 ff, 1103 ("Die Elemente des Steuertarifes im allgemeinen", der sich indes noch anderer Begriffe bediente (ebenso *Bickel*, Steuertariflehre, HSW X 1959, S. 164 ff; fast wörtlich übereinstimmend *Schöberle*, Tarif, LdR/StuFR 1986, S. 436 ff). Aus jüngerer Zeit vgl. *Schmölders/Kaiser*, Steuertarif, HwStR II 1981, S. 1356 ff; im Kern ebenso, jedoch mit unterschiedlichen Akzenten *Bös/Genser*, Steuertariflehre, HdWW VII 1977, S. 412 ff, 413.

[17] Vgl. statt Aller bereits *v. Myrbach-Rheinfeld* (Finanzrecht 1916, S. 104 f), der die "Besteuerungsgrundlage" (§ 46) und den "Steuersatz" (§ 47) zum Gegenstand eines je eigenen Paragraphen macht.

[18] Als "Steuerfuß" bezeichnete die ältere Steuerlehre (so *Bräuer*, Steuertarife, HwS VII 1926, S. 1102 ff, 1103) im wesentlichen das, was heute unter den Begriff des Steuersatztarifs gefaßt wird (vgl. unten B I 2). Vgl. hierzu *Ball* (Steuerrecht 1925, S. 134) der mit Steuerfuß - in Abgrenzung zum Steuersatz - einen bestimmten "Bruchteil" bezeichnete, der an eine "in Mark berechnete Steuereinheit" anknüpfte; ebenso *Strutz*, Steuerrecht 1922, S. 14.

[19] Der Begriff des Steuermaßes wurde (vgl. etwa *Bickel*, Steuertariflehre, HSW X 1959, S. 164 ff, 164) und wird z.T. heute noch (vgl. *Schöberle*, Tarif, LdR/StuFR 1986, S. 436 ff, 436 f) überwiegend in der Bedeutung des heutigen Steuersatzbegriffs verwendet. Knüpfte er als Prozentzahl an eine monetäre Bemessungsgrundlage an, so nannte man ihn "Steuersatz", im Falle einer nicht-monetären Bemessungsgrundlage hieß er "Steuerbetrag".

Schweiz ist bis heute der Begriff des Steuermasses gebräuchlich.[21] Eine Sonderstellung im deutschen Steuerrecht nimmt der Begriff des Hebesatzes ein, der für die Steuersätze der Realsteuern reserviert ist.[22]

Für die Zwecke der Veranschaulichung von Tarifverläufen und deren Belastungswirkungen kommt es schließlich auf weitere Begriffe an.[23] Der Durchschnitts- oder Effektivsteuersatz[24] gibt den geschuldeten Steuerbetrag in Prozent der Steuerbemessungsgrundlage an.[25] Der Grenz- oder marginale Steuersatz drückt dagegen aus, welcher Anteil der jeweils letzten zusätzlichen Einheit der Steuerbemessungsgrundlage an den Fiskus abzuführen ist.[26]

---

[20] Vgl. *Fechner*, Steuerrecht 1960, S. 3: "Steuermeßzahl oder Steuersatz ist die Belastungsgradzahl für die Bemessung der Steuer". Der Begriff der Steuermeßzahl ist heute für den Bereich der Realsteuern reserviert und bezeichnet dort eine Zwischengröße bei der Ermittlung der Steuerbemessungsgrundlage von GrSt oder GewSt (vgl. §§ 11, 13 GewStG, §§ 13 f GrStG).

[21] Vgl. *Höhn*, Steuerrecht 1993, S. 152: "Das Steuermass ist der Massstab (sic!) der Steuerbelastung"; undeutlicher *Blumenstein/Locher*, Steuerrecht 1995, S. 257: "Zur rechnerischen Feststellung der Steuerforderung muss derjenige Geldbetrag genannt werden, den der Steuerpflichtige auf dem Steuerobjekt als Steuer zu entrichten hat. ... Die vorgeschriebene Art und Weise der Festsetzung des Steuerbetrages bezeichnet man als das Steuermass".

[22] Die Steuersätze der Realsteuern (GrSt, GewSt) werden von den Gemeinden im Rahmen gemeindlicher Satzungen festgesetzt; vgl. zum Hintergrund ausführlich *Bayer/Ernst*, Zeitlichkeit, BB 1996, S. 21 ff, 24: "Die Grundsteuer und die Gewerbesteuer waren ... von den Gemeinden nach Steuer- oder, wie sie von jetzt an (erg.: von der Realsteuer-Reform von 1936 an) heißen, Hebesätzen zu erheben".

[23] Vgl. zum folgenden statt Aller *Pollak*, Steuertarife, HdF II 1980, S. 239 ff, insb. S. 242. Die dargestellten Konzepte finden sich bei *Bös/Genser* (Steuertariflehre, HdWW VII 1977, S. 412 ff, 413) unter der Bezeichnung: "Einteilung nach Steuermaßen". Daß diese Bezeichnung unglücklich ist, zeigt sich bereits daran, daß in der älteren Tariflehre der Begriff des Steuermaßes zum Teil noch in der Bedeutung, die heute dem "Steuersatz" beigelegt wird, verwandt wurde.

[24] So etwa *Musgrave/Musgrave/Kullmer*, Finanzen II 1993, S. 215 f: Effektive Steuersätze.

[25] Bsp.: Diese Größe zeigt dem ESt-Pflichtigen also, welchen Anteil seines DM 50.000 betragenden zu versteuernden Einkommens seine Steuerzahlung von DM 11.063 ausmacht, nämlich knapp 22 % (vgl. ESt-Grundtabelle 1996/1997).

[26] Im obigen Beispiel kann der Steuerpflichtige aus ihm ablesen, mit welchem Steuersatz die letzte Mark seines zu versteuernden Einkommens von DM 50.000 belastet wird, nämlich mit etwa 32 %. Der Grenzsteuersatz interessiert vor allem die Betriebswirtschaftliche Steuerlehre. Denn im Sinne "steueroptimale(r) Entscheidungen" (*Schmölders/Kaiser*, Steuertarif, HwStR II 1981, S. 1356 ff, 1358) ist es für eine Unternehmung häufig entscheidend, zu erfahren, welcher Anteil einer zusätzlich erwirtschafteten Mark dem Zugriff des Fiskus unterfällt und um welchen Anteil, umgekehrt, zusätzliche Betriebsausgaben oder Werbungskosten die Steuerschuld mindern; vgl. auch *Pollak*, Steuertarife, HdF II 1980, S. 239 ff, 247: Grenzsteuersatz als wichtiges Kriterium insb. für Anreizwirkungen.

B. Die Erscheinungsformen des Steuersatzes

Die Steuersätze der momentan geltenden etwa 30 Einzelsteuern[27] bieten ein unübersichtliches Bild. Es drängt sich der Eindruck auf, dem Normgeber biete sich bei seiner Entscheidung, in welchem Verhältnis der Steuerbetrag zur Steuerbemessungsgrundlage stehen soll,[28] eine unendliche Vielzahl von Gestaltungsmöglichkeiten. Ziel der folgenden Ausführungen soll es daher sein, die theoretisch denkbaren Erscheinungsformen von Steuersätzen darzustellen und in eine systematische Ordnung zu bringen. Dieser Aufgabe hat sich bisher vor allem die finanzwissenschaftliche Steuertariflehre zugewandt. Mit ihrer Hilfe soll gezeigt werden, daß sich auch die kompliziertesten steuersatzrechtlichen Vorschriften auf eine begrenzte Zahl von Grundformen zurückführen lassen.[29]

Im folgenden sollen zunächst die grundlegenden Weichenstellungen betrachtet werden, die der Gesetzgeber vornehmen muß, bevor er sich der endgültigen Ausgestaltung des Steuersatzes widmen kann. Anschließend werden weitere Unterteilungen vorgenommen, wobei je für sich die verschiedenen Formen der Progressions-, Proportional- und Regressionstarife darzustellen sind.

I. Die tariftechnischen Grundentscheidungen

Bei der Ausgestaltung jeder steuersatzrechtlichen Vorschrift hat der Normgeber[30] zunächst eine Reihe von Weichenstellungen vorzunehmen, die für Ausgestaltung und Wirkung des Steuersatzes von grundlegender Bedeutung sind.

1. Die Autonomie des Steuersatzes

In einem ersten Schritt hat der Normgeber darüber zu entscheiden, ob er dem Steuersatz eine autonome Stellung einräumen oder ihn, umgekehrt, an die Höhe eines gewünschten Steueraufkommens koppeln will. Diese Einteilung der Steuersätze nach der Aufkommensbestimmtheit ihrer Höhe[31] entspricht der Unterscheidung von Quotitäts- und Repartitionssteuern,[32] die besonders in der Finanzwissenschaft eine, wenn auch abnehmende, Rolle spielt.[33] Das Quoti-

---

[27] Vgl. *BMF*, Unsere Steuern 1997, S. 57 ff. Doppelzählungen wurden hierbei eliminiert, etwa EinfuhrUSt und USt; KapESt, LSt und ESt; SchenkungSt und ErbSt.

[28] Vgl. oben A.

[29] Vgl. zum Folgenden überblicksartig Übersicht 2 im Anhang.

[30] Im folgenden wird anstelle des wohl gebräuchlicheren Begriffs "Gesetzgeber" der neutralere Begriff des Normgebers verwandt. Dies geschieht mit Rücksicht darauf, daß erst in einem späteren Teil der Arbeit die Frage geklärt wird, ob steuersatzrechtliche Vorschriften stets Gesetzescharakter haben, und in welcher Weise der Begriff des Gesetzes zu verstehen ist (vgl. dazu unten C I).

[31] *Bayer*, Steuerlehre 1997, Rdn 1457.

[32] Diese Unterscheidung wird von manchen Autoren nicht als eine Frage steuersatzrechtlicher Art verstanden, dient vielmehr als Kriterium zur Unterscheidung verschiedener Erhebungs- oder Veranlagungsformen (vgl. etwa *Kolms*, Finanzwissenschaft II 1974, S. 52 ff, 53; *v. Heckel*, Quotitätssteuern, HwS VI 1910, S. 1282 f, 1282). Dabei geht es hier nicht primär um erhebungstechnische Fragen (so aber *Wittmann*, Finanzwissenschaft II 1975, S. 25), sondern vielmehr um die Art und Weise, in der über die Höhe des Steuersatzes entschieden wird (so für die Finanzwissenschaft bereits *Wagner*, Finanzwissenschaft II 1890, S. 230; vgl. heute, bereits undeutlicher, *Schmölders/Hansmeyer*, Steuerlehre 1980, S. 83; aus steuerrechtlicher Sicht ebenso *Ball*, Steuerrecht 1925, S. 15, und *Merk*, Steuerschuldrecht 1926, S. 72).

[33] Vgl. etwa *Bühler/Strickrodt*, Steuerrecht I 1960, S. 83: Die Unterscheidung von Quotitäts- und Repartitionssteuern interessiert "mehr die Finanzwissenschaft als das Steuerrecht". In der Tat spielt sie in der Mehrzahl

tätsprinzip[34] zeichnet sich dadurch aus, daß nach ihm die Steuersätze autonom gesetzlich festgelegt werden, so daß sich das Aufkommen, sozusagen "von unten nach oben",[35] erst bei Durchführung der Besteuerung ergibt und im vorhinein allein einer Schätzung zugänglich ist. Nach dem Repartitionsprinzip,[36] errechnet sich der Steuersatz dagegen, nunmehr "von oben nach unten",[37] als bloßer Umlageschlüssel aus der Verteilung eines am Finanzbedarf orientierten geplanten Steueraufkommens auf die Steuerpflichtigen.[38] Der Steuersatz der Quotitätssteuer hat folglich schon eher als der der Repartitionssteuer die Eigenschaften eines Instruments, dessen Gestaltung, den engen Vorgaben des Haushaltsrechts weitgehend entzogen, in den Dienst politischer Ziele gestellt werden kann.

Die Quotitätssteuer ist seit langem der Regelfall.[39] Die Repartitionssteuer dagegen, früher vorherrschend,[40] ist heute in ihrer reinen Form historisch überholt.[41] Dies wird zumeist damit begründet, daß sie den finanzwirtschaftlichen Bedürfnissen moderner Staaten nicht gerecht wird.[42] Gewisse Anklänge an das Repartitionsprinzip finden sich allerdings auch heute noch im deutschen und ausländischen Steuerrecht. Das deutsche Realsteuerrecht kommt dem eines Repartitionssteuerrechts insofern relativ nahe,[43] als die Gemeinden die Hebesätze von GrSt

---

der heutigen steuerrechtlichen Monographien keine Rolle mehr (vgl. nur *Tipke/Lang*, Steuerrecht 1996, S. 949 f [Stichwortverzeichnis]).

[34] Vgl. *Zimmermann/Henke*, Finanzwissenschaft 1994, S. 476. Ältere Bezeichnung: "Procent"-Prinzip (vgl. *Wagner*, Finanzwissenschaft II 1890, S. 230).

[35] *Wagner*, Finanzwissenschaft II 1890, S. 230.

[36] Vgl. wiederum *Zimmermann/Henke*, Finanzwissenschaft 1994, S. 476. Die Repartitionssteuer firmiert auch als "Umlage" (*Bühler/Strickrodt*, Steuerrecht I 1960, S. 82) oder "kontingentierte Steuer", im letzteren Fall deshalb, weil sich bei ihr der Steuersatz "erst aus der Aufteilung (Repartition) der aufzubringenden Steuerhauptsumme (Steuerkontingent) auf die steuerpflichtigen Objekte" ergibt (vgl. *Gerloff*, Finanzwirtschaft I 1948, S. 172 f). Weitere Bezeichnungen: "Vertheilungs-" oder "Auftheilungs"-Steuer (vgl. *Wagner*, Finanzwissenschaft II 1890, S. 230).

[37] *Wagner*, Finanzwissenschaft II 1890, S. 230.

[38] Eine etwas andere Definition der Quotitätssteuer findet sich noch bei *v. Myrbach-Rheinfeld* (Finanzrecht 1916, S. 106): Steuern, deren Steuersätze in "einem Prozentsatze der Besteuerungsgrundlage" bestehen.

[39] Vgl. nur *Schmölders/Kaiser*, Steuertarif, HwStR II 1981, S. 1356 ff, 1356. Dies galt schon für das Reichssteuerrecht in den 20er Jahren (vgl. *Merk*, Steuerschuldrecht 1926, S. 73).

[40] Die Repartitionssteuer war vornehmlich im "Ständestaat des ausgehenden Mittelalters" verbreitet (vgl. *Schmölders/Kaiser*, Steuertarif, HwStR II 1981, S. 1356 ff, 1356; *Wagner*, Finanzwissenschaft II 1890, S. 230). Als ein Beispiel aus der jüngeren Steuerrechtsgeschichte sei hier nur die preußische Grundsteuer genannt, deren Steuerhauptsumme (Kontingent) für einen Zeitraum von jeweils 15 Jahren festgelegt wurde. Im Zeitraum von 1881 bis 1895 etwa betrug das Kontingent 37,5 Millionen Gulden, das sog. Grundsteuerprozent (Steuersatz) errechnete sich daraus zu 22,7 %. Das tatsächliche Steueraufkommen blieb allerdings hinter dieser Summe zurück (vgl. hierzu *v. Myrbach-Rheinfeld*, Finanzrecht 1916, S. 224; ferner *Bühler*, Steuerrecht 1927, S. 22).

[41] Vgl. *Pollak*, Steuertarife, HdF II 1980, S. 239 ff, 240. Der gleichen Auffassung ist *Kolms* (Finanzwissenschaft II 1974, S. 53 f), der allerdings als Beispiel aus jüngerer Vergangenheit die deutsche Judenabgabe von 1938 anführt, deren Aufkommen von vornherein durch Verordnung festgelegt wurde; vgl. dazu auch *Neumark*, Grundsätze 1970, S. 94 FN 5 (Steuersatz von zuletzt 25 %).

[42] Vgl. *Hahn*, Grundsätze 1984, S. 233. Ein Nachteil der Repartitionssteuer besteht etwa darin, daß sie den Grundsatz der Flexibilität des Steueraufkommens verletzt (vgl. *Ball*, Steuerrecht 1925, S. 16).

[43] Diese Ähnlichkeit geht natürlich keinesfalls so weit, daß die hebeberechtigte Gemeinde etwa ihr zu erzielendes Grund- oder Gewerbesteueraufkommen auf die Zahl der in ihr belegenen Grundstücke oder der auf ihrem Gebiet ansässigen Gewerbebetriebe genau umzulegen, zu kontingentieren hätte. Die Gemeinsamkeiten erschöpfen sich allenfalls in der Koppelung der Steuersätze an haushaltsrechtliche Regelungen.

und GewSt grundsätzlich am Finanzbedarf auszurichten[44] und im Rahmen ihrer Haushaltssatzungen befristet festzulegen haben.[45] Mehr den Charakter von Quotitätssteuern haben die Realsteuern freilich in denjenigen Fällen, in denen ihre Hebesätze längerfristig gelten[46] oder gar Gegenstand nicht der Haushalts-, sondern einer eigenen Hebesatzsatzung sind.[47] Im Ausland sind Anklänge an die Repartitionssteuer, nur dieses eine Beispiel sei hier genannt, dort anzutreffen, wo das englische Parlament im Rahmen der sog. "Finance Acts" jährlich (jeweils am 6. April) über die Höhe der Steuersätze beschließt, indem es sie unter Berücksichtigung der geschätzten Ausgaben festlegt.[48] Ähnliche Tendenzen scheinen sich in jüngerer Zeit auch in Deutschland insofern abzuzeichnen, als immer umfangreichere jährliche Steueränderungsgesetze, sog. "Jahressteuergesetze" (JStG),[49] erlassen werden, die einen hohen Anteil an Steuersatzänderungen enthalten.[50] Mögen die JStG auch, ebenso wie der Finance Act, vorwiegend fiskalisch motiviert sein, so unterscheiden sie sich von diesem doch insofern recht deutlich, daß sie sich nicht explizit eine auf ein Jahr befristete Geltungsdauer beilegen.[51]

2. Die Art der Steuerbemessungsgrundlage

In einem zweiten Schritt lassen sich Steuersätze nach der Art der ihnen zugrunde liegenden Steuerbemessungsgrundlage unterteilen. Steuersätze können hiernach einmal an Geldgrößen und zum anderen an physikalische Größen anknüpfen.[52] Die ersteren, die Steuersatztarife,[53]

---

[44] Vgl. schon PreußOVGE 60, S. 252 ff, 255; aus heutiger Sicht etwa *Tipke/Lang*, Steuerrecht 1996, § 12 Rdn 290 (Der GewSt-Hebesatz ist ein "Hundertsatz, der sich nach dem Steuerbedarf der Gemeinde richtet" [mwN]), sowie ausführlich *Depiereux*, Hebesätze, StuW 1983, S. 436 ff.

[45] Vgl. § 25 II GrStG sowie § 16 II GewStG (Grundsatz: Festsetzung für ein Kalenderjahr) und dazu § 77 II 3 iVm I, III S. 1 GO NW (Grundsatz: Festsetzung für ein Kalenderjahr). Hiernach sind die hebesatzrechtlichen Vorschriften idR Ein-Jahres-Hebesätze, die ihnen zugrunde liegenden Vorschriften haben den Charakter von "Zeitabschnittsgesetzen", die sich "nach dem zu deckenden Bedarf des Steuergläubigers" richten (vgl. BVerwGE 3, 45 ff, 45). Vgl. zum Ganzen *Bayer/Ernst*, Zeitlichkeit, BB 1996, S. 21 ff, insb. S. 29 f: Das Realsteuerhebesatzrecht als steuerliches Zeitrecht (mwN).

[46] Für den Quotitätscharakter der Realsteuer ist allerdings die Tendenz zur längerfristigen Festlegung oder gar zur Unbefristetheit (vgl. wiederum *Bayer/Ernst*, Zeitlichkeit, BB 1996, S. 21 ff, 30) nicht der entscheidende Punkt. Denn selbst das meistzitierte Beispiel einer musterhaften Repartitionssteuer, die preuß. GrSt v. 21.5.1861, zeichnete sich dadurch aus, daß ihre Repartition für einen Zeitraum von 15 Jahren galt. Die Nähe zum Repartitionsprinzip geht den Realsteuern in jüngerer Zeit vielmehr dadurch etwas verloren, daß sie sich nicht mehr so eng wie bisher am Finanzbedarf orientieren, ihre Hebesätze nunmehr die Bindung an den jährlichen Haushalt zu verlieren scheinen. Denn vieles spricht dafür, daß für die Festsetzung der Hebesätze auch andere als fiskalische Gründe eine Rolle spielen, daß die Hebesatzautonomie von den Gemeinden etwa für standortpolitische Ziele instrumentalisiert wird (vgl. etwa *Wöhe*, Standortwahl, HwStR II 1981, S. 1253 ff, 1254).

[47] Zur Zulässigkeit der Hebesatzsatzungen vgl. *Depiereux*, Hebesätze, BB 1983, S. 436 ff.

[48] Vgl. grundlegend *Mennel/Förster*, Steuern in Europa 1997, Großbritannien, S. 5, sowie ausführlicher *Bayer/Ernst*, Zeitlichkeit, BB 1996, S. 21 ff, 24 (insb. FN 44).

[49] Vgl. hierzu ausführlich *Bayer/Ernst*, Zeitlichkeit, BB 1996, S. 21 ff.

[50] Bsp.: Art. 7 Nr. 6 JStG 1997, wo in den unscheinbaren Worten: "In § 11 Abs. 1 wird die Zahl '2' durch die Zahl '3,5' ersetzt" eine Fast-Verdopplung des GrESt-Satzes zum Ausdruck kommt, und Art. 2 Nr. 10 JStG 1997, der den ErbSt-Tarif vollständig neu faßt.

[51] In diesem Sinne ist das JStG 1997 also kein "Jahres"-Steuergesetz (vgl. zur Ambivalenz dieses Begriffs *Bayer/Ernst*, Zeitlichkeit, BB 1996, S. 21 ff, 27 und prägnant S. 31: "Das Jahressteuergesetz 1996 hätte ... nicht als ein solches bezeichnet werden dürfen").

[52] Unter Geldgrößen sind hier in einem weiten Sinne nicht nur Maßstäbe zu verstehen, die erst durch "Wertentscheidungen" ermittelt werden, sondern auch von Fall zu Fall auch solche, die "sich aus äußerlich feststellba-

bezeichnen einen relativen Steuerbetrag, sind also Prozentsätze. Die Steuerbetragstarife hingegen bestehen in einem absoluten Steuerbetrag,[54] sind also Pro-rata-Sätze.[55] Den Charakter von Prozentsätzen haben insb. die Steuersätze der Ertrag-, Substanz- und Verkehrsteuern, den von Pro-rata-Sätzen eher die der Verbrauch- und Aufwandsteuern.[56]

Vom qualitativen Charakter der Steuerbemessungsgrundlage zu trennen ist die Entscheidung über die Anzahl der für eine Steuer geltenden Bemessungsgrundlagen. Die Steuertariflehre unterscheidet Steuersätze, denen mehrere Bemessungsgrundlagen zugrunde liegen, von solchen mit nur einer Bemessungsgrundlage.[57] Bei näherer Betrachtung stellt sich diese Unterteilung freilich als Trugbild dar, das der Steuertariflehre keine neuen Erkenntnisse vermittelt.[58]

3. Das Verhältnis von Steuersatz und Steuerbemessungsgrundlage

In einem dritten Schritt hat der Normgeber zu entscheiden, wie sich der Steuersatz bei steigender Steuerbemessungsgrundlage entwickeln soll. Der Steuersatz kann, erstens, für jede Höhe der Bemessungsgrundlage gleich sein (Proportionalsatz).[59] Zweitens kann er sich bei steigender Bemessungsgrundlage selbst ändern, kann steigen (Progressionstarif[60]) oder fallen

---

ren Umständen ableiten lassen" (*Bayer*, Grundbegriffe 1992, Rdn 102). Hier sind vor allem Entgelt und Gegenleistung zu nennen, welche die Steuermaßstäbe von USt (§ 10 I UStG) und GrESt (§ 8 I GrEStG) bilden.

[53] Der Steuersatztarif wurde früher als "Steuerfuß" bezeichnet (vgl. oben A). Heute kennt man ihn meist als Prozent- oder Hundertsatz.

[54] Vgl. etwa *Zimmermann/Henke*, Finanzwissenschaft 1994, S. 119. Andere Bezeichnung: "Spezifischer Steuersatz" (vgl. *F. Kirchhof*, Abgabenrecht 1991, S. 45).

[55] Notwendig ist diese Einteilung nicht, worauf schon *Hensel* (Steuerrecht 1924, S. 22 FN 1) hinweist: Auch auf einen Geldmaßstab kann ein fester DM-Betrag entfallen.

[56] Vgl. *Bayer*, Grundbegriffe 1992, Rdn 102 ff. Bsp.: § 32a EStG, § 23 KStG, § 10 VStG, § 19 ErbStG und § 12 UStG als Prozentsätze sowie § 2 BierStG (DM pro hl Bier), § 3 KaffeeStG (DM pro kg Kaffee) als Pro-rata-Steuersätze.

[57] Vgl. schon *Bräuer*, Steuertarif 1927, S. 117 ff.

[58] Als Beispiele für die erste Kategorie werden oftmals ErbSt (nach Höhe des steuerpflichtigen Erwerbs und Verwandtschaftsgrad), GewSt (nach Gewerbeertrag und Gewerbekapital) und GrSt (GrSt A und B) genannt. Mehrere Steuerbemessungsgrundlagen sind bei diesen Steuern, mit Ausnahme der GrSt, nicht zu erkennen. Der ErbSt-Satz bemißt sich nach einem Prozentsatz des Werts des steuerpflichtigen Erwerbs (§ 19 I ErbStG), nicht des Verwandtschaftsgrads, obwohl dieser auf ihn freilich einen Einfluß ausübt. Der GewSt-Hebesatz wird auf eine einzige Steuerbemessungsgrundlage, den einheitlichen Steuermeßbetrag, angewandt (§ 14 I GewStG). Die GrSt indes kennt tatsächlich zwei Bemessungsgrundlagen, allerdings auch zwei Hebesätze. Insofern ist es für die Zwecke steuersatzrechtlicher Untersuchungen einfacher, dieses Phänomen als das Vorliegen zweier Steuern zu interpretieren.

[59] Verschiedentlich wird dieser Fall auch als Proportionaltarif bezeichnet. Im Sinne obiger Definition (vgl. oben A) ist dies allerdings unangebracht, denn der Proportionalsatz zeichnet sich nach der hM dadurch aus, daß er gerade nicht in einer Mehrzahl von Steuersätzen besteht, sondern für jede Höhe der Steuerbemessungsgrundlage ein stets gleicher ist.

[60] Viele wollen jedoch von einem Progressionstarif nur dann sprechen, wenn er sich aus "Prozentzahlen zusammensetzt, die mit ... wachsender Bemessungsgrundlage selbst wachsen" (*Bayer*, Grundbegriffe 1992, Rdn 106a). Demnach könnte die steuersatzrechtliche Vorschrift einer Steuer mit Festmaßstab kein Progressionstarif sein, weil sie nicht den Charakter eines Prozent-, sondern eines Pro-rata-Steuersatzes hat. Als Gegenbeispiel mag § 3 BierStG dienen (vgl. auch *F. Kirchhof*, Abgabenrecht 1991, S. 45 FN 183).

(Regressionstarif).[61] Diese Einteilung stellt die gesetzgeberische Entscheidung über die äußere Form des Steuersatzes in den Mittelpunkt. Sie hat formaljuristischen Charakter und fragt nicht nach den Belastungswirkungen verschiedener Steuersätze.

Die finanzwissenschaftliche Steuertariflehre hingegen macht für ihre Einteilung in sog. "Tariftypen" die Entwicklung des Durchschnittssteuersatzes zum Maßstab,[62] stellt also auf die "Schwere der steuerlichen Belastung"[63] ab und bedient sich insofern einer wirtschaftlichen Betrachtungsweise. Nur wenn die durchschnittliche Belastung der Bemessungsgrundlage über den gesamten Tarifbereich unverändert bleibt, spricht die Tariflehre von einem Proportionaltarif. Variiert der Durchschnittssteuersatz bei steigender Bemessungsgrundlage, so liegt dagegen ein Progressions- oder aber ein Regressionstarif vor.

Beide Auffassungen scheinen sich auf den ersten Blick zu gleichen, haben sie doch beide solche Tarife zum Gegenstand, die sich durch einen konstanten Grenzsteuersatz auszeichnen. Der Unterschied zwischen den beiden Sichtweisen wird allerdings deutlich, wenn man eine Steuer mit einem stets gleichen Steuersatz betrachtet, die auf Ebene der Bemessungsgrundlage einen Freibetrag einräumt.[64] Folgt man der formaljuristischen Betrachtungsweise, so wird man diese Steuer als eine solche mit Proportionalsatz ansehen. Fragt man hingegen im Sinne der wirtschaftlichen Sichtweise nach der Belastungswirkung, so zeigt sich, daß der Durchschnittssteuersatz bei steigender Bemessungsgrundlage steigt, den kodifizierten Steuersatz indes nie erreicht. Hiernach liegt ein (indirekter) Progressionstarif vor.[65] Der Jurist fragt somit nach dem tariflichen, der Ökonom nach dem effektiven Steuersatz.[66]

Im weiteren Verlauf der Arbeit wird es noch häufiger auf diesen Unterschied ankommen. Daher soll im folgenden der formaljuristisch verstandene Steuersatzbegriff als Steuersatz ieS, der finanzwissenschaftlich geprägte Steuersatzbegriff dagegen als Steuersatz iwS bezeichnet werden.[67]

---

[61] Es versteht sich, daß sich diese Grundformen durch Bildung von Teilbereichen in unterschiedlichster Weise kombinieren lassen, ohne daß dies zum Gegenstand eigener Erörterungen gemacht zu werden bräuchte. Einen interessanten Sonderfall bildet hier, namentlich im anglo-amerikanischen Raum von Bedeutung, das gleichzeitige Nebeneinander einer proportionalen "normal tax" und einer progressiven "sur tax" auf das Einkommen, der sog. Zweisatztarif.

[62] Vgl. *Pollak*, Steuertarife, HdF II 1980, S. 239 ff, 243: "Je nach der Entwicklung des durchschnittlichen Steuersatzes bei wachsender Bemessungsgrundlage werden drei Tariftypen unterschieden: proportionale, progressive und regressive Tarife".

[63] Vgl. *Bräuer*, Steuertarife, HwS VII 1926, S. 1102 ff, 1103.

[64] Bsp.: Zur Verdeutlichung mag hier die VSt dienen, die einen proportionalen Steuersatz (§ 10 VStG) mit erheblichen Freibeträgen (§§ 6 f VStG) verbindet.

[65] Auf diesen grundlegenden Unterschied macht auch *F. Kirchhof* (Abgabenrecht 1991, S. 45 FN 183) aufmerksam.

[66] Vgl. prägnant *Kolms*, Finanzwissenschaft II 1974, S. 33 FN 1. Die eindeutige Abgrenzung dieser Auffassungen hat vielfältige Konsequenzen. In den Augen des Juristen etwa stellt sich konsequenterweise der Proportionalsatz als Regelfall des geltenden Steuerrechts dar (vgl. *Bayer*, Grundbegriffe 1992, Rdn 106), während der Ökonom in ihm die Ausnahme erblickt. Der Jurist bezeichnet weiterhin die ESt-Tarifzone oberhalb von 102.041 DM (vgl. § 32a I EStG) als "Proportionalzone" (vgl. *Tipke/Lang*, Steuerrecht 1996, § 9 Rdn 743), der Ökonom sieht in ihr eine Zone indirekter Progression, die sich einem Grenzsteuersatz von 53 % annähert (vgl. *Pollak*, Steuertarife, HdF II 1980, S. 239 ff, 244).

[67] Zum Zusammenhang zwischen Steuersatz und Steuerbemessungsgrundlage vgl. auch *Tipke/Lang*, Steuerrecht 1996, § 7 Rdn 32: "Soweit die Steuerbemessungsgrundlage das Steuerobjekt nicht voll erfaßt (mangelnde Bemessungsgrundlagenwahrheit), wird auch die Steuersatz- oder Tarifwahrheit verletzt, denn der Steuersatz- oder Steuertarif ... baut auf der Bemessungsgrundlage auf"; aus der Rechtsprechung neuerdings

Der hier gefundene Unterschied ist offenbar alles andere als nur begrifflicher Natur.[68] Welcher Sichtweise man sich im Endeffekt anschließt, hängt von der Zielsetzung der jeweiligen Untersuchung ab. Ziel dieser Arbeit ist es letztlich, Steuersätze auf ihre Übereinstimmung mit verfassungsrechtlichen Grundsätzen zu überprüfen. Mit solchen kommt der Steuersatz freilich in seiner Eigenschaft als "Belastungsgradzahl" in Konflikt,[69] seine äußere Form ist dabei eher nebensächlich. In diesem Sinne wäre es unzulässig, die Augen vor der Tatsache zu verschließen, daß für die Belastung des Einzelnen beide Seiten der Medaille "Steuerschuld", nämlich Steuersatz ieS und Steuersatz iwS, gleichermaßen bestimmend sind.[70] In Fällen, in denen die formaljuristische Sichtweise zu unbrauchbaren Ergebnissen führt,[71] muß eine mehr auf die wirtschaftlichen Belastungswirkungen abstellende Perspektive eingenommen werden.[72] Die folgende Darstellung der Erscheinungsformen des Steuersatzes schließt sich zunächst der Steuertariflehre an, weil andernfalls ein Großteil der von dieser angewandten Einteilungskriterien gegenstandslos würde. Im kritischen Teil der Arbeit wird hingegen in besonders bezeichneten Fällen von ihr abgewichen werden.[73]

Das wohl größte Problem besteht wohl darin, Maßnahmen hinsichtlich des Steuersatzes iwS von solchen hinsichtlich der Steuerbemessungsgrundlage zu unterscheiden. Das Steuerrecht tendiert dazu, als Steuerbemessungsgrundlage die Größe zu verstehen, die "durch Freibeträge und sonstige Abzugsmöglichkeiten zur steuerrechtlich relevanten Steuerbemessungsgrundlage

---

BVerfGE 93, 121 ff (Unvereinbarkeit von § 10 VStG [Steuersatz] mit Art. 3 I GG). Verfassungswidrig ist nicht der Steuersatz als solcher, sondern die Wirkung, die er im Zusammenwirken mit der Steuerbemessungsgrundlage entfaltet.

[68] Genau dieser Eindruck jedoch entsteht etwa bei *Tipke/Lang* (Steuerrecht 1996, § 7 Rdn 33 ff), die sich zunächst der wirtschaftlichen Betrachtungsweise anschließen, für die Unterteilung in Proportionalität, Progression und Regression folglich den Verlauf des Durchschnittssteuersatzes für maßgeblich ansehen (aaO, § 7 Rdn 34). Bereits im nächsten Absatz hingegen wird die VSt als proportional qualifiziert, was zwar der formaljuristischen Betrachtungsweise entspricht, im Sinne der von *Tipke/Lang* getroffenen Definition dagegen schlicht falsch ist (vgl. die Freibeträge in §§ 6 f VStG). Diese Begriffsverwirrung setzt sich im selben Absatz noch fort, wenn "die Verbrauchsteuern" als "regressiv" wirkend qualifiziert werden (vgl. hierzu unten B IV). Diese Ungenauigkeiten sind in einem Großteil der steuerrechtlichen Literatur anzutreffen, wohingegen die Finanzwissenschaft beide Sichtweisen kaum jemals vermischt.

[69] Vgl. für das Steuerrecht *Fechner*, Steuerrecht 1960, S. 3, sowie für die Finanzwissenschaft ähnlich *Pollak*, Steuertarife, HdF II 1980, S. 239 ff, 241.

[70] Diese Sichtweise macht sich auch das BVerfG in seinen Einheitswertbeschlüssen v. 22.6.1995 (BVerfGE 93, 121 ff; BVerfGE 93, 165 ff) zueigen (vgl. dazu unten D II 5 a); prägnant *Vogel*, Anmerkung, JZ 1996, S. 43 ff, 44: "Wie sollte ... die Vereinbarkeit eines schlichten Vom-Hundert-Satzes mit dem Gleichheitsgebot beurteilt werden", ohne daß die "Bemessungsgrundlage, auf die der Vom-Hundert-Satz anzuwenden ist, in die Beurteilung einbezogen" wird?; aus finanzwissenschaftlicher Sicht auch *Pollak*, Steuertarife, HdF II 1980, S. 239 ff, 241.

[71] Gerade auch im Rahmen internationaler Steuerbelastungsvergleiche sind die den Steuergesetzen zu entnehmenden Steuersätze in isolierter Betrachtung meist nicht aussagekräftig (vgl. *Kolms*, Finanzwissenschaft II 1974, S. 33 FN 1).

[72] Bsp.: Einen ESt-Satz von 100 % wird man als Verstoß gegen Art. 14 GG zu werten haben. Anders könnte dies hingegen für den Fall aussehen, daß auf der Ebene der Steuerbemessungsgrundlage (sinkend gestaffelte) Freibeträge gewährt werden. Der Steuersatz ieS ist in beiden Fällen derselbe, der Steuersatz iwS (Durchschnittssteuersatz) ist es nicht. Ähnliche Probleme ergeben sich etwa im Hinblick auf Art. 3 I GG. Ein ESt-Satz von 10 % für alle Erwerbstätigkeitsarten dürfte ihm entsprechen. Dies wäre aber dann anders zu beurteilen, wenn der Gewerbetreibende einen Freibetrag von 50.000 DM, der Freiberufler dagegen nur einen solchen von 20.000 DM geltend machen dürfte. Wiederum unterscheiden sich Steuersatz ieS und Steuersatz iwS voneinander.

[73] Vgl. unten Teile C und D.

umgewandelt worden ist".[74] Ein Freibetrag mindert vor diesem Hintergrund nicht die Steuerbemessungsgrundlage, Steuerbemessungsgrundlage ist stets vielmehr diejenige Größe, die
nach Abzug des Freibetrags "unter dem Strich" verbleibt. Die Finanzwissenschaft fragt dagegen zunächst, welche Größe als taugliche Bemessungsgrundlage einer bestimmten Steuer anzusehen ist, wie also eine Steuerbemessungsgrundlage auszugestalten ist, um das der Steuer
zugrunde liegende Prinzip zum Ausdruck zu bringen. Etwaige Abweichungen, die der Gesetzgeber von dieser fest definierten Größe zuläßt (etwa durch Freibeträge), sind dann stets
(indirekte) Steuersatzentscheidungen.[75] Dieses Zuordnungsproblem stellt sich allerdings nur
bei Steuersätzen, die an Wertgrößen anknüpfen,[76] insb. bei der ESt.[77] Bei Steuersätzen, denen
ein Realmaßstab zugrundliegt, entlarven sich Abweichungen von diesem hingegen unmittelbar als besonders zu begründende Steuersatzentscheidung.

Das soeben geschilderte Problem ist an dieser Stelle nicht zu lösen, im Rahmen der inhaltlichen Untersuchung der einzelnen steuersatzrechtlichen Vorschriften ist darauf jedoch von Fall
zu Fall zurückzukommen.

4. Der Regelsteuersatz und der Ausnahmesteuersatz

Der Normgeber hat sich in einem vierten Schritt der Frage zuzuwenden, ob die von ihm gewählte steuersatzrechtliche Vorschrift für alle Anwendungsfälle der Steuernorm gelten soll.
Bejaht er dies, so wird in jedem Fall ein einheitlicher Steuersatz (oder auch Steuertarif) auf
die ermittelte Steuerbemessungsgrundlage angewandt. Im umgekehrten Fall liegen die Dinge
so, daß die steuersatzrechtliche Vorschrift sich in einen Regelfall und einen oder mehrere
Ausnahmefälle gliedert. Die Voraussetzungen, die die Anwendung der einen oder der anderen
Vorschrift auslösen, knüpfen auf der Ebene des Steuersubjekts oder des Steuergegenstandes
an.

Im geltenden Steuerrecht gibt es kaum eine Steuer, in welcher sich die erste Kategorie in ihrer
reinen Form widerspiegeln würde. Dem Umstand, daß gerade der Steuersatz oft als Mittel der

---

[74] *Kolms*, Finanzwissenschaft II 1974, S. 33 FN 1. Versteht man den Steuersatz in dieser Weise, so kommt ihm -
von seiner absoluten Höhe einmal abgesehen - konsequenterweise kaum noch ein eigenes Interesse zu, seine
Anwendung stellt vielmehr eine reine Rechenoperation dar. Die Verfolgung politischer Ziele würde somit
von der Ebene des Steuersatzes auf die Ebene der Bemessungsgrundlage verlagert, wenn man hier einmal die
Möglichkeit differenzierter Steuersätze außer Acht läßt.

[75] Vgl. *Pollak*, Steuertarife, HdF II 1980, S. 239 f, 253 f: Tarifmodifikationen. Diese Sichtweise machen sich
heute auch mehr und mehr Vertreter der der Betriebswirtschaftlichen Steuerlehre zueigen, insb. solche, die
der *Schanzschen* Reinvermögenszugangstheorie (vgl. dazu *Bayer/Sprave*, Kleinaktionär, BB 1992, S. 1825
ff, 1827 [mwN]; *Icking*, Einkommensteuerrecht 1993, passim) zuneigen; vgl. etwa *Biergans*, Einkommensteuer 1992, S. 10 ff; *ders./Wasmer*, Tatbestand, FR 1995, S. 57 ff, 61 f; grundlegend schon *D. Schneider*,
Leistungsfähigkeitsprinzip, StuW 1984, S. 356 ff.

[76] Dies sind im Sinne obiger Abgrenzung (vgl. oben B I 2) diejenigen Steuersätze, die auf eine in Geld bestehende Bemessungsgrundlage angewandt werden, welche durch einen Bewertungsvorgang ermittelt wird.

[77] Die Frage nach der richtigen Einkommensermittlung ist eine der Grundfragen des Steuerrechts (vgl. hierzu
etwa *Lang*, Bemessungsgrundlage 1988, passim). Sie kann hier nicht in ihrer ganzen Breite und Tiefe behandelt, geschweige denn gelöst werden. Vor dem Hintergrund des Leistungsfähigkeitsprinzips, auf dem die ESt
beruht (vgl. unten C II), wäre zu klären, wie das Einkommen definiert werden muß, um Leistungsfähigkeit
richtig zu messen. Erst im Anschluß an diesen "Meßvorgang" kann die Anwendung des Steuersatzes erfolgen. Die mehr positivistische Auffassung hingegen, Einkommen (= Bemessungsgrundlage der ESt) sei die
Größe, die sich nach Anwendung der est-lichen Steuermaßstabsvorschriften ergibt, benutzt die Schwierigkeiten, die mit der geeigneten Definition des Einkommensbegriffs zugegebenermaßen verbunden sind, als
Rechtfertigung dafür, dem Gesetzgeber einen Freibrief für Komplizierung des ESt-Rechts auszustellen.

Wirtschafts- und Sozialpolitik eingesetzt wird, ist es vielmehr zuzuschreiben, daß jedem Regelsteuersatz oft mehrere Ausnahmesteuersätze gegenüberstehen. Da die direkten Steuern im folgenden noch ausführlicher behandelt werden,[78] soll hier als bedeutendes Beispiel allein der Steuersatz der USt herangezogen werden.[79] Das UStG folgt in seinem § 12 einem bewährten Schema, normiert nämlich in einem ersten Absatz zunächst den Regelsteuersatz von 15 %, um dessen Geltungsbereich dann im zweiten Absatz für eine Reihe von Ausnahmefällen einzuschränken, auf die ein Steuersatz von 7 % zur Anwendung kommt. Der USt-Satz von 15 % ist damit der Regel-, der von 7 % der Ausnahme- oder, in diesem Fall, der ermäßigte Steuersatz.[80]

II. Der Progressionstarif

Der Progressionstarif[81] ist unter den Tariftypen der interessanteste Fall und damit fast ausschließliches Betrachtungsobjekt der Steuertariflehre.[82] Hierzu steht seine zahlenmäßige Seltenheit im geltenden Steuerrecht nur scheinbar in einem gewissen Widerspruch, denn auch wenn gegenwärtig nicht mehr als drei Steuern (ESt, ErbSt und BierSt) ihn sich zeigen machen,[83] so ist allein die Tatsache, daß er im Bereich der ESt angewandt wird, Rechtfertigung genug für seine hohe Bedeutung.

Der Progressionstarif zeichnet sich durch einen mit wachsender Steuerbemessungsgrundlage steigenden Durchschnittssteuersatz aus, d.h. der Steuerbetrag wächst überproportional zur Bemessungsgrundlage.[84] Die Progression läßt sich auf direktem oder indirektem Wege bewirken.[85] Die direkte Progression drückt sich in steigenden Steuersätzen aus, die indirekte wird, grob gesprochen, durch Abzüge von der Bemessungsgrundlage erreicht.[86] Im ersten Fall sind

---

[78] Vgl. unten Teil D.

[79] Vgl. dazu auch unten C III 2 a.

[80] Seltener als der ermäßigte Steuersatz kommt dessen Gegenteil, der erhöhte oder Luxussteuersatz, vor (vgl. dazu auch D I 6 a bb).

[81] Die nachfolgenden Ausführungen zur Progression gelten selbstverständlich in spiegelbildlicher Weise auch für die Regression (vgl. dazu aber darüber hinaus B IV).

[82] Dies läßt sich allein daran ermessen, daß die Steuertariflehre so gut wie ausschließlich der Progression ihr Augenmerk widmet, andere Erscheinungsformen dagegen meist nur am Rande erwähnt. Das zeigt sich schon überdeutlich in *Bräuers* "Standardwerk" (so *Bös/Genser*, Steuertariflehre, HdWW VII 1977, S. 412 ff, 412) von 1927 (*Bräuer*, Steuertarif 1927), welches fast ausschließlich den Progressionstarif zum Gegenstand hat. Darüber hinaus gibt es eine Reihe von Monographien zur Progression (so etwa *Brell*, Problematik 1957; *Schmidt*, Steuerprogression 1960), dagegen jedoch - soweit ersichtlich - keine einzige, die allein die Proportionalität zum Gegenstand hätte.

[83] Vgl. im einzelnen unten D II 3 (ESt), unten D II 6 (ErbSt) und unten C III 2 b (BierSt).

[84] Der Progressionstarif wird oftmals auch als Degressionstarif bezeichnet und als solcher häufig mit dem Regressionstarif (vgl. unten B IV) verwechselt (so etwa bei *F. Kirchhof*, Abgabenrecht 1991, S. 45; vgl. auch schon *Merk*, Steuerschuldrecht 1926, S. 92). *Bräuer* empfiehlt, den Begriff des Degressionstarifs (im eigentlichen Sinne) für die Fälle zu reservieren, in denen ein weitgehend proportionaler Steuertarif sich nur im niedrigen Bereich der Steuerbemessungsgrundlage vermindert (*Bräuer*, Steuertarife, HwS VII 1926, S. 1102 ff, 1103; ähnlich *Kolms*, Finanzwissenschaft II 1974, S. 41). Ein Beispiel für einen solchen Tarif ist der BierSt-Tarif des § 3 BierStG (vgl. unten C III 2 b).

[85] Diese Unterscheidung zwischen direkter und indirekter Bewirkung der Progression entspricht der Unterscheidung steuersatzrechtlicher Maßnahmen in solche des Steuersatzes ieS und solche des Steuersatzes iwS.

[86] Man kann sich die Steuerschuld (Z) als Produkt aus Steuerbemessungsgrundlage (X) und Steuersatz (Y) in folgender Form vorstellen: $X \cdot Y = Z$. Für steigende Beträge der Bemessungsgrundlage läßt sich ein Steigen

die Grenzsteuersätze steigend, im zweiten hingegen konstant.[87]

Schließlich kann die Progression verschiedene Intensitätsgrade haben.[88]

1. Die direkte Progression

Bei der direkten oder offenen Progression wird das Steigen des Durchschnittssteuersatzes dadurch herbeigeführt, daß man die Steuersätze bei wachsender Bemessungsgrundlage sichtbar ansteigen läßt. Insofern sind für die direkte Progression steigende Grenzsteuersätze charakteristisch. Die Steuertariflehre unterscheidet verschiedene direkt progressive Tarifformen.[89] Bis heute stellt sie im Anschluß an *Bräuer* meist auf das graphische Bild ab, das der Tarifverlauf bietet.[90] Dieser Einteilung soll hier nicht im einzelnen gefolgt werden. Die direkten Progressionstarife werden vielmehr danach unterschieden, in welcher tariftechnischen Form sie eine Annäherung an den gewünschten idealtypischen Progressionsverlauf zu erreichen versuchen.[91] Hierzu kommen prinzipiell Stufen- und Formeltarife in Betracht.[92]

a) Der Stufentarif

Die einfachste Form des Progressionstarifs ist der Stufentarif oder Staffelsteuersatz. Diese Tarifform zeichnet sich dadurch aus, daß sie die Steuerbemessungsgrundlage in eine Anzahl von Stufen unterteilt, denen steigende Steuersätze zugeordnet werden. Der Stufentarif kommt

---

des Durchschnittssteuersatzes Y/Z nun auf direktem Wege durch Erhöhung von Y (steigende Steuersätze) oder auf indirektem Wege durch Erhöhung von X (Reduzierung des Freibetrages) erreichen.

[87] Selbstverständlich sind auch hier alle denkbaren Kombinationsformen der immer wieder gleichen Bestandteile möglich, auf die die meisten Autoren auch eigene Kapitel verwenden. An dieser Stelle sei lediglich auf die ausführliche Systematisierung durch *Nöll von der Nahmer* verwiesen (Finanzwissenschaft I 1964, S. 263 ff).

[88] Vgl. unten B II 3.

[89] *Pollak* (Steuertarife, HdF II 1980, S. 239 ff, 243 mit 249 ff) spricht von "Tarifformen" als den "formalen, tariftechnischen Modalitäten zur Herbeiführung einer bestimmten Gesamttendenz".

[90] Vgl. *Bräuer*, Steuertarife, HwS VII 1926, S. 1102 ff, 1106: Als "pricipium divisionis" gilt hier "die graphische Darstellung".

[91] Unabhängig von etwaigen politischen Zielsetzungen wird stets ein möglichst glatter, stufenloser Progressionsverlauf als vorteilhaft angesehen (vgl. etwa *Pollak*, Steuertarife, HdF II 1980, S. 239 ff, 259). Vgl. dazu unten D II 3 b bb b' a".

[92] Diese schon von *Bräuer* (Steuertarif 1927, S. 24 ff) vorgenommene Einteilung stößt neuerdings, soweit ersichtlich, allein bei *Bös/Genser* (Steuertariflehre, HdWW VII 1977, S. 412 ff, 412 f) als eine "etwas unglückliche Klassifikation" auf - nicht näher begründeten - Widerspruch. Für ihre Zwecke definieren *Bös/Genser* (ebenda) vielmehr ein Klassifikationssystem, welches nur ein- und mehrklassige Steuertarife unterscheidet. Diese Unterscheidung knüpfen die Autoren daran an, daß bei diesen der jeweilige Steuerbetrag formal "durch eine einzige mathematische Formel für den gesamten Gültigkeitsbereich des Steuertarifs" dargestellt werden kann. Jene hingegen setzen sich aus verschiedenen Gültigkeitsbereichen zusammen, die durch "unterschiedliche mathematische Formeln beschrieben werden". Diese Einteilung mag der herkömmlichen an Einfachheit und Übersichtlichkeit überlegen sein. Allerdings stehen *Bös/Genser* mit der genannten Einteilung vor dem Dilemma, daß als einklassiger Tarif allein ein stets gleicher Proportionalsatz ohne Modifikation in Frage kommt, während alle anderen Tarifformen zu den mehrklassigen Tarifen zu rechnen sind. Dieser einklassige Tarif zeichnet sich freilich durch eine Einfachheit aus, die ihn für die Steuertariflehre als Forschungsobjekt uninteressant macht. *Bös/Genser* haben damit ein Schema entwickelt, welches alle die Steuertariflehre beschäftigenden Tarife einer einzigen Kategorie zuordnet. Wie hierzu *Pollak* (Steuertarife, HdF II 1980, S. 239 ff, 253) zutreffend bemerkt, kann ein Klassifikationsschema, das "alle praktisch bedeutsamen Tarifformen derselben Kategorie zuordnet", kaum geeignet sein, die Steuern anhand ihrer Steuersätze zu systematisieren.

in den drei Formen des Stufenbetragstarifs, des Stufen(durchschnitts-)satztarifs und des Stufengrenzsatztarifs vor.

Der Stufenbetragstarif ordnet jeder Stufe einen festen Steuerbetrag (Pro-rata-Steuersatz) zu.[93] Im geltenden Steuerrecht gibt es für ihn kein Beispiel,[94] allerdings kann die Zusammenstellung der Steuerbeträge in den ESt-Tabellen als Stufenbetragstarif mit freilich sehr kleinen Stufen interpretiert werden.[95]

Der Stufensatztarif ordnet jeder Stufe einen festen Durchschnittssteuersatz (Prozentsatz) zu.[96] Dieses Verfahren macht sich etwa die ErbSt (§ 19 ErbStG) zu eigen, die allerdings neben der Höhe der Bemessungsgrundlage noch auf den Verwandtschaftsgrad abstellt.[97]

Die beiden bisher dargestellten Formen lassen den Steuersatz der jeweils erreichten Stufe für die gesamte Steuerbemessungsgrundlage gelten und werden daher auch als Vollprogression bezeichnet.[98] Der Erreichung eines gleichmäßigen Progressionsverlaufs steht bei der Vollprogression das Problem entgegen, daß der Steuersatz am Übergang von einer Stufe zur nächsten abrupt emporschnellt. Dies führt dazu, daß von Bemessungsgrundlagen kurz unterhalb der Stufengrenze ein größerer Restbetrag "nach Steuern" (Residualbetrag[99]) verbleibt als von solchen kurz oberhalb derselben. Dieses Problem stellt sich für Stufenbetrags- und Stufensatztarife gleichermaßen.[100] In der Steuertechnik bekämpft man es mit Hilfe von sog. Grenzberichtigungen verschiedenster Art, die alle im Grunde auf das Ziel hinauslaufen, die Stufenübergänge so zu "glätten", daß demjenigen, der sich kurz oberhalb der Grenze befindet, mindestens ebensoviel verbleibt wie demjenigen knapp darunter.[101] Durch diese Maßnahmen wird der an sich sehr einfache Stufentarif allerdings zusätzlich stark verkompliziert. Ein Beispiel für das Prinzip der Grenzberichtigung findet sich in § 19 III ErbStG (sog. Härteausgleich).

Der Stufengrenzsatztarif schließlich ordnet jeder Stufe einen festen Grenzsteuersatz zu. Dieser gilt jeweils nur innerhalb der Stufengrenzen, weshalb dieser Tarif auch - im Gegensatz zur Vollprogression - als überschießende Progression bezeichnet wird.[102] Der Unterschied zu den beiden obigen Formen der Vollprogression besteht darin, daß bei Erreichen einer bestimmten Stufe nicht die gesamte Bemessungsgrundlage dem höheren Steuersatz unterworfen, sondern auf jede einzelne Teilmenge der Bemessungsgrundlage der jeweils für diese geltende Steuer-

---

[93] Der Durchschnitssteuersatz innerhalb der Stufengrenzen ist damit ein fallender. Dieses Phänomen bezeichnet man nach *Bräuer* (Steuertarif 1927, S. 29) als "innere Regression" (vgl. unten B IV). Der Grenzsteuersatz innerhalb der Stufengrenzen ist jeweils Null.

[94] Vgl. etwa *Pollak*, Steuertarife, HdF II 1980, S. 239 ff, 252.

[95] Vgl. *Kolms*, Finanzwissenschaft II 1974, S. 50.

[96] Die Durchschnittsteuerbelastung innerhalb der Stufengrenzen ist damit proportional, der Grenzsteuersatz entspricht dem durchschnittlichen Steuersatz, ist also jeweils konstant. Eine innere Regression kommt hier also nicht vor.

[97] Vgl. auch unten D II 6.

[98] Weitere gebräuchliche Bezeichnungen: Gesamtmengenstaffelung und Durchrechnungsverfahren.

[99] Vgl. dazu *Pollak*, Steuertarife, HdF II 1980, S. 239 ff, 242 f.

[100] Bsp.: Bei einem Stufentarif etwa, der für eine Bemessungsgrundlage bis 1.000 DM einen Steuerbetrag von 100 DM (oder einen Steuersatz von 10 %) und für Beträge von mehr als 1.000 DM einen solchen von 150 DM (15 %) vorsieht, verbleiben demjenigen, der 1.000 DM versteuert, "nach Steuern" noch 900 DM, demjenigen, der 1.010 DM versteuert, dagegen nur noch 860 DM (858,50 DM).

[101] *Bräuer*, Steuertarife, HwS VII 1926, S. 1102 ff, 1109: "Prinzip der Grenzberichtigung".

[102] Weitere Bezeichnungen: Teilmengenstaffelung, Anstoßtarif, Staffeltarif. Der Durchschnittssteuersatz innerhalb der Stufen ist ein steigender, der jedoch den jeweiligen Grenzsteuersatz stets unterschreitet.

satz angewandt wird. Der Stufengrenzsatztarif vermeidet dadurch die für die Vollprogression eigentümlichen "Sprünge", innerhalb der Stufen ist die Progression allerdings verzögert. Die Gesamtbelastung ergibt sich erst aus der Addition der einzelnen Teilbeträge, was einen erheblichen Rechenaufwand erfordern kann.[103]

Nichts anderes als einen Stufentarif mit vernachlässigbar schmalen und niedrigen Stufen stellt schließlich der Linientarif dar.[104] In seiner reinen Form stellt er eine gerade Linie dar, er kommt aber auch in - konkav oder konvex - gebrochener Form vor.

b) Der Formeltarif

Im Gegensatz zu den Stufentarifen soll mit Formeltarifen der gewünschte Tarifverlauf nicht nur angenähert, sondern möglichst exakt verwirklicht werden. Hierzu bedient man sich einer mathematischen Funktion, die zu kontinuierlich wechselnden (steigenden) Steuerbeträgen sowie Durchschnitts- und Grenzsteuersätzen führt.[105]

Der Formeltarif gilt entweder für die gesamte Bemessungsgrundlage oder nur für bestimmte Abschnitte derselben. Fließende Übergänge zwischen Stufen- und Formeltarifen ergeben sich daraus, daß Formeltarife meist der Einfachheit halber in Tabellen umgerechnet werden, wobei Kleinstufen gebildet werden, die strenggenommen einen Stufentarif darstellen. Auf der anderen Seite kann man abschnittsweise geltende Formeln durchaus als Tarifstufen interpretieren.[106] Den Charakter eines abschnittsweise geltenden Formeltarifs hat namentlich der ESt-Tarif des § 32a EStG. Er setzt sich derzeit aus vier Teilformeln zusammen.[107]

2. Die indirekte Progression

Die indirekte oder versteckte[108] Progression erreicht das Steigen der durchschnittlichen Belastung bei unverändertem Steuersatz durch Maßnahmen, die die Steuerbemessungsgrundlage

---

[103] Diese Berechnungsschwierigkeiten können durch einen sog. durchgerechnet-angestoßenen oder Spitzentarif (*Bräuer*, Steuertarif 1927, S. 59) umgangen werden, der jeder Stufenobergrenze den auf die bisherige Bemessungsgrundlage entfallenden Steuerbetrag zuordnet. Es muß dann nur noch der auf den überschießenden Restbetrag entfallende (Grenz-)Steuersatz angewandt werden. Bsp.: *Pollak*, Steuertarife, HdF II 1980, S. 239 ff, 260.

[104] Vgl. hierzu *Bräuer*, Steuertarife, HwS VII 1926, S. 1102 ff, 1110 f.

[105] *Wittmann* (Finanzwissenschaft II 1975, S. 22) glaubt, hierin das von Willkür freie Idealbild der Progression zu erblicken. Dabei darf indes nicht übersehen werden, daß mittels einer Tarifformel prinzipiell jeder gewünschte Tarifverlauf erzeugt werden kann (*Bräuer*, Steuertarif 1927, S. 62), also auch ein solcher, der allen Regeln vernünftiger Tarifgestaltung widersprechen mag.

[106] Zwischen diesen treten wiederum Sprünge oder zumindest Knicke im Tarifverlauf auf. Hierin zeigt sich deutlich die Spannungslage zwischen den Zielen der Einfachheit des Tarifs (reiner Stufentarif) und dessen Regelmäßigkeit (reiner Formeltarif), welche durch Übergänge zwischen den beiden Grundformen erreicht werden sollen.

[107] Vgl. im einzelnen unten D II 3 a aa.

[108] Diese ist nicht mit der sog. Belastungsprogression (vgl. zu deren Spiegelbild, der Belastungsregression, unten B IV) zu verwechseln. Beide haben zwar miteinander gemein, daß sie eine Progression in einer eher heimlichen Art und Weise erreichen, bei der versteckten Progression ist dies - im Gegensatz zur Belastungsprogression - jedoch vom Gesetzgeber ausdrücklich gewollt und läßt sich, wenn auch nicht immer auf den ersten Blick, der Gestaltung des Tarifs iwS entnehmen. Außerdem wird bei der versteckten Progression - wiederum anders als bei der Belastungsprogression - die Wirkung an der im jeweiligen Steuergesetz geregelten Steuerbemessungsgrundlage gemessen. Die Belastungsprogression hat indes stets das Einkommen als Bezugsgröße.

kürzen.[109] Der Grenzsteuersatz ist im Unterschied zur direkten Progression konstant. Dem Gesetzgeber erlaubt dieses Verfahren die Einführung einer progressiven Steuer, ohne daß sich diese Progression in augenfälliger Weise unmittelbar ersehen ließe.[110]

Abzüge von der Bemessungsgrundlage können in verschiedener Form gewährt werden. Wird etwa ein fester Betrag von der Bemessungsgrundlage abgezogen, so kann es sich um einen Freibetrag (Abzugsminimum)[111] oder um eine Freigrenze (Grenzminimum) handeln.[112] Bei ersterem bleibt der Abzugsbetrag steuerfrei und nur der diesen übersteigende Betrag unterliegt der Besteuerung.[113] Im zweiten Fall bleibt der Pflichtige steuerfrei, solange die Bemessungsgrundlage die Freigrenze nicht überschreitet, tut sie dies doch, so ist der gesamte Betrag zu versteuern (sog. Nachversteuerung).[114]

Die durch einen Freibetrag erzielten Effekte (Kürzung der Bemessungsgrundlage und Senkung des Durchschnittssteuersatzes) können auch je einzeln erreicht werden. So zeichnet sich der Progressionsvorbehalt (§ 32b EStG) dadurch aus, daß zwar die Bemessungsgrundlage gemindert ist, während der anzuwendende Durchschnittssteuersatz aber unverändert bleibt. Der umgekehrte Fall, also niedrigerer Durchschnittssteuersatz bei unveränderter Steuerbemes-

---

[109] *Pollak* (Steuertarife, HdF II 1980, S. 239 ff, 253) spricht hier von "Tarifmodifikationen", die Abweichungen von einem Grundtarif darstellen. Daneben kommen auch Abzüge vom Steuerbetrag in Betracht (vgl. dazu unten D II 3 b bb a' d" d'").

[110] Aus diesem Grunde haben in der Steuergeschichte oftmals Staaten dieses Vorgehen gewählt, in denen ein offener Progressionstarif politisch schwer durchsetzbar war (vgl. *Bräuer*, Steuertarife, HwS VII 1926, S. 1102 ff, 1118).

[111] *Lang* (Steuervergünstigungen 1974, S. 106 f) unterscheidet nach der Art ihrer Anknüpfung persönliche Freibeträge, die an der Person des Steuersubjekts festmachen, von Grund- und Bemessungsfreibeträgen, die - ohne Ansehen der Person - auf Merkmale der Steuerbemessungsgrundlage selbst abstellen. Daneben kennt er Sonder- und Tariffreibeträge. (Entsprechend gliedert *Lang* auch die Freigrenzen.) Hierzu ist anzumerken, daß die von *Lang* (aaO) sogenannten Sonderfreibeträge auf die persönlichen und Familienverhältnisse des Steuerschuldners abstellen, und damit systematisch wohl den persönlichen Freibeträgen zugeordnet werden können. Der von *Lang* (aaO) weiterhin eigens aufgeführte Tariffreibetrag war schon seinerzeit entgegen seiner Bezeichnung strenggenommen kein Tarif- oder Grundfreibetrag, hatte vielmehr - ebenso wie heute - den Charakter einer tariflichen Nullzone und damit eines Teils der steuersatzrechtlichen Vorschrift (vgl. dazu unten D II 3 b bb a' d" c'"). Eine andere Einteilung der Freibeträge findet sich neuerdings bei *Bayer* (Steuerlehre 1997, Rdn 1564 ff), der Freibeträge in einer von vornherein feststehenden Höhe von solchen unterscheidet, deren Höhe im Einzelfall erst zu ermitteln ist.

[112] Bei direkt progressiven Tarifen haben konstante Freibeträge den unerwünschten Effekt, daß Bereiche hoher Bemessungsgrundlagen durch sie besonders stark entlastet werden (vgl. etwa *Pollak*, Steuertarife, HdF II 1980, S. 239 ff, 254). Der Progressionseffekt wird damit teilweise konterkariert. Als Alternative werden vor allem konstante Abzugsbeträge von der Steuerschuld oder aber sinkend gestaffelte Freibeträge vorgeschlagen (vgl. auch unten D II 3 b bb a' d" a'").

[113] Eine ESt in dieser indirekt progressiven Form war z.B. in den letzten Jahren in den USA im Gespräch. Unter der Bezeichnung "flat tax" hatte man dort diskutiert, die kompliziert gewordene ESt dadurch zu vereinfachen, daß sog. "tax loopholes" (Steuerschlupflöcher) gestrichen und dafür ein niedriger Proportionalsatz eingeführt werden sollte. Die indirekte Progression wollte man durch hohe Freibeträge oder gar Subventionen ("negative ESt") für untere Einkommen erreichen. Diese Zielsetzung erreichte das amerikanische Steuerreformgesetz von 1984 freilich nur teilweise. (vgl. hierzu *Blankart*, Finanzen 1994, S. 254). Zum Sonderfall einer "Negativsteuer", die Charakter einer Transferzahlung hat, vgl. *Kolms*, Finanzwissenschaft II 1974, S. 28 f.

[114] Der Durchschnittssteuersatz schnellt somit bei Überschreiten der Freigrenze auf sein endgültiges Niveau, ohne - wie beim Freibetrag - sich diesem asymptotisch anzunähern. Dies führt zu der Notwendigkeit von Grenzberichtigungen, wie sie beim Stufentarif in Form der Gesamtmengenstaffelung vorkommen (vgl. oben B II 1 a; vgl. auch *Kolms*, Finanzwissenschaft II 1974, S. 39 FN 1).

sungsgrundlage, spielt beim Ehegatten-Splitting[115] sowie als Alternative zur Ausschaltung der sog. Kalten Progression eine Rolle.[116]

3. Die Intensität der Progression

Die Progression kann, je nach "Veränderungstendenz der Durchschnittssteuersatzzunahme"[117] in linearer, beschleunigter oder verzögerter Form vor sich gehen (Progressionstypen).[118] Im Kern hat der Normgeber auch hier wieder die Wahl, dies in direkter oder indirekter Form, also über den Steuersatz ieS oder über den Steuersatz iwS zu bewirken. Die Intensität der Progression hängt in einem ersten Schritt davon ab, welches Intervall zwischen Mindest- und Spitzensteuersatz liegt (Höhenunterschied) und in welcher Staffelung dieses Intervall seinerseits unterteilt ist (Steigerungsquoten). In einem zweiten Schritt kommt es darauf an, welcher Bereich der Bemessungsgrundlage diesen Eck-Steuersätzen zugeordnet ist (Längenunterschied), und auf welche Teilbereiche welche Steuersätze Anwendung finden (Tarifstufen). Ein besonderes Augenmerk ist darauf zu richten, daß bei durchgehender Progression mehr oder weniger schnell sehr hohe Steuersätze (im Extremfall über 100 %) erreicht werden.[119]

Mit den geschilderten Instrumenten kann praktisch jeder gewünschte Progressionsverlauf verwirklicht werden. Von besonderer Bedeutung sind die Höhe des Spitzensteuersatzes und die diesem zugeordneten Bereiche der Bemessungsgrundlage, die Höhe des Mindeststeuersatzes (insb. eine eventuelle Nullzone) sowie die Frage, mit welchem Steuersatz die mittleren Bereiche der Bemessungsgrundlage, in der meist das Gros der Fälle angesiedelt ist, belastet werden.[120]

III. Der Proportionalsatz

Der Proportionalsatz zeichnet sich als Steuersatz iwS dadurch aus, daß bei ihm Durchschnitts- und Grenzsteuersatz jeweils gleich und konstant sind.[121] Er stößt allerdings aufgrund seiner Einfachheit bei ihr auf wenig Interesse.[122] Im geltenden Recht ist der so verstandene Propor-

---

[115] Vgl. dazu *Bayer*, Steuerlehre 1997, Rdn 1480 (Splitting-Effekt).

[116] Vgl. unten D II 3 b bb b' b".

[117] *Pollak*, Steuertarife, HdF II 1980, S. 239 ff, 245. Mathematisch ist dies die zweite Ableitung der Durchschnittssteuersatzfunktion.

[118] Natürlich sind wiederum jegliche Kombinationen dieser drei Formen denkbar. Eine besondere Rolle spielt hier die sog. logistische Kurve, die sich durch eine zuerst beschleunigte und später verzögerte Progression auszeichnet (vgl. *Wittmann*, Finanzwissenschaft II 1975, S. 16).

[119] Neben der selbstverständlichen Bedingung, daß die Durchschnittssteuersätze 100 % der Bemessungsgrundlage nicht überschreiten dürfen (Ausnahmen: die Realsteuerhebesätze; vgl. oben B I 1 sowie unten D III 3), sind hier auch darunter liegende Steuergrenzen (Plafond) zu beachten, deren Erreichung zu vermeiden ist (vgl. dazu unten D II 3 b bb c'). Zur Vermeidung dieser Problematik bietet sich eine indirekte Progression mit festem Steuersatz und Freibetrag an, wodurch der Durchschnittssteuersatz von unten gegen den marginalen Höchstsatz konvergiert, diesen jedoch stets unterschreitet (vgl. oben B II 2). Eine andere Möglichkeit ist das Abbrechen der Progression, sobald ein bestimmter Durchschnittssteuersatz erreicht ist (sog. Kappung).

[120] *Pollak*, Steuertarife, HdF II 1980, S. 239 ff, 258. Vgl. dazu unten D II 3 b bb.

[121] Der Proportionalsatz ieS kann dagegen auch einen steigenden Durchschnittssteuersatz haben; vgl. oben B I 3.

[122] Vgl. *Schmölders/Hansmeyer*, Steuerlehre 1980, S. 85: "Der ... Proportionaltarif ist in seiner Technik unproblematisch". Er bietet "außer der numerischen Bestimmung des Steuersatzes keine Ausgestaltungsvarianten" (*Pollak*, Steuertarife, HdF II 1980, S. 239 ff, 245).

tionalsatz vergleichsweise selten anzutreffen, am ehesten kann wohl der GrESt-Satz als Beispiel für ihn dienen.[123]

IV. Der Regressionstarif

Die Regression stellt das Gegenteil der Progression dar. Der Regressionstarif zeichnet sich folglich durch sinkende Durchschnittssteuersätze aus. Die Regression kann - der Progression insoweit spiegelbildlich - wiederum direkt oder indirekt erreicht werden.[124] Regressive Tarife kommen im geltenden Steuerrecht schlechthin nicht mehr vor.[125]

Dafür, daß die Regression dennoch von Fall zu Fall zum Thema gemacht wird, sind nicht regressive Steuersätze, sondern vielmehr tatsächliche, wirtschaftliche Steuerwirkungen verantwortlich.[126] Nicht mit einem Regressionstarif zu verwechseln sind nämlich Fälle, in denen einer Steuer eine Regressionswirkung zukommt, obwohl sie tariftechnisch proportional oder gar progressiv[127] ausgestaltet ist (Belastungsregression). Denn die vielzitierte ungerechte Regressionswirkung der indirekten Steuern (insb. der USt und der Verbrauchsteuern) oder eines gesamten Steuersystems bezieht sich auf Fälle, in denen die auf das Einkommen (als Maßgröße steuerlicher Leistungsfähigkeit) bezogene Steuerbelastungswirkung für Bezieher niedrigerer Einkommen höher ist als die für Bezieher höherer Einkommen.[128] Hier kommt es offensichtlich nicht auf die steuerschuldrechtliche Ausgestaltung (Tatbestand), sondern vielmehr auf die wirtschaftlichen Wirkungen von (oftmals überwälzbaren) Steuern an, die von einer Vielzahl weiterer Faktoren abhängen.[129] Es kann indes nicht Aufgabe der vorliegenden Systematisierung sein, Steuersätze anhand ihrer (besonders aufgrund von Überwälzbarkeit oftmals undurchdringlichen) Belastungswirkungen zu unterteilen.[130]

---

[123] Das GrEStG 1983 v. 17.12.1982 senkte den Steuersatz der GrESt von 7 auf 2 %, indem es eine Reihe von Ausnahmen auf der Ebene der Bemessungsgrundlage (also indirekter Progression und somit des Steuersatzes iwS) abschaffte. Der GrESt-Satz beträgt seit dem 1.1.1997 nunmehr 3,5 % (§ 11 I GrEStG). Er ist ein Proportionalsatz, weil der zu ihm gehörige Durchschnittssteuersatz aufgrund eines nur vernachlässigbaren Freibetrags (§ 3 Nr. 1 GrEStG) ebenfalls annähernd konstant 3,5 % beträgt.

[124] Bei der direkter Form müßten sinkende (Grenz-)Steuersätze vorliegen, die indirekte Progression wäre durch einen Zuschlag zur Bemessungsgrundlage oder einen Mindeststeuerbetrag (z.B. Kopfsteuer, wenn man sie auf das Einkommen bezieht) zu bewirken.

[125] Vgl. nur *Schmölders/Kaiser*, Steuertarif, HwStR II 1981, S. 1356 ff, 1358.

[126] Vgl. zum folgenden *Schmölders*, Regression, HwStR II 1981, S. 1134.

[127] Diese kuriose Wirkung kommt der BierSt zu, deren an sich progressiver Tarif für Angehörige der "minderbemittelten Bevölkerungsschichten" "gewisse regressive Elemente" enthält (ebenda, S. 1134).

[128] Obwohl bei den meisten hierher gehörigen Steuern nicht das Einkommen die Bemessungsgrundlage bildet, muß im Sinne einer wirtschaftlichen Betrachtungsweise festgestellt werden. daß der Steuerdestinatar die auf ihn direkt oder im Wege der Überwälzung entfallenden Steuerlasten letztlich aus seinem Einkommen zu bestreiten hat. Steuern, die Bezieher niedriger Einkommen relativ höher belasten als solche mit höheren Einkommen, widersprechen damit dem Leistungsfähigkeitsprinzip (vgl. etwa *Tipke*, Steuerrechtsordnung II 1993, S. 899 ff).

[129] Die proportionale USt etwa wirkt hiernach in dem Sinne regressiv, daß Bezieher hoher Einkommen idR einen geringeren Bruchteil ihres Einkommens für Konsumgüter verwenden als solche, die einen hohen Anteil ihres Einkommens für existenznotwenige (ust-belastete) Güter ausgeben müssen. Daher zahlen Bezieher höherer Einkommen einen geringeren Bruchteil ihres Einkommens an USt als solche mit geringerem Einkommen(vgl. *Pollak*, Steuertarife, HdF II 1980, S. 239 ff, 243: "Daß manche Steuern ... zu einer regressiven Belastung des Einkommens ... führen, resultiert nicht aus der Anwendung regressiver Tarife, sondern aus der unterproportionalen Zunahme ihrer Bemessungsgrundlagen bei wachsendem Einkommen").

[130] Zu diesem Fragenkreis hat die finanzwissenschaftliche Steuerlehre einen eigenen Teilbereich, die Inzidenz- oder Steuerwirkungslehre, entwickelt (vgl. *Bayer*, Steuerlehre 1997, Rdn 5, 9).

In der Tariflehre spielt die Regression ferner in Gestalt einer sog. inneren Regression bei Stufenbetragstarifen eine Rolle.[131] Hier kommt es innerhalb der Stufengrenzen zu einem (verzögert) regressiven Verlauf des Durchschnittssteuersatzes, weil die Progression innerhalb der Stufen unterbrochen ist.[132] Das Problem der inneren Regression verschärft sich, je länger die Intervalle zwischen den Stufengrenzen sind und je größer die Steigerungsrate des Steuersatzes von Stufe zu Stufe ausfällt.[133]

---

[131] Vgl. hierzu ausführlich *Kipke*, Steuertarif 1931, S. 17 ff; vgl. auch oben B II 1 a.

[132] Bsp.: Eine (fiktive) KaffeeSt habe einen Tarif, der einer Stufe von 500 bis 1.000 kg der Bemessungsgrundlage Kaffee einen Betrag von DM 50 zuordnet. Die innere Regression drückt sich dann darin aus, daß der Durchschnittssteuersatz am Anfang der Stufe 0,1 DM pro kg Kaffee beträgt, zum Ende der Stufe hin jedoch. auf schließlich 0,05 DM absinkt.

[133] Im geltenden Steuerrecht spielt des Problem der inneren Regression keine Rolle mehr. Die BierSt als einzige Steuer, die einen direkt progressiven Pro-rata-Steuersatz aufweist (§ 3 BierStG), umgeht es, indem sie keinen gleichbleibenden Betrag für alle hierher gehörigen Biermengen erhebt, sondern vielmehr mit von Stufe zu Stufe steigenden DM-Beträgen für jeden hl Bier, nicht hingegen für die gesamte Stufe, arbeitet (vgl. schon *Haller*, Mengenstaffel 1962, S. 3).

C. Die formalen Besteuerungsgrundsätze

Die formalen verfassungsrechtlichen Grundsätze, an denen in einer rechtsstaatlichen Demokratie wie der Bundesrepublik Deutschland staatliches Handeln gemessen wird,[134] sind im
wesentlichen solche der Rechtssicherheit und damit des Vertrauensschutzes,[135] die ihre
Grundlage in den Freiheitsrechten haben. Damit unterscheiden sie sich von den inhaltlichen
Grundsätzen, die sich aus den Gleichheitsrechten ergeben.[136] Sie können in ihrer Gesamtheit
als allgemeine steuerliche Freiheitsgrundrechte bezeichnet werden.[137]

Diese formalen Prüfungsmaßstäbe gelten auch und gerade auf dem Gebiet des Steuerrechts.
Sie lassen sich aus Art. 2 I GG ableiten und können unter Beachtung des Gesetzesvorbehalts
(Art. 2 I 2. Satzteil) etwa in folgender Aussage zusammengefaßt werden: Der Bürger hat den
Anspruch, von einer Belastung durch gegen ihn gerichtete Steueransprüche freizubleiben,
solange diese nicht der verfassungsmäßigen Ordnung angehören und damit auf Rechtsnormen
beruhen, die formell und materiell der Verfassung gemäß sind.[138]

Dieser Grundsatz der Rechtssicherheit[139] findet auf dem Gebiet des Steuerrechts seine Ausprägung in Form von im wesentlichen drei Einzelgrundsätzen, welche jeder für sich unterschiedliche Aspekte der Frage betreffen, welchen formalen Anforderungen der Steuereingriff
des Staates genügen muß. Diese sind der Grundsatz der Gesetzmäßigkeit der Besteuerung, der
Grundsatz der Tatbestandsmäßigkeit der Besteuerung und der Grundsatz der Einfachheit der
Besteuerung.[140] Im folgenden soll zunächst auf den allgemeinen Inhalt der jeweiligen Grundsätze eingegangen werden. Anschließend ist zu untersuchen, welche Konsequenzen sich aus
ihnen speziell für die Beurteilung steuersatzrechtlicher Vorschriften ergeben.

I. Der Grundsatz der Gesetzmäßigkeit der Besteuerung

Der Grundsatz der Gesetzmäßigkeit der Besteuerung (im folgenden kurz: Gesetzmäßigkeitsgrundsatz[141]) trifft Aussagen über die Form der Rechtsquellen, aus denen sich die Entstehungsvoraussetzungen von Steueransprüchen (Steuertatbestände) und deren Rechtsfolgen
ergeben dürfen. Ohne daß es bereits an dieser Stelle auf die rechtstheoretische Frage ankäme,

---

[134] Zu den steuerrechtlichen Implikationen des Rechtsstaatsgedankens allgemein vgl. grundlegend *Salzwedel*,
Rechtsstaat, Rechtsschutz 1960, S. 1 ff; ferner *Wacke*, Verfassungsrecht, StbJb 1966/67, S. 75 ff, 103 f: Das
Rechtsstaatsprinzip.

[135] Grundlegend hierzu *Tipke*, Steuerrechtsordnung I 1993, S. 146 (Übersicht); vgl. auch BFHE 174, 97 ff, 102.

[136] Vgl. dazu unten D.

[137] So *Bayer*, Grundbegriffe 1992, Rdn 30a ff, insb. Rdn 31 ("Freiheitsrechte") und, im Gegensatz dazu, Rdn 32
("Gleichheitsrechte"). Häufig wird im Hinblick auf das Steuerrecht auch von der Unterscheidung in Gleich-
heits- und Gesetzmäßigkeits- (vgl. *Birk*, Gleichheit, StuW 1989, S. 212 ff) oder aber Gerechtigkeits- und
Rechtssicherheitsgrundsätze (vgl. *Jaenke*, Rechtssicherheit, Rechtsschutz 1960, S. 43 ff) gesprochen, was im
Kern dasselbe bedeutet.

[138] Vgl. schon BVerfGE 9, 3 ff, 11, und BVerfGE 19, 206 ff, 215 f, sowie zahlreiche weitere Nachweise bei
Tipke, Steuerrechtsordnung I 1993, S. 158 FN 26.

[139] Zu den steuerrechtlichen Implikationen des Rechtssicherheitsgedankens vgl. grundlegend *Jaenke*, Rechtssicherheit, Rechtsschutz 1960, S. 43 ff.

[140] Die beiden erstgenannten Grundsätze werden von der Literatur häufig miteinander gleichgesetzt, stets jedenfalls verschwimmen ihre Grenzen (vgl. dazu unten C I 5 b). Sie sollen hier jedoch einzeln behandelt werden.

[141] Vgl. zum Begriff neuerdings *Waldhoff* (Vorgaben 1997, S. 112), der von "Steuergesetzesvorbehalt" spricht.

welcher dieser beiden Normbestandteile steuersatzrechtliche Vorschriften angehören,[142] gilt speziell für steuersatzrechtliche Vorschriften grundsätzlich nichts hiervon Abweichendes.

1. Die Problemstellung

Es kommt im folgenden also auf die Frage an, welche äußere Form eine steuersatzrechtliche Vorschrift haben muß, um dem formalen Gesetzmäßigkeitsgrundsatz zu genügen. Zunächst sollen Bedeutung und historische Entwicklung des Grundsatzes umrissen werden. Anschließend ist zu klären, wie der Gesetzmäßigkeitsgrundsatz im Steuerrecht heute interpretiert wird. Schließlich ist der Frage nachzugehen, ob es im Steuerrecht steuersatzrechtliche Vorschriften gibt, die gegen den Gesetzmäßigkeitsgrundsatz verstoßen. Hierbei sind die Rechtsquellen, aus denen sich in den darzustellenden Problemfällen steuersatzrechtliche oder solchen ähnliche Vorschriften ergeben, voneinander getrennt zu betrachten. Die einzelnen Verstöße sind hierzu vor dem Grundgedanken des Gesetzmäßigkeitsgrundsatzes kritisch zu untersuchen.

2. Die Bedeutung des Gesetzmäßigkeitsgrundsatzes

Der Gesetzmäßigkeitsgrundsatz ist ein Grundsatz formaler Rechtsstaatlichkeit;[143] er hat das Ziel, Rechtssicherheit zu gewährleisten.[144] Der Gesetzmäßigkeitsgrundsatz ist die steuer-rechtliche Ausprägung des Grundsatzes der Gesetzmäßigkeit der Verwaltung (Art. 20 III GG).[145] Seine beiden Aspekte sind der Vorbehalt und der Vorrang des Gesetzes.[146] Er beruht auf dem Gedanken, daß Eingriffe in Freiheit und Eigentum des Einzelnen grundsätzlich nur auf der Grundlage eines verfassungsmäßig zustandegekommenen Gesetzes zulässig sind. Der Gesetzmäßigkeitsgrundsatz will indes nicht allein belastende Steuereingriffe ohne gesetzliche Grundlage ausschließen,[147] sondern gewährleistet in seiner Gestalt als steuerrechtliches Le-galitätsprinzip in umgekehrter Weise ebenso, [148] daß die Exekutive nicht etwa begünstigende Maßnahmen trifft, zu denen das Gesetz sie nicht ermächtigt (§ 85 I S.1 AO 1977).[149]

Das Steuerrecht ist seinem Charakter nach vorwiegend Eingriffsrecht;[150] die auf ihm beruhen-

---

[142] Vgl. hierzu unten C II.

[143] Vgl. schon *Hensel*, Steuerrecht 1924, S. 148: "Gesetzesgebundenheit ... als rechtsstaatliches Charakteristi-kum des Steuerrechts".

[144] Vgl. *Bayer*, Steuerlehre 1997, Rdn 126; *Tipke/Lang*, Steuerrecht 1996, § 4 Rdn 53.

[145] Vgl. *Birk*, Steuerrecht I 1994, S. 38. Verschiedentlich erfolgt die Herleitung auf gerade umgekehrtem Weg, wird also der Grundsatz der Gesetzmäßigkeit der Besteuerung als Ursprung des allgemeinen Gesetzesvorbe-halts angesehen. *Kruse* (Gesetzmäßige Verwaltung, Rechtsschutz 1960, S. 93 ff, 95) verweist unter Bezug-nahme auf Äußerungen *Bühlers* (Steuerrecht 1927, S. 33 [prägnanter wohl: S. 64 m. FN 1]) und *Wackes* (Gesetzmäßigkeit, StuW I 1947, Sp. 21 ff, 23, 25) auf die gewohnheitsrechtliche Entstehung des Gesetzmä-ßigkeitsgrundsatzes auf dem Gebiet des Steuerrechts, von wo ausgehend er zu "einem der Fundamentalsätze des Verwaltungsrechts" geworden sei. Er sieht dies durch die Untersuchung von *Drewes* (Gesetzmäßige Verwaltung 1958, passim) belegt; vgl. hierzu neuerdings kritisch *Waldhoff* (Vorgaben 1997, S. 110 f: "zu-mindest ungenau"), der sich seinerseits auf *Papier* (Gesetzesvorbehalte 1973, S. 15 ff) stützt.

[146] Vgl. *Waldhoff*, Vorgaben 1997, S. 116 FN 66 (mwN).

[147] Vgl. *Bühler*, Steuerrecht 1927, S. 64.

[148] Vgl. *Fischer*, in: *Hübschmann/Hepp/Spitaler*, AO, FGO, § 38 AO Rdn 5.

[149] BFHE 112, 14 f, 19; vgl. auch *Lang*, Steuervergünstigungen 1974, S. 24.

[150] "Jede Steuererhebung stellt einen Eingriff in die dem staatlichen Wirken im allgemeinen entzogene Privat-vermögenssphäre des einzelnen dar" (*Hensel*, Steuerrecht 1924, S. 179); ebenso *Kruse*, Gesetzmäßige Ver-waltung, Rechtsschutz 1960, S. S. 93 ff, 129; neuerdings auch BFHE 162, 450 f, 455. Diese Eigenschaft hat das Steuerrecht freilich mit dem Strafrecht gemeinsam.

den Verwaltungsakte sind somit meist belastender Natur.[151] Daher wird im allgemeinen gefordert, daß der die Steuerpflicht begründende Tatbestand in einem verfassungsmäßig zustandegekommenen Gesetz enthalten sei. Für das Steuerrecht als Eingriffsrecht hat somit der Satz "nullum tributum sine lege" eine ähnlich grundlegende Bedeutung wie sie dem Satz "nulla poena sine lege" im Strafrecht zukommt.

Der Grundsatz der Gesetzmäßigkeit der Besteuerung hat die Aufgabe, zulässige Formen der Normierung von Steuertatbeständen von unzulässigen abzugrenzen.[152] Im wesentlichen besagt er in dieser Hinsicht, daß im Sinne der Gewaltenteilung (Art. 1 III, Art. 20 III GG) die Steuererfindung durch Exekutive und Judikative ausgeschlossen ist.[153] Dies gilt nicht nur für komplette Steuertatbestände, sondern für alle Teile derselben. Besonders der Steuersatz zählt stets zum Mindestinhalt einer jeden Steuernorm.[154]

3. Die historische Entwicklung des Gesetzmäßigkeitsgrundsatzes

Die Geschichte des Gesetzmäßigkeitsgrundsatzes reicht zurück bis in die Zeit des ständischen Steuerbewilligungsrechts.[155] Er geht im wesentlichen auf den liberalistischen Gedanken zurück, daß die Erhebung von Steuern als Eingriff in das Eigentum der Bürger ohne Einwilligung der Volksvertretung nicht erfolgen darf.

Als Ausfluß der Rechtssicherheit trägt der Gesetzmäßigkeitsgrundsatz formale, ja positivistische Züge. Er überstellt dem Gesetzgeber die alleinige Entscheidungsbefugnis über die Entstehungsvoraussetzungen von Steueransprüchen und soll durch seine Bindungswirkung gewährleisten, daß Verwaltung und Rechtsprechung die von der Volksvertretung beschlossenen Gesetze in deren Sinne anwenden.[156] Inhaltliche Anforderungen an die Steuergesetze im all-

---

[151] *Kruse* (Gesetzmäßige Verwaltung, Rechtsschutz 1960, S. 93 ff, 129) weist aber zu Recht auch darauf hin, daß die Steuerverwaltung im Einzelfall auch einmal gehalten sein kann, begünstigend tätig zu werden.

[152] Unter der Forderung, den "Steuertatbestand" gesetzlich zu regeln, wurde schon seit jeher verstanden, daß die folgenden Punkte als Mindestinhalt im Gesetz zu finden sein mußten: "Als das Wichtigste erscheinen die Bestimmung des Personenkreises und sachlichen Gegenstandes, sowie Steuermaßstab und -tarif" (*Mirbt*, Steuerrecht 1926, S. 71). Daran hat sich, abgesehen von terminologischen Verschiebungen, bis heute nichts geändert; vgl. etwa *P. Kirchhof*, Staatliche Einnahmen, HStR IV 1990, S. 87 ff, 124: "Das Gesetz hat zumindest den Steuergegenstand, den Steuerschuldner, die Bemessungsgrundlage und den Steuersatz zu bestimmen". Vgl. dazu ausführlich unten C II 3.

[153] *Tipke*, Steuerrechtsordnung I 1993, S. 161; hinsichtlich der Exekutive vgl. *Hahn*,, Grundsätze 1984, S. 82 f: "Verwaltungsermessen wie auch Verwaltungsrechtsetzung sollen ausgeschlossen sein"; anders noch *Crisolli*, Steuerrecht 1933, S. 25: "Dem Grundsatz der Gesetzmäßigkeit der Steuerverwaltung ist ... nicht zu entnehmen, daß die Gesetze die Steuerpflicht völlig abschließend regeln müßten, so daß für das freie Ermessen der StBeh. kein Raum bliebe" (Bsp.: Das Ermessen bezüglich der Steuerbemessungsgrundlage noch § 49 I EStG v. 10.8.1925 [Besteuerung nach dem Verbrauch, wenn das festgestellte Einkommen in einem "offenbaren Mißverhältnis" zu demselben steht]; aaO, S. 25.

[154] Dies gilt ausnahmslos, auch wenn es bezüglich der Zahl der übrigen Steuertatbestandselemente verschiedentlich zu unterschiedlichen Auffassungen kommt; vgl. etwa *Ball*, Steuerrecht 1925, S. 68: "Gegenstand und ... Höhe der Steuern" werden "stets durch das Gesetz geregelt" (vgl. auch unten C II 3).

[155] Vgl. *Waldhoff*, Vorgaben 1997, S. 110 f (mwN); ebenso *Bayer*, Grundbegriffe 1992, Rdn 31a. Zur historischen Herleitung des Gesetzmäßigkeitsgrundsatzes im ganzen vgl. ausführlich *Drewes*, Gesetzmäßige Verwaltung 1958, passim; weiterhin *Brinkmann*, Tatbestandsmäßigkeit 1982, Zweiter Teil (S. 27 bis 74).

[156] Das Steuerrecht wird demgemäß, um hier die berühmt gewordene Formulierung des BVerfG unter Bezugnahme auf *Bühler/Strickrodt* (Steuerrecht I 1960, S. 658) zu verwenden, "von der Idee der 'primären Entscheidung des Gesetzgebers über die Steuerwürdigkeit bestimmter generell bezeichneter Sachverhalte' getragen und lebt dementsprechend 'aus dem Diktum des Gesetzgebers'" (BVerfGE 13, 318 ff, 328).

gemeinen und an die steuersatzrechtlichen Vorschriften im besonderen lassen sich aus diesem Aspekt des Gesetzmäßigkeitsgrundsatzes nicht ableiten.

Der Gesetzmäßigkeitsgrundsatz ist daneben dem Demokratieprinzip zu entnehmen,[157] denn in einem demokratischen Staat soll es den Volksvertretern überlassen sein, über ihre eigene Steuerbelastung zu entscheiden.[158] Ihm kam damit zumindest früher insofern auch inhaltliche Bedeutung zu, als die vom Volk selbst beschlossene Steuerlastverteilung - und damit insb. die Höhe der steuersatzrechtlichen Vorschriften - als gerecht und allgemein gebilligt galt. Dies ist heute jedoch problematisch, da die Rolle der Volksvertretung sich mit der Zeit gewandelt hat.[159] War es früher primäres Ziel, die Ausgaben und damit den Steuerzugriff des Staates zu begrenzen,[160] so ist es heute meist das Parlament selbst, das seine hohen Leistungsversprechen an die Bürger durch steigende Steuererträge finanzieren will.[161] Weil dem Gesetzmäßigkeitsgrundsatz somit eine inhaltlich steuerbegrenzende Wirkung immer weniger zugeschrieben werden kann, interessieren im folgenden primär die Aspekte, die sich aus seiner Eigenschaft als formaler Grundsatz der Rechtssicherheit ergeben.[162]

4. Die Rechtsgrundlagen des Gesetzmäßigkeitsgrundsatzes

Die Beschäftigung mit dem Gesetzmäßigkeitsgrundsatz konnte in der Weimarer Zeit noch unter Rückgriff auf Art. 134 WRV ("nach Maßgabe der Gesetze") erfolgen.[163] Den Vorschriften des Bonner GG ist der Gesetzmäßigkeitsgrundsatz indes nicht mehr expressis verbis zu entnehmen.[164] Zur fehlenden Kodifikation des Gesetzmäßigkeitsgrundsatzes im GG lassen sich im wesentlichen zwei Erklärungsansätze anführen:[165] In Verfassungen, die einen allgemeinen Gesetzesvorbehalt normieren, besteht kein Bedarf für einen speziellen Steuergesetzesvorbehalt mehr. Daneben hat in einigen Staaten eine "Rationalisierung von Verfassungstexten" dazu geführt, daß mittlerweile als selbstverständlich angesehene Inhalte aus dem Wortlaut entfernt wurden. Dem sind in Deutschland offenbar insb. Besteuerungsgrundsätze zum Opfer gefallen. Ihrer (nunmehr gewohnheitsrechtlichen) Gültigkeit tut dies keinen Abbruch.

---

[157] Vgl. *F. Ossenbühl*, Vorrang, HStR III 1988, S. 315 ff, 332: "Die beiden tragenden verfassungsrechtlichen Säulen des Gesetzesvorbehaltes sind das Rechtsstaatsprinzip und das Demokratiegebot"; zum Demokratieprinzip vgl. ausführlich auch *Papier*, Gesetzesvorbehalte 1973, passim.

[158] Vgl. schon *Waldecker*, Steuerrecht 1924, S. 36: "Ausgangspunkt ist bei der Auferlegung von Steuern ... grundsätzlich ein formelles Gesetz, (sic!) und damit die Mitwirkung der Volksvertretung".

[159] Vgl. dazu *Waldhoff*, Vorgaben 1997, S. 111 ff.

[160] Vgl. *Hensel*, Steuerrecht 1924, S. 28.

[161] So auch *Tipke*, Leistungsfähigkeitsprinzip, StuW 1994, S. 58 ff, 61: "tax and spend-Politiker in den Parlamenten".

[162] Vgl. zum Verhältnis zwischen Gesetzmäßigkeit und Gleichmäßigkeit *Birk*, Gleichheit, StuW 1989, S. 212 ff, 213.

[163] Vgl. schon *Hensel*, Abänderung, VjSchrStuFR 1927, S. 39 ff; daneben *Crisolli*, Steuerrecht 1933, S. 24 f (mit Nachweisen der älteren Literatur in FN 1).

[164] Nichts anderes gilt im großen und ganzen für die Verfassungsurkunden der Bundesländer. Einzige Ausnahme bildet Art. 75 I der Verfassung von Berlin v. 23. November 1995. Allerdings enthalten eine Vielzahl ausländischer Verfassungen den Gesetzmäßigkeitsgrundsatz, namentlich etwa die Frankreichs (Art. 34), Italiens (Art. 23), Österreichs (Art. 18), Spaniens (Art. 133) und der USA (Art. I § 8); vgl. hierzu die ausführlichen Nachweise bei *Tipke*, Steuerrechtsordnung I 1993, S. 157 m. FN 18 bis 23; weitere Einzelheiten bei *Waldhoff*, Vorgaben 1997, S. 366 f; zur Geschichte auch *Hahn*, Grundsätze 1984, S. 49 (Art. 100 der preußischen Verfassungsurkunde von 1850).

[165] Vgl. *Waldhoff*, Vorgaben 1997, S. 116 mit Verweis auf S. 182 ff.

Mangels Kodifikation muß der Gesetzmäßigkeitsgrundsatz im geltenden deutschen Steuerrecht unter Heranziehung allgemeinerer Verfassungsprinzipien hergeleitet werden. Dabei werden im großen und ganzen zwei verschiedene Wege beschritten. Die Rechtsprechung des BVerfG scheint ihn weitestgehend dem eher vagen Rechtsstaatsprinzip zu entnehmen,[166] während die Lehre ihn daneben auf explizite Vorschriften des GG und der AO 1977 zurückführt. Zur Verortung des Gesetzmäßigkeitsgrundsatzes im GG wird überwiegend Art. 2 I GG herangezogen. Weiterhin findet sich der Grundsatz der Gesetzmäßigkeit der Besteuerung in Art. 20 III GG, nach dem vollziehende Gewalt und Rechtsprechung an Gesetz und Recht gebunden sind. Eine Herleitung des Gesetzmäßigkeitsgrundsatzes wird von Fall zu Fall durchaus überzeugend auch aus Art. 14 I S.2 iVm III S.2 GG unternommen:[167] Dieser bestimmt, daß eine Enteignung nur aufgrund eines Gesetzes erfolgen kann, welches Art und Ausmaß der Entschädigung regelt. Die Besteuerung ist nun insofern ein gravierenderer Eingriff als die Enteignung, als für sie eine Entschädigung nicht vorgesehen ist.[168] Daraus ist zu folgern, daß für die Steuererhebung eine Bindung an das Gesetz erst recht zu gelten hat.[169] Im einfachen Steuerrecht begegnet man dem Gesetzmäßigkeitsgrundsatz schließlich in der Gestalt der §§ 3 I und 38 AO 1977 ("Tatbestand, an den das Gesetz die Leistungspflicht knüpft").

5. Der Gesetzmäßigkeitsgrundsatz als Parlamentsvorbehalt

a) Die Aussagen des Parlamentsvorbehalts

Der Gesetzmäßigkeitsgrundsatz kann in unterschiedlicher Weise interpretiert werden. Zum einen könnte man ihn so verstehen, daß nach ihm "jede Rechtsnorm" (§ 4 AO 1977), also jede Anordnung mit abstrakt-generellem Charakter, einen Steuertatbestand enthalten kann.[170]

Dieses Verständnis gilt im heutigen Steuerrecht indes nach überwiegender Meinung nicht mehr.[171] Der Grundsatz der Gesetzmäßigkeit der Besteuerung wird heute, im Gegensatz dazu, vielmehr als sog. Parlaments- oder Totalvorbehalt verstanden.[172] Dieser Auffassung schließt sich auch die folgende Untersuchung an.[173] Der Parlamentsvorbehalt besagt, daß Vorschriften, die einen Steueranspruch begründen oder verschärfen, in einem förmlichen Parlamentsgesetz

---

[166] Vgl. hierzu die umfangreichen Nachweise bei *Tipke*, Steuerrechtsordnung I 1993, S. 158 FN 25.

[167] Vgl hierzu auch BFHE 67, 403 ff, 405: "Die Steuererhebung auf Grund ordnungsmäßig zustande gekommener Gesetze ist kein unzulässiger Eingriff des Staates in das Eigentum der Staatsbürger".

[168] Wäre die Steuererhebung als Enteignung zu betrachten, so müßte gleichzeitig zum Erlaß des Steuerbescheides kuriorserweise eine Entschädigung in gleicher Höhe gezahlt werden (vgl. *Friauf*, Eigentumsgarantie, DÖV 1980, S. 480 ff, 487). So auch *Kruse*, Gesetzmäßige Verwaltung, Rechtsschutz 1960, S. 93 ff, 113: Es ist "sinnlos, den Steuerpflichtigen für die von ihm gezahlten Steuern in Geld zu entschädigen".

[169] Vgl. *Kruse*, Gesetzmäßige Verwaltung, Rechtsschutz 1960, S. 93 ff, 113.

[170] Zum Gesetzesbegriff der AO 1977 vgl. *Birk*, in: *Hübschmann/Hepp/Spitaler*, AO, FGO, § 4 AO Rdn 4 ff.

[171] So aber noch *Merk*, Steuerschuldrecht 1926, S. 5: Die Steuer muß "durch Gesetz, d.h. - s. § 2 RAO. - durch eine Rechtsnorm" auferlegt sein.

[172] So schon *Hensel*, Steuerrecht 1924, S. 27 f; *Ball*, Steuerrecht 1925, S. 68; neuerdings auch BFHE 162, 450 ff, 455 ("förmliches Gesetz"!).

[173] *Papier* will gar drei Arten von Gesetzesvorbehalten unterscheiden (*Papier*, Gesetzesvorbehalte 1973, S. 210 ff). Dies sind neben dem "zwingend-formellen, eine Delegation der Rechtssetzungsbefugnis an den Verordnungs- oder Satzungsgeber ausschließenden Gesetzesvorbehalt (beispielsweise in Art. 104 Abs. 1 GG) ... die nicht-zwingenden, also Rechtssätze inferiorer Art ... zulassenden Parlamentsvorbehalte sowie ... die 'schlichten' Rechtssatzvorbehalte beispielsweise der Art. 2 Abs. 1 und 14 Abs. 1 Satz 2 GG".

(im folgenden: Steuergesetz[174]) geregelt sein müssen.[175] Damit kommen für steuersatzrechtliche Vorschriften andere Rechtsnormen als förmliche Gesetze grundsätzlich ebensowenig in Betracht wie staatliche Handlungsformen, denen ein Rechtsnormcharakter völlig fehlt. Dem Steuergesetz gleichgestellt ist insofern lediglich die Steuersatzung.[176] Dies ist entsprechend dem bis hierher dargestellten Grundgedanken des Gesetzmäßigkeitsgrundsatzes auf das demokratische Legitimationsgefälle zurückzuführen, das zwischen Steuergesetz und -satzung einerseits und den übrigen Rechtsnormen andererseits besteht.[177]

Vor dem Hintergrund des Gesetzmäßigkeitsprinzips ist es bedenklich, wenn die steuerliche Belastung der Bürger aufgrund von Geldentwertung steigt (sog. Kalte Progression),[178] ohne daß überhaupt irgendeine Form von Gesetzgebungsakt hierfür verantwortlich wäre (parlamentsfreier Automatismus).[179]

Der Parlamentsvorbehalt umschließt in seiner Ausprägung als Legalitätsprinzip auch negative Tatbestandselemente (Vergünstigungen, Befreiungen). Daher dürfen auch begünstigende Steuerverwaltungsakte oder -urteile nicht ohne gesetzliche Grundlage ergehen. Der Parlamentsvorbehalt hat schließlich weitere Implikationen, die hier allerdings nur zu nennen sind: Er besagt, daß im Steuerrecht die Schaffung neuer Tatbestände im Wege der Analogie unzulässig ist.[180] Unter bestimmten Umständen ist indes die Lückenausfüllung im Wege der Analogie zulässig, sofern hierdurch keine dem Gesetzeszweck widersprechenden neuen Tatbestände geschaffen werden.[181]

---

[174] Das (formelle oder förmliche) Steuergesetz zeichnet sich dadurch aus, daß es im Gesetzgebungsverfahren der Art. 76 f GG zustandegekommen, ordnungsmäßig ausgefertigt und im Bundesgesetzblatt verkündet worden ist. Zur Abgrenzung von formellen und anderen Rechtsnormen vgl. schon *Mirbt*, Steuerrecht 1926, S. 69: Das "Verfahren ist für die Charakterisierung entscheidend".

[175] Am ausführlichsten widmet sich *Papier* (Gesetzesvorbehalte 1973, S. 210 ff) der Herleitung des strengen Parlamentsvorbehalts. Er begründet ihn zum einen damit, daß das Verhältnismäßigkeitsprinzip (Übermaßverbot) als Schranken-Schranke für Grundrechtseingriffe bei der Besteuerung ins Leere laufe, weil der Steuereingriff zur Einnahmeerzielung stets geeignet, erforderlich und angemessen sei. Dies gelte auch bei Ordnungssteuern, für die Einnahmeerzielung immer zumindest auch eine Nebenrolle spielen müsse. Zum anderen zieht *Papier* analog Art. 110 II GG heran, für den ein Parlamentsvorbehalt allgemein anerkannt ist; vgl. dazu auch *Vogel*, Finanzrecht, GS für *Martens* 1987, S. 265 ff, 268 ff.

[176] Vgl. *Maunz*, in: *Maunz/Dürig*, GG, Art. 105 Rdn 8; vgl. dazu unten C I 6 a.

[177] Die Vorschriften des GG enthalten keine Steuertatbestände, obwohl dies dem Gesetzmäßigkeitsgrundsatz kaum widersprechen dürfte, denn an GG-Änderungen sind nach Art. 79 GG noch weit schärfere verfahrensmäßige Anforderungen zu stellen als an Parlamentsgesetze. Im geltenden deutschen Steuerrecht ergibt sich indes keine steuersatzrechtliche Vorschrift direkt aus dem Buchstaben des GG. Dies ist im Ausland anders, wo manchen Verfassungen, wenn nicht gar konkrete Steuersätze ("Der Schweizer Kanton Appenzell ist bekannt dafür, daß dort die Verfassung lange Zeit die einzige Steuerrechtsquelle war und es daneben besondere Steuergesetze nicht gab" [*Wacke*, Gesetzmäßigkeit, StuW I 1947, Sp. 21 ff, 24]), so doch zumindest Obergrenzen für diese zu entnehmen sind (vgl. *Waldhoff*, Vorgaben 1997, S. 371: Art. 33 der Verfassung Nordkoreas [systembedingte Steuersatzgrenze von Null]; vgl. ausführlich unten D II 3 b bb c').

[178] Vgl. schon *Bräuer*, Steuertarife, HwS VII 1926, S. 1102 ff, 1121; vgl. ausführlich dazu unten D II 3 b bb b' b".

[179] *Papier*, in: *Maunz/Dürig*, GG, Art. 14 Rdn 182.

[180] Vgl. etwa *Vogel*, Finanzrecht, GS für *Martens* 1987, S. 265 ff, 271 (mwN in FN 33); vgl. auch BFHE 136, 319 ff, 329; BFHE 121, 572 ff, 574.

[181] Vgl. BFHE 180, 108 ff, 109.

b) Die Abgrenzung vom Tatbestandsmäßigkeitsgrundsatz

Teile der Literatur wollen den Parlamentsvorbehalt irreführenderweise als Tatbestandsmäßigkeitsgrundsatz bezeichnen.[182] Insofern, als die hM den Gesetzmäßigkeitsgrundsatz als Parlamentsvorbehalt versteht, würden beide Grundsätze folglich dasselbe besagen. Daher sehen die beiden Grundsätze oftmals auch als Synonyma angesehen.[183] Dies sehen manche Autoren zu Recht anders,[184] denn der Tatbestandsmäßigkeitsgrundsatz hat nicht nur die Form des Rechtssatzes und damit letztlich kompetenzrechtliche Fragen zum Gegenstand, [185] sondern betrifft die Form und Struktur der im formellen Steuergesetz zu regelnden Vorschriften.[186] Insofern, als er diesen Unterschied andeutet, ist der von *Waldhoff* gewählte Begriff des "Steuergesetzesvorbehalts" zu begrüßen.[187] Der Grundsatz der Tatbestandsmäßigkeit der Besteuerung ist Gegenstand des folgenden Abschnitts.[188]

Die steuersatzrechtlichen Vorschriften einer Steuer entscheiden letztlich im Zusammenwirken mit den Vorschriften über die Steuerbemessungsgrundlage über die Belastungswirkung der Steuer und damit über ihre Vereinbarkeit mit materiellem Verfassungsrecht.[189] Ihre Festlegung muß daher gemäß dem Parlamentsvorbehalt der Volksvertretung überlassen bleiben. Dies entspricht dem Grundgedanken des Gesetzmäßigkeitsprinzips. Folglich besteht eine notwendige Voraussetzung für die formelle Verfassungsmäßigkeit einer steuersatzrechtlichen Vorschrift darin, daß diese in einem förmlichen Parlamentsgesetz enthalten ist. Über ihre rechtstheoretische Stellung im Rahmen der Steuerrechtsnorm ist damit aber noch nichts gesagt.[190]

6. Die Beurteilung steuersatzrechtlicher Vorschriften

Im folgenden soll untersucht werden, ob es steuersatzrechtliche Vorschriften (sowohl ieS als auch iwS) gibt, die dem Parlamentsvorbehalt widersprechen. Der Parlamentsvorbehalt trennt

---

[182] Vgl. *Tipke*, Steuerrechtsordnung I, S. 161 f (mwN). Für *Tipke* greift eine als Synonym gemeinte Bezeichnung "Tatbestandsmäßigkeit" zu kurz, da dem Gesetzmäßigkeitsgrundsatz nicht allein der Steuertatbestand unterfalle, sondern sich "die Steuer ... auch der Höhe nach" aus dem Gesetz ergeben müsse. Dies ist indes kein zutreffendes Argument, denn die Höhe der Steuer ergibt sich aus Steuerbemessungsgrundlage und Steuersatz, Elementen also, die gemeinhin (auch von *Tipke*, ebenda) zum Steuertatbestand gerechnet werden und, wie er selbst ausführt (aaO, S. 162), zwingend im Parlamentsgesetz geregelt sein müssen. Die Vermutung liegt nahe, daß *Tipke* in der hier zitierten Passage den Begriff "Steuertatbestand" iSv Steuergegenstand gebraucht, was besonders in der Finanzwissenschaft gebräuchlich ist und nicht unwesentlich zur Begriffsverwirrung in der Steuertatbestandslehre (vgl. unten C II 3) beiträgt.

[183] Vgl. nur *Vogel/Walter*, in: *Dolzer/Vogel*, GG, Art. 105 Rdn 133.

[184] Prägnant *Bayer*, Grundbegriffe 1992, Rdn 31 a ff; vgl. zum Überblick *Waldhoff*, Vorgaben 1997, S. 118; *Kruse*, Gesetzmäßige Verwaltung, Rechtsschutz 1960, S. 93 ff, 109 ff.

[185] *Hahn*, Grundsätze 1984, S. 82.

[186] So schon *Mirbt*, Steuerrecht 1926, S. 68, freilich noch mit abweichenden Begriffen. Auch *Papier* (Gesetzesvorbehalte 1973, S. 154) verweist darauf, daß sich die Rechtssatzform der Steuereingriffe allein aus den "grundgesetzlichen Vorbehaltsbestimmungen" ergeben. Die "Herausarbeitung eines besonderen Verfassungsprinzips der Tatbestandsmäßigkeit zu diesem Zwecke und zu diesem Inhalt ist überflüssig".

[187] Vgl. *Waldhoff*, Vorgaben 1997, S. 116.

[188] Vgl. unten C II.

[189] Vgl. oben B I 3 und dazu *Birtel*, Zeit 1985, S. 38 f: Charakteristisch für den Steuersatz ist, daß er "zwar entscheidenden Einfluß auf die endgültige Höhe der Steuerlast hat, ... aber nur im Zusammenhang mit der Steuerbemessungsgrundlage wirken kann"; vgl. auch *Hahn*, Grundsätze 1984, S. 229 f (mwN).

[190] Vgl. dazu unten C II, insb. C II 4.

diejenigen steuersatzrechtlichen Vorschriften, die in einem Steuergesetz oder einer Steuersatzung enthalten sind, von denjenigen, die ihren Niederschlag entweder in anderen Rechtsnormen oder in staatlichen Handlungsformen ganz ohne Rechtsnormcharakter finden.

a) Das Steuergesetz und die Steuersatzung

Die Mehrzahl der steuersatzrechtlichen Vorschriften der geltenden Steuern entspricht offenbar insofern dem Gesetzmäßigkeitsprinzip, als diese in den jeweiligen formellen Steuergesetzen ihren Niederschlag finden.

Eine Sonderstellung nehmen, wie oben bereits angedeutet wurde, steuersatzrechtliche Vorschriften ein, die in Steuersatzungen enthalten sind. Die Satzung entspricht dem Gesetzmäßigkeitsgrundsatz, obwohl sie kein formelles Parlamentsgesetz ist.[191] Sie kommt in Gestalt der gemeindlichen und der kirchlichen Steuersatzung vor.[192] Die gemeindlichen Steuersatzungen beruhen auf der kommunalen Selbstverwaltungsgarantie des Art. 28 II S.1 GG. Sie können zwei Kategorien zugeordnet werden. Zum einen gibt es solche, die vollständige Steuertatbestände enthalten, nämlich die der örtlichen Verbrauch- und Aufwandsteuern. Die Ermächtigung zum Erlaß dieser Satzungen wird den Gemeinden von den Ländern, die bezüglich dieser Steuerarten die Gesetzgebungskompetenz besitzen (Art. 105 IIa GG), über die Kommunalabgabengesetze (KAG) erteilt. Eine andere Form von Satzungen beschränkt sich darauf, einen unvollständigen gesetzlich umschriebenen Tatbestand um einzelne Merkmale, namentlich um die Steuersätze, zu ergänzen. Diesen Charakter haben diejenigen Satzungen, in denen die Hebesätze der Realsteuern ihre Regelung finden, nämlich die Haushalts- oder - neuerdings vermehrt - die Hebesatzsatzungen. Das Recht zur Festsetzung der Hebesätze der Realsteuern ist den Gemeinden gem. Art. 106 VI S.2 GG einzuräumen (Hebesatzautonomie).[193] An dieser Stelle interessieren beide Formen von Satzungen gleichermaßen, denn in beiden finden sich steuersatzrechtliche Vorschriften, in der ersten innerhalb eines kompletten Steuertatbestandes, in der zweiten ausschließlich.

Die gemeindliche Steuersatzung ist untergesetzliches Steuerrecht. Bei Verstoß gegen ein Steuergesetz ist sie nichtig (Vorrang des Gesetzes). Der Grund dafür, daß die Satzung als dem Parlamentsvorbehalt genügend angesehen wird, liegt wohl darin, daß nicht Verwaltung oder Rechtsprechung hier aktiv werden, sondern daß ein auf den gemeindlichen Raum beschränkter Steuertatbestand von den gewählten Vertretern der Gemeinde festgelegt wird.[194] Denn beim Rat der Gemeinde handelt es sich um eine gemeindliche Vertretungskörperschaft, um ein, wie man sagen könnte, kommunales Parlament, ein demokratisch legitimiertes Organ.[195]

---

[191] Vgl. *Bayer*, Grundbegriffe 1992, Rdn 39: Grundsatz der Satzungsmäßigkeit der Besteuerung.

[192] Auf die KiSt-Satzungen soll im folgenden nicht näher eingegangen werden, da diese meist keine eigenen Steuertatbestände enthalten, sondern die Aufgabe haben, die KiSt-Gesetze zu konkretisieren (vgl. BFHE 108, 464 ff, 466).

[193] Vgl. ausführlich oben B I 1 und dazu BFHE 73, 387 ff, 390: "Da der Hebesatz Grundlage für die Steuererhebung ist, ... muß er durch Gesetz im materiellen Sinne festgesetzt werden ... Diese Festsetzung wird durch die genannten Vorschriften (erg.: §§ 1, 16 I) des GewStG den Gemeinden übertragen". Entsprechend finden sich im GrStG und im GewStG keine Vorschriften, denen man die Höhe des Steuersatzes entnehmen könnte. § 25 I GrStG und § 16 I GewStG bestimmen, daß die hebeberechtigte Gemeinde den Hebesatz festzusetzen hat.

[194] Vgl. hierzu *Papier*, Gesetzesvorbehalte 1973, S. 138 f: Die "herrschende Lehre" hält "Parlamentsgesetz und Satzung in Hinblick auf die demokratische Legitimation für gleichwertig"; kritisch jedoch aaO, S. 64 f: Schwächere demokratische Legitimation durch Zustimmungserfordernis der Exekutive.

[195] Vgl. prägnant *Jellinek*, Verwaltungsrecht 1948, S. 394 f: Die Gemeindevertretung als eine "Volksvertretung im kleinen", deren Mitwirkung im Satzunggebungsverfahren "das Steuerbewilligungsrecht des Volkes wahrt".

Darüber hinaus genügt wohl auch das Satzungsgebungsverfahren unter diesen Gesichtspunkten den Anforderungen, die an das Zustandekommen eines förmlichen Gesetzes gestellt werden.[196]

Andere Rechtsquellen, insb. das supranationale Recht[197] und das Völkergewohnheitsrecht, sollen an dieser Stelle ausgeklammert werden.[198]

b) Die dem Gesetzmäßigkeitsgrundsatz widersprechenden Steuersatzvorschriften

Obwohl der Großteil der geltenden steuersatzrechtlichen Regeln dem Parlamentsvorbehalt genügt, gibt es Fälle, in denen steuerrechtliche Vorschriften, die Steuerbemessungsgrundlage und Steuerschuld zueinander in Beziehung setzen (und somit im Sinne obiger Definition[199] als steuersatzrechtliche Vorschriften ieS bezeichnet werden können), sich aus Rechtsquellen ergeben, die nicht den Charakter von Parlamentsgesetzen oder Satzungen haben. Ferner gibt es eine Anzahl von Fällen, in denen ebensolches für steuersatzrechtliche Regeln iwS gilt.

Ebenso, wie ein Steueranspruch, dessen Entstehungsvoraussetzungen in einem dem Parlamentsvorbehalt widersprechenden Rechtssatz enthalten sind, nicht entsteht, kann auch eine steuersatzrechtliche Vorschrift keine Anwendung finden, für die dasselbe gilt. Dem Parlamentsvorbehalt widersprechen nach dem bisher Gesagten solche steuersatzrechtlichen Vorschriften, die sich aus Rechtsverordnungen,[200] öffentlich-rechtlichen Verträgen (Steuervereinbarungen),[201] Gewohnheitsrecht, Richterrecht, Verwaltungsakten oder Verwaltungsanweisungen (Richtlinien) ergeben.[202]

aa) Die Rechtsverordnung

Der allgemeine Vorbehalt des Gesetzes ist vereinbar mit der Delegation von Rechtsetzungsbefugnissen an die Exekutive (im Steuerrecht meist Bundesregierung oder Bundesfinanzminister) im Rahmen der in Art. 80 GG enthaltenen Voraussetzungen. Für steuerliche Tatbestände gilt jedoch etwas anderes.[203] Der Ausschluß insb. verordnungsrechtlich geregelter Steuertat-

---

[196] Vgl. dazu *Bayer*, Steuerlehre 1997, Rdn 181 ff.

[197] Harmonisierung von Steuersätzen innerhalb der EU.

[198] Vgl. zur USt-Harmonisierung etwa *Nieskens*, in: *Rau/Dürrwächter/Flick/Geist*, UStG, § 12 Allg. Rdn 41 ff.

[199] Vgl. oben A.

[200] Vgl. hierzu schon *Mirbt*, Steuerrecht 1926, S. 71.

[201] "Er (erg. der Grundsatz der Gesetzmäßigkeit der Besteuerung) schließt sog. Steuervereinbarungen über die Höhe der zu entrichtenden Steuer zwischen Steuergläubiger und Steuerbürger aus" (*Arndt/Zierlinger*, Steuerrecht 1991, S. 15).

[202] Vgl. zum Ganzen *Bayer*, Tatbestandsmäßigkeit, HwStR II 1981, S. 1404 ff, 1407. Der Verwaltungsakt als Quelle steuersatzrechtlicher Vorschriften kann hier außer Betracht bleiben; vgl. aber früher *Hensel*, Steuerrecht 1924, S. 148 (strenge Gesetzesgebundenheit des Steuerbescheids); ferner *Merk*, Steuerschuldrecht 1926, S. 5. Für das Richterrecht gilt insofern ähnliches. Einen unerfreulichen hierher gehörigen Bereich stellt die Erhebung von sog. Judensteuern in der Zeit vor und während des Zweiten Weltkrieges dar. Es kam durchaus vor, daß ein Gericht Angehörige des jüdischen Glaubens mit einem höheren als dem gesetzlich vorgesehenen Steuersatz belegte. Insofern setzten sich die Richter über die Entscheidung des Gesetzgebers hinweg und urteilten aus ideologischen Gründen contra legem (vgl. als Bsp. RFHE 51, 112 ff, und dazu *Benöhr*, Judenverfolgung, JuS 1989, S. 8 ff, 9 f).

[203] Dies begründet *Vogel* (Finanzrecht, GS für *Martens* 1987, S. 265 ff, 270) wie folgt: "Soll die verfassungsrechtlich gewollte Gewichtsverteilung zwischen Gesetzgeber und Verwaltung gewahrt bleiben, so muß die Verwaltung im Steuerrecht stärker auf das Gesetz und seinen Wortlaut verwiesen sein, als es in der konkrete Zwecke verwirklichenden Eingriffsverwaltung notwendig ist".

bestände ergibt sich nach heute vorherrschender Ansicht aus Art. 80 I GG. [204] Denn dieser läßt eine Delegation der Gesetzgebungsbefugnis an den Verordnungsgeber nur dann zu, wenn die gesetzliche Ermächtigung "Inhalt, Zweck und Ausmaß" der RVO hinreichend bestimmt regelt. Hierzu muß die formalgesetzliche Ermächtigung als Mindestinhalt Steuersubjekt, Steuergegenstand (Steuerobjekt), Steuerbemessungsgrundlage und Steuersatz selbst enthalten.[205] Die Regelung der steuersatzrechtlichen Vorschrift einer Steuer in einer sog. rechtsvertretenden RVO ist somit ausgeschlossen.[206] Eine solche RVO wäre von den Gerichten außer Anwendung zu lassen. Unproblematisch sind dagegen RVOen, die das Gesetz von Detailregelungen entlasten und es somit konkretisieren sollen (Durchführungsverordnungen).[207]

Dennoch gab und gibt es im Steuerrecht eine Reihe von RVOen, die den Charakter von gesetzesvertretenden oder -ändernden RVOen haben und damit einer kritischen Prüfung im Hinblick auf Art. 80 I S.2 GG zu unterziehen sind.[208] Für die Zwecke dieser Untersuchung interessieren speziell solche verordnungsrechtlichen Regelungen, die steuersatzrechtliche Vorschriften enthalten und damit die gesetzliche Ermächtigung überschreiten. Ebenso kritisch zu betrachten sind gesetzliche Ermächtigungen, die die Entscheidung über steuersatzrechtliche Vorschriften dem Verordnungsgeber überstellen, insofern also das Bestimmtheitsgebot des Art. 80 GG verletzen. Freilich können an dieser Stelle nur einige Beispiele genannt werden.

a') Die Ermächtigung nach § 51 III EStG

Eine Verordnungsermächtigung, die im Ergebnis die Entscheidung über steuersatzrechtliche Vorschriften dem Verordnungsgeber überstellt, findet sich in § 51 III EStG (entsprechend etwa auch § 23 IV KStG). In ihr wird die Bundesregierung ermächtigt, mit Zustimmung von Bundestag und Bundesrat eine RVO zu erlassen, nach der die ESt-Schuld in bestimmten Fällen um bis zu 10 % herauf- oder herabgesetzt werden kann. Diese Ermächtigung wurde durch die §§ 26 Nr.3b, 27 StabG eingeführt und hat zur Voraussetzung, daß die Maßnahme zur Abwendung konjunktureller Störungen notwendig erscheint. Sie ermächtigt die Exekutive zu einer Änderung der Steuerschuld. § 51 III EStG enthält somit zwar keine Ermächtigung zur Änderung des ESt-Tarifs und damit der ESt-Tabelle.[209] Im Ergebnis jedoch kommt dies einer Änderung des ESt-Tarifs gleich. Soll nämlich der Gesetzmäßigkeitsgrundsatz dem Gesetzgeber die Entscheidung über die Belastung der Steuerpflichtigen vorbehalten, so widerspricht dem, wenn diese Entscheidung der Exekutive überstellt wird. Dabei sollte es nicht darauf ankommen dürfen, ob diese der Belastungsänderung durch eine Modifkation des Tarifs oder der Steuerschuld erreicht. Die Ermächtigung in § 51 III EStG muß daher als verfassungswidrig angesehen werden. Hieran ändert auch die Tatsache nichts, daß Bundestag und Bundesrat einer solchen Verordnung zustimmen müssen, denn die Zustimmung beschränkt sich allein auf Annahme oder Ablehnung, bietet also keine Möglichkeit inhaltlicher Einflußnahme.[210]

---

[204] Vgl. *Vogel/Walter*, in: *Dolzer/Vogel*, GG, Art. 105 Rdn 133 f; neuerdings auch *Waldhoff*, Vorgaben 1997, S. 120.

[205] Vgl. *Tipke/Lang*, Steuerrecht 1996, § 5 Rdn 7: "Im Steuerrecht wurde und wird die Auffassung vertreten, die wesentlichen Merkmale des Steuertatbestandes (Steuerobjekt, Steuersubjekt, Steuerbemessungsgrundlage, Steuersatz) müßten sich aus dem formellen Gesetz ergeben" (mwN in FN 2).

[206] BFHE 102, 285 ff, 288.

[207] Vgl. Beispiele hierzu bei *Tipke/Lang*, Steuerrecht 1996, § 5 Rdn 10.

[208] Vgl. *Papier*, Gesetzesvorbehalte 1973, S. 213.

[209] Insofern zutreffend *Stuhrmann*, in: *Blümich*, EStG, KStG, GewStG, § 51 EStG Rdn 10.

[210] Vgl. zum Ganzen *Papier*, Gesetzesvorbehalte 1973, S. 213.

b') Die Schankerlaubnissteuer

Der Höhentatbestand der SchankerlaubnisSt findet sich in Rheinland-Pfalz in § 2 KAVO RP. Diese VO beruht auf der Ermächtigungsnorm in § 6 III KAG RP. Zwar trifft sie keine Regelungen über den Steuersatz ieS, sie enthält jedoch detaillierte Aussagen über die Steuerbemessungsgrundlage.[211]

c') Die gesetzesvertretenden Rechtsverordnungen der Vorkriegszeit

Weitere Beispiele für gesetzesvertretende RVOen, in denen Steuertatbestände enthalten waren, gab es vermehrt besonders während der Wirtschaftskrise Anfang der 30er Jahre. Durch Notverordnung v. 1.12.1930, erlassen aufgrund von Art. 48 II WRV,[212] erging die Ermächtigung des damaligen § 12 RAO 1919 an den Reichsminister der Finanzen, RVOen und Verwaltungsvorschriften auch zur Ergänzung der Gesetze zu erlassen. Schon in den 20er Jahren war man, wie *Waldecker* ausführt, im "Interesse einer elastischen Anpassung an die fortschreitende Geldentwertung ... dazu übergegangen, selbst in tiefgreifenden Fragen, z. B. der Anpassung des Steuertarifs an die Geldentwertung, verordnungsmäßiger Regelung ... Raum zu gönnen".[213]

bb) Die Steuervereinbarung

Öffentlich-rechtliche Körperschaften dürfen in ihrer Rolle als Steuergläubiger ohne gesetzliche Ermächtigung keine vertraglichen Vereinbarungen eingehen, die die Steuererhebung in vom Gesetz in positiv oder negativ abweichender Form festsetzen.[214] Von besonderer Relevanz ist das sog. Koppelungsverbot, nachdem Vereinbarungen zwischen Gemeinden und Unternehmen, die letzteren im Falle der Ansiedlung im Gemeindegebiet befristete GewSt-Freiheit versprechen, nichtig.[215]

Fälle, in denen es um die vertragliche Vereinbarung von steuersatzrechtlichen Vorschriften ieS zwischen Steuerschuldner und Steuergläubiger geht, sind - soweit ersichtlich - kaum zu finden.[216] Weitaus relevanter sind Vereinbarungen über die Steuerbemessungsgrundlage sowie über Teile von dieser. Besonders im Rahmen der Schlußbesprechung bei Außenprüfungen kann es zu vertrags- oder vergleichsähnlichen Einigungen kommen, deren rechtliche Bedeutung umstritten ist.[217] Diese Absprachen haben regelmäßig die Höhe der Steuerbemessungsgrundlage zum Gegenstand. Obwohl also in diesem Fall steuersatzrechtliche Vorschriften ieS nicht zur Disposition stehen, kann nicht bestritten werden, daß Vereinbarungen über die Steuerbemessungsgrundlage bei unverändertem Steuersatz zumindest von einer gleichgelagerten Problematik sind.

---

[211] Vgl. § 2 III KAVO RP.

[212] Verordnung des Reichspräsidenten zur Sicherung von Wirtschaft und Finanzen v. 31.12.1930, insb. Dritter Teil: Steuervereinfachung und Steuervereinheitlichung.

[213] *Waldecker*, Steuerrecht 1924, S. 37.

[214] Vgl. *Tipke/Lang*, Steuerrecht 1996, § 4 Rdn 163 f (mwN in FN 22); neuerdings auch *Seer*, Verständigungen 1996, zum Gesetzmäßigkeitsprinzip insb. S. 123 ff; aA wohl *Meyer* (Vertragsrecht, NJW 1977, S. 1705 ff, 1708), der eine analoge Anwendung von § 54 BVwVfG befürwortet. Aus der fehlenden Übernahme der §§ 54 f BVwVfG folgern andere indes genau umgekehrt, daß der öffentlich-rechtliche Vertrag im Steuerrecht augeschlossen sein soll.

[215] Vgl. hierzu BVerwGE 8, 329 ff, 332.

[216] Vgl. aber C I 6 b ee a' (Spielbankabgabe).

[217] Zu den "vereinbarungsähnlichen Rechtsformen" im Rahmen der Außenprüfung vgl. *Flämig*, Vereinbarung, HwStR II 1981, S. 1501 ff, 1502 (mwN); zum Ausgangspunkt auch BFHE 162, 211 ff, 213 f.

cc) Das Gewohnheitsrecht

Gewohnheitsrecht ist ungeschriebenes Recht, das sich durch langandauernde Übung (longa consuetudo) unter Rechtsüberzeugung (opinio iuris) gebildet hat. Den Charakter einer Rechtsnorm hat es nur, wenn es hinreichend konkret ist, um formulierbar zu sein. Das Gewohnheitsrecht kommt aufgrund von Art. 105 GG als Rechtsquelle für steueranspruchsbegründende Vorschriften nicht in Betracht.[218] Auch steuersatzrechtliche Vorschriften können sich daher nicht aus Gewohnheitsrecht ergeben, auch wenn dieses aufgrund der ständigen Rechtsprechung oberster Gerichte entstanden ist.

Steuersatzrechtliche Vorschriften ieS, die sich aus Gewohnheitsrecht ergeben, kommen nicht vor. Ein ähnlich gelagertes Problem wie bei den Steuervereinbarungen gibt es indes auch hier. Der Gewinn als eine der Ausgangsgrößen der est-lichen Steuerbemessungsgrundlage wird unter Rückgriff auf die handelsrechtlichen Grundsätze ordnungsmäßiger Buchführung (GoB) ermittelt (§ 5 I S.1 EStG). Ob es sich bei diesen um Gewohnheitsrecht handelt, ist zwar nicht unumstritten,[219] immerhin jedoch diskutabel. In diesem Falle würden also gewohnheitsrechtliche Normen einen entscheidenden Einfluß auf die Höhe der Steuerbelastung ausüben. Eine gewohnheitsrechtlich entstandene steuersatzrechtliche Vorschrift ieS hätte eine ganz ähnliche Wirkung.

dd) Die Verwaltungsanweisung

Das Recht der Verwaltungsanweisungen oder Richtlinien ist finanzbehördliches Innenrecht, welches von vorgesetzten an nachgeordnete Behörden ergeht. Es entfaltet keine Bindungswirkungen gegenüber dem Steuerpflichtigen oder sonstigen außerhalb der Finanzverwaltung stehenden Rechtsträgern, wird jedoch in der Praxis von den Steuerrechtsanwendern meist als verbindlich betrachtet.[220] Es hat meist bestimmte finanzbehördliche Verfahrensweisen und höchstrichterliche Entscheidungen zum Gegenstand und soll eine einheitliche Rechtsanwendung innerhalb der Finanzverwaltung bewirken. Die Steuerrichtlinie ist kein Gesetz iSv § 4 AO 1977,[221] selbst wenn sie eine Vielzahl von Fällen betrifft. Eine Normierung von Steuertatbeständen in Richtlinienform widerspricht daher besonders klar dem Gesetzmäßigkeitsprinzip.[222] Denn nach ihm sind die Finanzbehörden nicht nur berechtigt, sondern auch verpflichtet, die gesetzlich geschuldeten Steuern so zu erheben, wie sie sich aus dem Gesetz ergeben (§ 85 I S.1 AO 1977). Von einiger Problematik sind in diesem Zusammenhang indes Bewertungsrichtlinien und Typisierungsvorschriften, die etwa die AfA-Tabellen sowie be-

---

[218] Vgl. *Kruse*, Gesetzmäßige Verwaltung, Rechtsschutz 1960, S. 93 ff, 121: "Nach unbestrittener Ansicht darf keine Steuer auf Grund eines Gewohnheitsrechts erhoben werden"; ähnlich *P. Kirchhof*, Gewohnheitsrecht, HwStR I 1981, S. 686; BFHE 68, 462 ff, 465.

[219] Vgl. etwa *Paulick*, Steuerrecht 1977, Rdn 247: "Die handelsrechtlichen Grundsätze ordnungsmäßiger Buchführung können Gewohnheitsrecht sein".

[220] Vgl. *Schick*, Stellung des Steuerrechts, WiSt 1976, S. 223 ff, 226: "Faktisch werden sie (erg.: die Richtlinien) im Besteuerungsalltag wie Gesetzesvorschriften angewendet ..., auch die Steuerpflichtigen gehen von ihrer Verbindlichkeit in aller Regel aus".

[221] Vgl. BFHE 87, 121 ff, 122.

[222] Vgl. etwa *Offerhaus*, Steuerbefreiungen, DB 1985, S. 565 ff, 565: "Jedem steuerlichen Rechtsanwender ist es vertraut, daß er keine neuen Besteuerungstatbestände schaffen darf. Dies obliegt dem Gesetzgeber. ... Für Steuerbefreiungen ist es nicht anders"; für Steuervergünstigungen (negative Tatbestandsmerkmale) in Form von Verwaltungsanweisungen vgl. *Tipke/Lang*, Steuerrecht 1996, § 9 Rdn 285: "Verkappte Steuerbefreiungen ... durch Verwaltungsanweisungen verletzen ... die Gesetzmäßigkeit der Besteuerung".

stimmte Richtsätze und Pauschalierungen enthalten.[223] Gleiches gilt für steuergesetzliche Vorschriften, die die endgültige Entscheidung über die Steuerhöhe letztlich der Finanzbehörde überlassen.[224] Trotz ihrer Beschränkung auf Innenwirkung werden Richtlinien in der Praxis von den Gerichten meist angewandt. Die vorgenannten Arten von Richtlinien haben damit entscheidenden Einfluß auf die Höhe der Steuerschuld.

Als krasses Beispiel für eine Verwaltungsanweisung, die zu einer von der gesetzlichen Vorschrift abweichenden Steuerschuld führt, kann die Werbungskosten-Pauschale genannt werden, die Parlamentsjournalisten aufgrund einer Verwaltungsanweisung contra legem gewährt wird.[225] Es handelt sich hier um eine zwar begünstigende, nichtsdestotrotz aber dem Gesetz widersprechende Regelung.[226] Insofern, als Gewährung von Freibeträgen eine steuersatzrechtliche Maßnahme iwS darstellt, kann hier durchaus von einem Fall gesprochen werden, in dem sich eine steuersatzrechtliche Vorschrift contra legem aus einer Richtlinie ergibt.[227]

Es gibt weiterhin eine Reihe von Beispielen für Verwaltungsanweisungen, die dem Gesetz widersprechende "verkappte Steuerbefreiungen" anordnen.[228] Dies ist besonders häufig im Lohnsteuerrecht zu beobachten.[229] Als Beispiel mag der Haustrunk von Arbeitnehmern im Brauereigewerbe dienen, der durch die Finanzverwaltung steuerfrei gestellt wird, obwohl § 3 Nr.52 EStG für die Steuerfreiheit von Arbeitgeber-Zuwendungen eine gesetzliche oder zumindest verordnungsrechtliche Ermächtigung verlangt.[230]

Es braucht hier nicht noch einmal betont zu werden, daß sich selbst in den genannten Fällen die Finanzbehörde nicht anmaßt, etwa den ESt-Tarif zu ändern. Die aufgeführten Beispiele führen aber zu einem ähnlichen Belastungsergebnis, indem durch sie eine andere als die vom Gesetz geforderte Steuerschuld entsteht.[231]

---

[223] Vgl. im einzelnen *Tipke/Lang*, Steuerrecht 1996, § 9 Rdn 282: Pauschalierung durch Verwaltungsvorschriften.

[224] Von besonderer Bedeutung sind hier Vorschriften, die Anwendung der steuergesetzlichen Vorschriften von volkswirtschaftlichen oder Zweckmäßigkeitsgesichtspunkten abhängig machen. Zu nennen sind hier §§ 34c V, 50 VII EStG sowie fast gleichlautend §§ 12 III, 13 VStG. Vgl. dazu *Kruse*, in: *Tipke/Kruse*, AO, FGO, § 3 AO Rdn 28.

[225] BdF-Schreiben, StEK EStG, § 9 Nr. 270, S. 296 f: "Von den Einnahmen aus der Tätigkeit der von der Bundesregierung anerkannten ... Parlamentsjournalisten in Bonn werden 35 vH der Einnahmen bis zu einem Höchstbetrag von 10 200 DM jährlich ohne Einzelnachweis als Werbungskosten (Betriebsausgaben) anerkannt". Offenbar ist unter den Mitgliedern des Bundestages diese Praxis schon seit jeher bekannt und geduldet; vgl. hierzu die mündliche Stellungnahme der Parlamentarierin *Matthäus-Maier* (SPD), zit. nach *Tipke*, Steuerrechtsordnung I 1993, S. 163 FN 44.

[226] Vgl. hierzu *Tipke/Lang*, Steuerrecht 1996, § 4 Rdn 160, sowie wörtlich übereinstimmend *Tipke*, Steuerrechtsordnung I 1993, S. 163. Beide weisen daraufhin, daß hier eine "offene(n) Flanke des Rechtsstaats" insofern vorliegt, als niemand gegen diese Methode vorgehen kann, da die Begünstigten nicht zu klagen Anlaß haben und alle anderen nicht beschwert und damit nicht klagebefugt sind.

[227] Vgl. zur Schaffung von "Subventionen in nahezu Milliardenhöhe" (Zonenrandförderung) durch Verwaltungsanweisungen *Brandenberg*, Subventionsabbau, FR 1988, S. 543: "Betroffen macht ..., daß hier unverhohlen die Grenzen zwischen Politik und Verwaltung in einem nicht mehr vertretbaren Ausmaß verwischt werden. ... Wenn der Gesetzgeber diese Subventionen aus deutschlandpolitischen Gründen will, so soll er dies per Gesetz entscheiden".

[228] *Tipke/Lang*, Steuerrecht 1996, § 9 Rdn 285.

[229] Vgl. *Tipke*, Steuerrechtsordnung I 1993, S. 163 (mwN).

[230] Vgl. *Offerhaus*, Steuerbefreiungen, DB 1985, S. 565 ff, 565.

[231] Zutreffend insofern *Tipke/Lang*, Steuerrecht 1996, § 9 Rdn 283: "Die exakte Erfassung von Erwerbsbezügen und Erwerbsaufwendungen gehört ... zu den unverzichtbaren Bedingungen einer Besteuerung nach der Leistungsfähigkeit", denn sie ist "Voraussetzung einer gerechten Belastung durch den Tarif".

ee) Die sonstigen Fälle

a') Die Spielbankabgabe

Einen Verstoß gegen den Gesetzmäßigkeitsgrundsatz in seiner Form als Parlamentsvorbehalt stellte bis vor kurzem die Spielbankabgabe dar.[232] Ihr Grundtatbestand, der heute in den meisten Ländern Gegenstand landesgesetzlicher Vorschriften ist,[233] fand sich zunächst in § 5 I SpielbankVO,[234] welche auf der Ermächtigung des § 3 SpielbankG beruhte.[235] Der Höhentatbestand, nämlich Steuerbemessungsgrundlage und Steuersatz, war indes noch nicht einmal der SpielbankVO zu entnehmen.[236] Er fand sich vielmehr in einem nicht veröffentlichten Verwaltungsabkommen zwischen Bund und Ländern v. 30.11.1954. Dessen § 5 besagte, daß die Steuerbemessungsgrundlage der Spielbankabgabe im Bruttospielertrag bestehe,[237] und daß der Steuersatz 80 % von diesem betrage.[238] Im Verhältnis zu den steuerpflichtigen Spielbanken erfolgte die Festlegung der Höhe der Steuer durch einen Konzessionsvertrag.

Im Bereich der Spielbankabgabe begegnete man hiernach gleich in dreifacher Hinsicht Verstößen gegen den Grundsatz der Gesetzmäßigkeit der Besteuerung:[239] Der gesamte Grundtatbestand war bis vor kurzem einheitlich Gegenstand einer RVO. Abgesehen von dem Problemkreis, der sich daraus ergibt, daß es sich bei der SpielbankVO um eine vorkonstitutionelle RVO handelt, ist hierin eine gesetzesvertretende RVO zu sehen, die im Rang unterhalb des Parlamentsgesetzes steht und im Steuerrecht unzulässig ist.[240] Der Höhentatbestand der Spielbankabgabe ergab sich aus einem Verwaltungsabkommen, war, anders ausgedrückt, in das Ermessen der Finanzbehörden gestellt.[241] Auch hierin liegt ein eklatanter Verstoß gegen

---

[232] Eine ausführliche Darstellung des Spielbankabgabenrechts findet sich bei *Schmitz*, Spielbankabgabe, FA N.F. 1965, S. 472 ff.

[233] Die nachfolgend geschilderte Rechtslage bestand bis in die jüngste Vergangenheit. Zwischenzeitlich haben indes fast alle Länder das Spielbankabgabenrecht zum Gegenstand eigener landesgesetzlicher Regelungen gemacht.

[234] "Der Spielbankunternehmer ist verpflichtet, an das Reich eine Abgabe zu entrichten (Spielbankabgabe)".

[235] "Der Reichsminister des Innern wird ermächtigt, zur Durchführung und Ergänzung dieses Gesetzes Rechtsverordnungen ... zu erlassen".

[236] "§ 5 Abs. 1 SpielbankVO regelt die Verpflichtung zur Leistung einer Spielbankabgabe nur dem Grunde nach" (*Walter*, Spielbankabgabe, StuW 1972, S. 225 ff, 225).

[237] Dies ist der "Saldo aus Einsätzen und Gewinnen der Spieler" (*Schmitz*, Spielbankabgabe, FA N.F. 1965, S. 472 ff, 476).

[238] Vgl. *Schmitz*, Spielbankabgabe, FA N.F. 1965, S. 472 ff, 479. Als Ausgleich zu diesem exorbitant hohen Steuersatz werden die Betreiber der Spielbanken von den übrigen Steuern befreit.

[239] "Es fehlt ... an einem gesetzmäßigen Steuertatbestand, der Maßstab und Höhe der Spielbankabgabe regelte (sic!). Der rechtsstaatliche Grundsatz der Gesetzmäßigkeit (Tatbestandsmäßigkeit) der Besteuerung wird also im Spielbankabgabenrecht nicht durchgeführt" (*Walter*, Spielbankabgabe, StuW 1972, S. 225 ff, 226).

[240] Die SpielbankVO hat "nicht den Rang eines formellen Gesetzes", sondern steht "im Range unter dem Gesetz". Sie ist also "wegen des strikt-formellen Gesetzesvorbehalts im Steuerrecht nichtig" (*Papier*, Gesetzesvorbehalte 1973, S. 151); vgl. dazu B VerfGE 28, 119 ff, 133.

[241] "Die Höhe der Spielbankabgabe bestimmt sich nach der Verwaltungspraxis" (*Bayer*, Grundbegriffe 1992, Rdn 182c).

den Grundsatz der Gesetzmäßigkeit der Besteuerung. Die Festsetzung der Steuerhöhe im Verhältnis zum Pflichtigen schließlich fand nicht durch Steuerbescheid, sondern durch öffentlich-rechtlichen Vertrag statt.[242] Dieser Verstoß gegen das Verbot von Steuervereinbarungen ist umso eklatanter, als hier nicht der typische Fall einer vertraglichen Einzelfallregelung vorliegt, sondern bezüglich eines ganzen Steuerrechtsgebiets die Steuererhebung von vertraglichen Dispositionen abhängig gemacht wird.[243]

Die vorstehenden Erörterungen zeigen, daß nicht nur die steuersatzrechtliche Vorschrift der Spielbankabgabe, sondern deren gesamter Tatbestand sowie ihre Erhebung dem Gesetzmäßigkeitsgrundsatz bis vor kurzem noch widersprachen. Darüber, wie sich ein solcher Rechtszustand mehr als 50 Jahre hat halten können, kann nur gemutmaßt werden. Möglicherweise spielt hierbei der Umstand eine Rolle, daß von der Erhebung der Spielbankabgabe nur eine kleine Zahl von Steuerpflichtigen betroffen war. Die neue Rechtslage, die sich nach dem Erlaß von die Spielbankabgabe regelnden landesgesetzlichen Regeln in den meisten Ländern nunmehr ergeben hat, beseitigt die dargestellten verfassungsrechtlichen Bedenken. Das Aufkommen der Spielbankabgabe steht gem. Art. 106 II Nr.6 GG den Ländern zu. Die Spielbankabgabe unterliegt daher gem. Art. 105 II GG ("übrige Steuer") der konkurrierenden Gesetzgebung des Bundes,[244] von der dieser indes bisher keinen Gebrauch gemacht hat.

b') Der Gesetzgebungsnotstand nach Art. 81 GG

Neben den oben genannten staatlichen Handlungsformen nimmt die Gesetzgebungsnotstandsgesetzgebung gem. Art. 81 GG eine Sonderstellung im Rahmen der Rechtsquellen steuersatzrechtlicher Vorschriften ein. Art. 81 II GG eröffnet der Bundesregierung die Möglichkeit, im Wege einer "Sonderform der Gesetzgebung"[245] Gesetzesvorlagen durchzusetzen, ohne daß diese einer Zustimmung des Bundestages bedürfen. Unter bestimmten Voraussetzungen und innerhalb zeitlicher Grenzen kann der Bundestag von der Gesetzgebung ausgeschlossen werden, und dem Bundesrat fällt das alleinige Gesetzgebungsrecht zu. In Fällen, in denen Gesetze, die im Rahmen des Gesetzgebungsnotstandes zustandekommen, Steuertatbestandsmerkmale enthalten, liegt hierin ein Verstoß gegen den Gesetzmäßigkeitsgrundsatz in seiner Gestalt als Parlamentsvorbehalt, denn die demokratische Legitimation des Notstandsgesetzgebungsverfahrens tritt gegenüber der des regulären Gesetzgebungsverfahrens zurück.

Art. 81 GG faßt eine Krise des parlamentarischen Regierungssystems ins Auge. Entgegen der Bezeichnung "Gesetzgebungsnotstand" handelt es sich hier nicht um eine Behinderung der Gesetzgebungstätigkeit durch militärische oder katastrophenbedingte Störungen, sondern um die "gegenseitige Blockade von Bundestag und Bundesregierung im Falle einer tiefgreifenden Regierungskrise".[246] Im einzelnen liegen die Dinge in der bezeichneten Situation meist so, daß Bundeskanzler und Kabinett das Vertrauen des Bundestages verloren haben, ohne daß es zur Wahl eines neuen Kanzlers oder zur Parlamentsauflösung kommt.

In dieser Situation bietet Art. 81 GG der Regierung die Möglichkeit, für eine gewisse Zeit weiter gesetzgeberisch tätig zu sein. Dies kann jedoch nur im Zusammenwirken mit Bundes-

---

[242] Vgl. *Walter*, Spielbankabgabe, StuW 1972, S. 225 ff, 226.

[243] Vgl. zum Verbot von Steuervereinbarungen unter Bezugnahme auf die Spielbankabgabe *Papier*, Gesetzesvorbehalte 1973, S. 151: "Eine bestimmte Rechtsmaterie wird hier fast ausschließlich im Vertragswege geregelt".

[244] Vgl. *Vogel/Walter*, in: *Dolzer/Vogel*, GG, Art. 105 Rdn 75.

[245] Vgl. *Herzog*, in: *Maunz/Dürig*, GG, Art. 81 Rdn 1.

[246] Vgl. *Herzog*, aaO, Rdn 1.

rat und Bundespräsident geschehen. In der vorgenannten Situation kann es dazu kommen, daß der Bundestag eine von der Bundesregierung als dringlich bezeichnete Gesetzesvorlage ablehnt, so daß der Bundespräsident für diese den Gesetzgebungsnotstand erklären kann. Nimmt der Bundestag die Gesetzesvorlage dennoch nicht oder nur in einer für die Bundesregierung unannehmbaren Fassung an, so gilt das Gesetz bei Zustimmung des Bundesrates als zustandegekommen.

Im Ergebnis ist also der Bundesregierung die Möglichkeit eröffnet, formelle Bundesgesetze, die sich in ihrem Rechtscharakter nicht von regulär zustandegekommenen Parlamentsgesetzen unterscheiden,[247] gegen den Willen der Mehrheit des Bundestages zu erlassen.[248] Insofern, als ein solches Gesetz steueranspruchsbegründende Vorschriften (Steuertatbestandsmerkmale) enthält, verstößt es gegen den Parlamentsvorbehalt.

Fraglich ist in diesem Zusammenhang, ob Gesetzgebungsnotstandsgesetze einer sachlichen Beschränkung unterliegen. Die überwiegende Auffassung verneint indes, daß neben Art. 81 IV GG weitere inhaltliche Schranken an gem. Art. 81 II GG zustandegekommene Gesetze anzulegen sind.[249] Es ist demnach durchaus denkbar, daß in einer entsprechenden Situation steuersatzrechtliche Vorschriften zum Gegenstand eines Gesetzgebungsnotstandsgesetzes gemacht werden können.[250] Hierin liegt ein Verstoß gegen den als strengen Parlamentsvorbehalt gefaßten Gesetzmäßigkeitsgrundsatz, durch den "ein zentraler Nerv des parlamentarischen Systems getroffen ist".[251] Angesichts der Tatsache, daß jedoch auch und gerade bei der Gesetzgebungsnotstandsgesetzgebung die Mitwirkung anderer Verfassungsorgane (insb. des Bundesrates) gefordert ist, kann jedoch von einer Diktaturgefahr insoweit keine Rede sein.[252] Darüber hinaus entbehrt die geschilderte Konstellation bislang jeder praktischen Relevanz.[253]

7. Exkurs: Das Rückwirkungsverbot

Der Gesetzmäßigkeitsgrundsatz umfaßt als Ausdruck der Rechtssicherheit und des Vertrauensschutzes grundsätzlich das Verbot rückwirkender Gesetze belastenden Inhalts (Art. 20 III GG).[254] Steuertatbestandselemente, die sich Rückwirkung beilegen, verstoßen auch gegen § 38 AO 1977.[255] Dem Gesetzmäßigkeitsgrundsatz entsprechen somit solche Gesetze (nun: iSv § 4 AO 1977) nur bedingt, die ihr Inkrafttreten gem. Art. 82 II GG nicht nach

---

[247] *Herzog*, aaO, Rdn 15 ff; vgl. auch *Klein*, in: *Dolzer/Vogel*, GG, Art. 81 Rdn 68.

[248] Es versteht sich jedoch, daß die Bundesregierung von dieser Möglichkeit nur dann Gebrauch machen kann, wenn sie die Mehrheit des Bundesrates auf ihrer Seite hat. Dies war allerdings in den beiden bislang einzigen Fällen, in denen eine Bundesregierung in die Lage hätte kommen können, an die Anwendung von Art. 81 GG zu denken (vgl. *Herzog*, aaO, Rdn 25 [gemeint waren die Regierungen *Brandt*, 1972 und *Schmidt*, 1981/82]), gerade nicht der Fall, war doch der Bundesrat jeweils gerade von der parlamentarischen Opposition beherrscht.

[249] Vgl. *Klein*, in: *Dolzer/Vogel*, GG, Art. 81 Rdn 74 (mwN).

[250] Vgl. *Bühler/Strickrodt*, Steuerrecht I 1960, S. 93 FN 3.

[251] Vgl. *Klein*, in: *Dolzer/Vogel*, GG, Art. 81 Rdn 1.

[252] Vgl. *Klein*, aaO, Rdn 3 (mwN).

[253] Vgl. *Herzog*, in: *Maunz/Dürig*, GG, Art. 81 Rdn 25.

[254] Ein generelles Rückwirkungsverbot für steuerrechtliche Regeln ist dem Wortlaut des GG - anders als dies gemäß Art. 103 II GG im Strafrecht gilt - nicht zu entnehmen. Ein unbesehener Analogieschluß ist nach überwiegender Auffassung unzulässig. Vgl. BVerfGE 7, 89 ff, 95, und dazu *Bayer*, Grundbegriffe 1992, Rdn 38e.

[255] Vgl. statt Aller *Fischer*, in: *Hübschmann/Hepp/Spitaler*, AO, FGO, § 38 AO Rdn 19 ff.

dem Tag ihres Beschlusses bzw. ihrer Verkündigung bestimmen, sondern sich Rückwirkung beilegen, also den Zeitpunkt ihres Inkrafttretens in die Vergangenheit zurückverlagern.[256] Dies gilt insb. für Steuergesetze als Musterbeispiele für Gesetze belastenden Inhalts[257] und ebenso, umgekehrt, für die Aufhebung von Gesetzen begünstigenden Inhalts.[258]

Besonders häufig angesprochen ist die Rückwirkungsproblematik in Fällen, in denen steuersatzrechtliche Vorschriften mit Wirkung für die Vergangenheit erhöht werden. Jüngstes Beispiel ist die rückwirkende[259] Umgestaltung des ErbSt-Tarifs.[260]

Besondere Bedeutung für Steuersatzvorschriften hat die Rückwirkung auch dort, wo sie nicht in Form der rückwirkenden Einführung belastender, sondern als rückwirkende Aufhebung begünstigender Vorschriften, etwa ermäßigter Steuersätze, daherkommt.[261] Der Bürger soll sich ausschließlich solchen Steueransprüchen gegenübersehen, deren Voraussetzungen bereits zu dem Zeitpunkt in einem förmlichen Steuergesetz niedergelegt waren, in dem der Bürger die steuerschuldauslösenden Verhaltensweisen an den Tag legte.[262] Der Steuerpflichtige soll, um seine Steuerschuld minimieren zu können, die Rechtsfolgen kennen, die an den durch ihn zu gestaltenden steuerlichen Sachverhalt anknüpfen.[263] Er soll nicht mit einem Steuersatz be-

---

[256] Vgl. umfassend *Hahn*, Rückwirkung 1987, passim; für das schweizerische Steuerrecht *Tipke*, Steuerrechtsordnung I 1993, S. 185 f FN 172.

[257] "Sie fordern von Staatsbürger Geldleistungen, wenn er bestimmte Tatbestände verwirklicht. Deshalb orientiert er sich bei seinen Dispositionen an ihnen. Wenn Steuergesetze an Handlungen anknüpfen, muß also die Rechtsfolge bereits im Augenblick des Handelns gesetzlich vorgesehen sein. Daraus folgt, daß die Steuergesetze grundsätzlich nur solche Tatbestände erfassen dürfen, die erst nach ihrer Verkündung eintrten oder sich vollenden" (BVerfGE 13, 261 ff, 271). Im Gegensatz dazu ist die rückwirkende Einführung begünstigender Vorschriften regelmäßig unproblematisch: "Der Gesetzgebung steht es frei, begünstigende Regelungen mit rückwirkender Kraft auszugestalten. Die Rückwirkung ist hier ... verfassungsrechtlich unbedenklich" (BFHE 75, 255 ff, 259). Damit stünde insb. einer rückwirkenden Senkung steuersatzrechtlicher Vorschriften nichts im Wege.

[258] Vgl. BFHE 113, 98 ff, 102: Der Steuerpflichtige verdient gegen "den rückwirkenden Wegfall einer Steuervergünstigung ... den gleichen Schutz wie gegen die rückwirkende Belastung mit einem neu begründeten Steueranspruch"; vgl. Nachweise von BVerfG-Rechtsprechung bei *Tipke/Lang*, Steuerrecht 1996, § 4 Rdn 173 FN 44.

[259] Vgl. § 37 I ErbStG: "Die vorstehende Fassung dieses Gesetzes findet auf die Erwerbe Anwendung, für die die Steuer nach dem 31. Dezember 1995 entstanden ist oder entsteht".

[260] Aufgrund von Art. 2 Nr. 10 JStG 1997. Die verfassungsrechtliche Beurteilung dieser Vorschrift unter Rückwirkungsgesichtspunkten bleibt abzuwarten. Sie hängt davon ab, ob die Vorschriften des neu gestalteten § 19 ErbStG im Einzelfall - im Vergleich zur alten Rechtslage - belastende oder begünstigende Wirkung entfalten. Dies ist wegen der komplizierten Struktur des ErbSt-Tarifs von vornherein nicht zu entscheiden. Der Eingangssteuersatz jedenfalls ist von 3 auf nunmehr 7 % erhöht worden (vgl. zum Ganzen unten D II 6 und die dortige Literatur zum Vergleich der Belastungswirkungen nach der alten und neuen Tarifvorschrift).

[261] Bsp.: BFHE 169, 486 ff: Aufhebung des abgesenkten KfzSt-Satzes für schwere Lkw.

[262] Dies wurde früher offenbar noch etwas anders gesehen; vgl. etwa *Merk*, Steuerschuldrecht 1926, S. 5 FN 13: "Nichts steht im Wege, daß Steuergesetze auch mit rückwirkender Kraft ausgestattet werden"; differenzierend *Crisolli*, Steuerrecht 1933, S. 28 f.

[263] Diese Ansicht vertritt vor allem *Rose* (vgl. umfangreiche Nachweise aus dessen Bibliographie bei *Tipke*, Steuerrechtsordnung I 1993, S. 180 f FN 142). Eine andere denkbare Auffassung ist die, der Bürger solle das wirtschaftlich Vernünftige tun und die daraus - ob rückwirkend oder nicht - entstehenden Steuern entrichten. Dem muß jedoch entgegengehalten werden, daß dem Steuerpflichtigen das moralische Recht zur Steuerminimierung solange zuzugestehen ist, wie das geltende Steuerrecht Möglichkeiten bietet, durch Wahl der Sachverhaltsgestaltung an wirtschaftlich gleiche Vorgänge unterschiedliche steuerliche Rechtsfolgen anknüpfen zu lassen. Niemand, so *Roses* Argument, könne verpflichtet werden, "Dummensteuern" zu zahlen, deren Entstehung er vermeiden kann (*Rose*, Dummensteuern, FS für *Tipke* 1995, S. 153 ff).

lastet werden, der höher ist als der zum Zeitpunkt der Verwirklichung des Grundtatbestandes geltende.

Das Rückwirkungsverbot gilt indes nicht uneingeschränkt, sondern es hat gewisse Ausnahmen. Diesen ist im großen und ganzen gemeinsam, daß bei Vorliegen bestimmter Voraussetzungen eine Schutzwürdigkeit des Bürgers verneint und eine nachträglich wirkende Steuersatzerhöhung daher für vertretbar gehalten wird, weil der Bürger mit dem Fortbestand der bestehenden, für ihn günstigeren Rechtslage nicht mehr habe rechnen dürfen.[264] Nicht berücksichtigt werden kann hier die Problematik, die sich aus der rückwirkenden Rechtsanwendung durch rückwirkend geltende Verwaltungsanweisungen oder Urteile ergibt.[265]

Das BVerfG hat zur Rückwirkung eine umfassende Rechtsprechung entwickelt.[266] Im Mittelpunkt steht dabei die Unterscheidung zwischen echter und unechter Rückwirkung.[267] Echte Rückwirkung soll, bezieht man die getroffenen Abgrenzungen auf die hier interessierenden Fälle, immer dann vorliegen, wenn eine steuersatzrechtliche Vorschrift mit Wirkung für bereits abgewickelte, der Vergangenheit angehörende Sachverhalte nachträglich erhöht wird. Demgegenüber ist die Rückwirkung eine bloß unechte, wenn die steuersatzrechtliche Vorschrift für gegenwärtige, noch nicht abgeschlossene Sachverhalte für die Zukunft gilt und damit Rechtspositionen beeinträchtigt.[268] Allein in Fällen echter Rückwirkung soll das Vertrauen des Steuerbürgers sachlich schutzwürdig sein, wohingegen unecht rückwirkende Gesetze regelmäßig verfassungsrechtlich unproblematisch sind.[269] Speziell an die unechte Rückwirkung von Steuersatzerhöhungen wird indes verschiedentlich die Bedingung geknüpft, diese habe in "maßvollen Grenzen" zu geschehen.[270] Gesetze mit echter Rückwirkung werden unter folgenden Voraussetzungen als zulässig angesehen:[271]

---

[264] Vgl. zur Frage des Zeitpunktes, der für die Schutzwürdigkeit des Vertrauens in die bestehende Rechtslage maßgebend ist, einerseits *Tipke/Lang*, Steuerrecht 1996, § 4 Rdn 173 ("Beschluß des Gesetzes"), sowie andererseits BVerfGE 30, 392 ff, 401 ("Verkündigung"); ausführlich *Tipke*, Steuerrechtsordnung I 1993, S. 184 (mwN in FN 164).

[265] Vgl. hierzu aber *Tipke/Lang*, Steuerrecht 1996, § 4 Rdn 180 f (Grundsatz: Verbot!).

[266] Vgl. die umfangreichen Nachweise bei *Tipke/Lang*, aaO, § 4 Rdn 174 FN 46 bis 50.

[267] In jüngerer Zeit hat sich die Terminologie des BVerfGE zu diesem Problembereich geändert. Die echte Rückwirkung wird nun als "Rückbewirkung von Rechtsfolgen", die unechte als "tatbestandliche Rückanknüpfung" bezeichnet; vgl. etwa BVerfGE 72, 200 ff, 249 f. Inhaltliche Konsequenzen hatte dies, soweit ersichtlich, jedoch nicht.

[268] Ein solcher Fall wäre die vorstehend dargestellte Neugestaltung des ErbSt-Tarifs, denn sie wurde durch das JStG 1997 v. 20.12.1996 vorgenommen und wirkt auf den 1.1. desselben Jahres zurück. Auf die Frage, ob Beschluß oder Verkündung maßgeblich sind, kommt es hier nicht an, denn das JStG wurde bereits am 27.12.1996 im Bundesgesetzblatt verkündet.

[269] In Fällen der unechten Rückwirkung nimmt das BVerfG "eine Abwägung zwischen der Schutzwürdigkeit des erlangten Besitzstandes und der Bedeutung des gesetzgeberischen Anliegens für das Wohl der Allgemeinheit vor. In der Regel kommt das Bundesverfassungsgericht dabei zu dem Ergebnis, daß das Vertrauensschutzinteresse des Bürgers schwächer ist als das öffentliche Interesse an einer uneingeschränkten Gesetzesänderung" (*Schwenke*, Rückwirkung, FR 1997, S. 45 ff, 46). Diesem Problembereich kommt in jüngerer Zeit eine immer größere Bedeutung zu, während die echte Rückwirkung kaum mehr vorkommt.

[270] Vgl. BFHE 138, 355 ff, 359. Der Begriff der "maßvollen Grenzen" ist indes unbestimmt. Das BVerfG sah früher etwa eine Erhöhung des KSt-Satzes von 50 auf 60 % (also um 20 %) noch als maßvoll an (BVerfGE 13, 274 ff). Fraglich ist, ob dies angesichts der neuen BVerfG-Rechtsprechung zum sog. Halbteilungsgrundsatz (vgl. dazu unten D II 3 b bb c' c''') auch heute noch gelten würde (vgl. etwa *Balke*, Spielbanken, DB 1997, S. 753 f, 753). Dies dürfte auch von der absoluten Höhe des Steuersatzes abhängen.

[271] Vgl. BVerfGE 13, 261 ff, 272.

1. Der Bürger hat mit einem Gesetz entsprechenden Inhalts bereits zu dem Zeitpunkt rechnen müssen, der rückwirkend als Zeitpunkt des Inkrafttretens bestimmt wurde.[272]

2. Das rückwirkende Gesetz bereinigt lediglich eine bis dahin unklare oder verworrene Rechtslage.[273]

3. Das rückwirkende Gesetz ersetzt lediglich eine bis dahin zweifelhafte oder gar ungültige Regelung durch eine einwandfreie.[274]

4. Zwingende Gründe des Gemeinwohls erfordern die Rückwirkung.[275]

5. Die rückwirkende Gesetzesänderung verursacht keinen oder nur ganz unerheblichen Schaden (Bagatellvorbehalt).[276]

Besonders bei periodischen Steuern kann die Unterscheidung des BVerfG zwischen echter und unechter Rückwirkung nicht überzeugen.[277] Sie wurde daher häufig zum Gegenstand von Kritik, weil sie anstatt an der Sachverhaltsgestaltung und -entstehung an der Annuitätstechnik der periodischen Steuern anknüpft, die den relevanten Steuerschuldtatbestand als erst zum Ende des Jahres verwirklicht ansieht.[278] *Tipke/Lang* kritisieren darüber hinaus insb. die Voraussetzungen, unter denen das BVerfG echte Rückwirkung anerkennen will. Sie schlagen als Alternative vor, Rückwirkung immer dann als zum Vertrauen des Steuerbürgers höherrangig einzustufen, wenn "ein erst während des Steuerjahres aufgekommenes, nicht vorhersehbares Bedürfnis nach zusätzlichen Steuermitteln die Rückwirkung im Interesse des Gemeinwohls zwingend erforderlich macht".[279] Hier wird deutlich, daß es sich bei den in Frage stehenden Fällen rückwirkender Steuergesetze meist um solche handelt, die eine Erhöhung steuersatzrechtlicher Vorschriften zum Gegenstand haben.[280] Unklar bleibt bei *Tipke/Lang* bedauerlicherweise, ob die genannte Voraussetzung als Rechtfertigung nur der unechten oder auch der echten Rückwirkung soll gelten dürfen. Im letzteren Fall dürfte dies zur Folge haben, daß dem Gesetzgeber die rückwirkende Erhöhung von Steuersätzen auch für abgeschlossene Jahre offensteht. Denn ein Bedürfnis nach zusätzlichen Steuermitteln dürfte - in der momentanen Haushaltssituation und auch auf Jahre hinaus - unschwer zu bejahen sein. Die vorgeschlagene Formulierung enthält zu viele unbestimmte Rechtsbegriffe, um eine restriktive Auslegung

---

[272] Vgl. schon BVerfGE 1, 264 ff, 280; *Kruse* (Steuerrecht 1991, S. 57 FN 266) will dieser Voraussetzung den Fall gleichstellen, daß eine rückwirkende Maßnahme durch Gesetz angekündigt worden ist. Fraglich ist hingegen, ob in einem solchen Fall noch eine besondere Rechtfertigung des rückwirkenden Gesetzes insofern nötig ist, als ein schutzwürdiges Vertrauen des Steuerpflichtigen in den Fortbestand der geltenden Rechtslage gar nicht mehr besteht.

[273] Vgl. BVerfGE 11, 64 ff, 72 f.

[274] Vgl. BVerfGE 7, 89 ff, 94.

[275] Vgl. BVerfGE 2, 380 ff, 405.

[276] Vgl. BVerfGE 30, 367 ff, 389; BVerfGE 72, 200 ff, 258 f.

[277] Sie ist auch im Ausland in dieser Form unbekannt (*Tipke*, Steuerrechtsordnung I 1993, S. 186).

[278] Vgl. etwa *Vogel*, Finanzrecht, GS für *Martens* 1987, S. 265 ff, 272: Die "Entscheidungen wirken oft unsicher"; so zuletzt auch *Schwenke*, Rückwirkung, FR 1997, S. 45 ff, 47: Kritik.

[279] *Tipke/Lang*, Steuerrecht 1996, § 4 Rdn 177.

[280] Der häufigste Problembereich ist wohl die Erhöhung von Steuersätzen bei Jahressteuern mit Rückwirkung zum Beginn der Veranlagungszeitraums (vgl. etwa *Ruban*, Rückwirkungsverbot, LdR/StuFR 1986, S. 368 ff, 369). In einem solchen Fall liegt regelmäßig unechte Rückwirkung vor. Als richtungsweisende Beispiele können dienen: BVerfGE 13, 261 ff und BVerfGE 13, 274 ff (beide zur rückwirkenden "maßvollen" Erhöhung des KSt-Satzes von 50 auf 60 % [im ersten Fall echte, im zweiten unechte Rückwirkung]) sowie BVerfGE 13, 279 ff (Erhöhung des Hebesatzes der hamburgischen LohnsummenSt von 500 auf 600 % [unechte Rückwirkung um 9 Monate, von daher Abweichung vom heutigen § 16 III GewStG]).

gewährleisten zu können.[281] Es bestünde wohl durchaus die Gefahr, daß der steuerliche Vertrauensschutz in diesem Punkt ausgehöhlt würde.

Auf dem Gebiet der Realsteuer-Hebesätze gilt ein eingeschränktes Rückwirkungsverbot. Namentlich ist das, was das BVerfG als unechte Rückwirkung oder tatbestandliche Rückanknüpfung bezeichnet, hier ausdrücklich erlaubt.[282] §§ 16 III GewStG und 25 III GrStG bestimmen wörtlich gleichlautend, daß die Entscheidung über die Festsetzung oder Änderung des Hebesatzes bis zum 30. Juni eines Kalenderjahres mit Wirkung vom Beginn desselben Kalenderjahres zu fassen ist.[283] Wird dieser Zeitpunkt überschritten, so darf der Hebesatz im betreffenden Jahr nicht mehr rückwirkend erhöht, sondern in höchstens gleicher Höhe beibehalten werden.[284] Diese Vorschrift entspricht der BVerfG-Rechtsprechung insofern, als die im GewStG und im GrStG für zulässig erklärte Vorgehensweise einen Fall der unechten Rückwirkung darstellt. Beide Steuern haben den Charakter von Jahressteuern.[285] Eine Steuersatzerhöhung, die innerhalb des Veranlagungszeitraums (bis 30. Juni) mit Wirkung vom Beginn desselben vorgenommen wird, erfüllt das Kriterium, daß in gegenwärtige, noch nicht abgeschlossene Sachverhalte für die Zukunft eingewirkt wird und es zur Beeinträchtigung von Rechtspositionen kommt.[286] Echte Rückwirkung läge hier dann vor, wenn die Hebesätze mit Wirkung bis in das Vorjahr hinein angehoben werden dürften.[287]

II. Der Grundsatz der Tatbestandsmäßigkeit der Besteuerung

1. Die Bedeutung des Tatbestandsmäßigkeitsgrundsatzes

Der Grundsatz der Tatbestandsmäßigkeit der Besteuerung (im folgenden kurz: Tatbestandsmäßigkeitsgrundsatz) tritt dem Gesetzmäßigkeitsprinzip als zweiter Grundsatz formaler Rechtsstaatlichkeit an die Seite.[288] Zusammen mit diesem kann er als zentraler Formalgrundsatz des Steuerrechts angesehen werden.[289] Er stellt insofern das formale Pendant zum inhaltlichen Grundsatz der Besteuerung nach der Leistungsfähigkeit dar.[290] Dem Tatbestandsmäßigkeitsprinzip kommt trotz der Tatsache, daß er im Wortlaut des GG keinen expliziten Niederschlag findet, sondern sich allein in den §§ 3 I, 38, 85 I AO 1977 ausdrückt, Verfassungsrang zu.[291]

---

[281] Wer vermag etwa eindeutig zu entscheiden, ob ein Bedürfnis nach Steuermitteln "vorhersehbar" war, ob die Steuersatzerhöhung "zwingend erforderlich" ist, ganz zu schweigen vom häufig strapazierten "Gemeinwohlinteresse".

[282] Vgl. hierzu *Tipke*, Steuerrechtsordnung I 1993, S. 188, und dazu BFHE 97, 78 ff, 83.

[283] Vgl. auch BVerfGE 13, 279 ff, und dazu *Depiereux*, Hebesätze, BB 1983, S. 436 ff, 436.

[284] Vgl. etwa BFHE 97, 78 ff, 83 (GewSt), und BVerwGE 37, 293 ff, 300 (GrSt).

[285] Vgl. §§ 18, 21 GewStG, 27 I GrStG.

[286] Ständige Rechtsprechung des BVerfG; vgl. BVerfGE 11, 139 ff, 145 f; BVerfGE 69, 272 ff, 309; BVerfGE 72, 175 ff, 196; BVerfGE 72, 200 ff, 253.

[287] Vgl. BVerfGE 11, 139 ff, 145 f; BVerfGE 13, 261 ff, 272 f; BVerfGE 13, 274 ff, 278; BVerfGE 13, 279 ff, 282 f; BVerfGE 14, 76 ff, 104; BVerfGE 72, 200 ff, 253.

[288] Vgl. BVerfGE 19, 253 ff, 267.

[289] Vgl. *Bayer*, Der Mensch, BB 1991, S. 421 ff, 517 ff, 517: "Das Prinzip der Tatbestandsmäßigkeit der Besteuerung ist das erste steuerliche 'Hauptgrundrecht'". Es hat "einen rein formalen Charakter".

[290] Vgl. *Bayer*, Tatbestandsmäßigkeit, HwStR II 1981, S. 1404 ff, 1408.

[291] Vgl. *Bayer*, aaO, S. 1404 (mwN).

Nach verbreiteter Ansicht läßt sich erst aus dem Tatbestandsmäßigkeitsprinzip der Grundsatz des strengen Parlamentsvorbehalts entnehmen, während der Gesetzmäßigkeitsgrundsatz allein nur ein Gesetz iSv § 4 AO 1977 fordere.[292] Vor dem Hintergrund also, daß nach diesem Verständnis beide Grundsätze Fragen des steuerrechtlichen Gesetzesvorbehalts behandeln, sprechen manche auch vom Grundsatz der Gesetzmäßigkeit und/oder Tatbestandsmäßigkeit.[293] Diese Sichtweise wird hier allerdings nicht vertreten. Das Verhältnis beider Grundsätze zueinander wird hier vielmehr insofern als das einer logischen Nachordnung gesehen, als der Tatbestandsmäßigkeitsgrundsatz zwar zum einen das Bestehen eines förmlichen Gesetzes fordert, also den Gesetzmäßigkeitsgrundsatz im Sinne des Parlamentsvorbehaltes mit einschließt,[294] sich in dieser Forderung aber noch nicht erschöpft. Der Tatbestandsmäßigkeitsgrundsatz besagt vielmehr darüber hinaus, daß ein Steueranspruch nur dann soll entstehen dürfen, wenn die Voraussetzungen, aufgrund derer ein Steueranspruch entsteht, die Form eines abstrakt formulierten Steuertatbestandes haben.[295] Dieser Steuertatbestand muß Grund und Höhe der Steuer bestimmen, so daß der Bürger die auf ihn entfallende Steuerschuld vorausberechnen kann.[296] In dieser Abgrenzung wird der Tatbestandsmäßigkeitsgrundsatz auch oft als Grundsatz der Bestimmtheit der Besteuerung bezeichnet.[297]

Die tatbestandsmäßige Fassung der Steueranspruchsvoraussetzungen hat den primären Zweck, behördliches Ermessen auszuschließen.[298] Vor diesem Hintergrund sind beide Grundsätze freilich nicht sauber zu trennen, müssen vielmehr in ihrer Gesamtheit betrachtet werden. Denn auch eine tatbestandsförmige Fassung der Steueranspruchsvoraussetzungen, anhand der sich die Steuerschuld nach Grund und Höhe berechnen läßt, widerspricht trotzdem dann dem Rechtsstaatsprinzip, wenn die Normierung der Tatbestandselemente nicht dem Gesetzgeber überlassen bleibt, sondern die Exekutive den Tatbestand festlegt.[299]

---

[292] Vgl. *Tipke*, Steuerrechtsordnung I 1993, S. 161 (mwN); *Papier*, Bestimmtheitsgrundsatz, DStJG XII 1989, S. 61 ff, 63 f; vgl. dazu oben C I 5 b.

[293] Vgl. etwa BFHE 159, 341 ff, 345 ("oder"); *Söhn*, Steuerschuld, HwStR II 1981, S. 1342 f, 1342 ("und").

[294] Davon, daß der Tatbestandsmäßigkeitsgrundsatz zwingend aus dem Gesetzmäßigkeitsgrundsatz folgen würde, kann keine Rede sein (so aber *Spanner*, Steuertatbestand, HwStR II 1981, S. 1359 f, 1359). Der Tatbestandsmäßigkeitsgrundsatz baut zwar auf dem Gesetzmäßigkeitsgrundsatz auf, geht über diesen jedoch hinaus.

[295] Vgl. *Bayer*, Steuerlehre 1997, Rdn 128; *ders.*, Tatbestandsmäßigkeit, HwStR II 1981, S. 1404 ff, 1404 f. Wie hier auch *Kruse*, Gesetzmäßige Verwaltung, Rechtsschutz 1960, S. 93 ff, 109 f.

[296] Vgl. BVerfGE 19, 253 ff, 267; BVerfGE 49, 343 ff, 362; BVerfGE 73, 388 ff, 400; vorsichtiger BVerfGE 13, 153 ff, 160; vgl. dazu *Papier*, Gesetzesvorbehalte 1973, S. 154 (mwN). Im übrigen: "Zu dem, was das Gesetz in der Form eines Steuertatbestandes umschreibt, muß" freilich "in jedem Einzelfall eine dem Steuertatbestand entsprechende tatsächliche Leistung (Sachverhalt) hinzutreten" (*Bayer*, Tatbestandsmäßigkeit, HwStR II 1981, S. 1404 ff, 1404).

[297] Vgl. nur *Papier*, Bestimmtheitsgrundsatz, DStJG XII 1989, S. 61 ff, 63 f; vgl. auch BFHE 124, 268 ff, 273: "Der Grundsatz der Tatbestandsmäßigkeit als Ausdruck des Rechtsstaatsprinzips im Bereich des Abgabenwesens fordert, daß steuerbegründende Tatbestände so bestimmt sein müssen, daß der Steuerpflichtige die auf ihn entfallende Steuerlast vorausberechnen kann"; dieser Grundsatz geht schon auf *Adam Smith* zurück, war Bestandteil des Besteuerungsgrundsätzekatalogs in dessen Werk "An Inquiry into the Nature and Causes of the Wealth of Nations" (vgl. dazu *Bayer*, Steuerlehre 1997, Rdn 5, 119).

[298] So schon *Mayer*, Verwaltungsrecht I 1923, S. 316.

[299] Dieses Verständnis kommt deutlich in der Definition zum Ausdruck, die *Bayer* (Tatbestandsmäßigkeit, HwStR II 1981, S. 1404 ff, 1404) vertritt: Der "Grundsatz der Tatbestandsmäßigkeit der Besteuerung bestimmt, daß ein Anspruch des Staates gegen den einzelnen auf Zahlung einer Steuer nur entstehen kann,

Der Schwerpunkt des Tatbestandsmäßigkeitsgrundsatzes soll für die vorliegende Untersuchung aber darin liegen, daß ein förmliches Steuergesetz ihm nur dann genügt, wenn es "eine bestimmte Gesamtheit von Steueranspruchsvoraussetzungen, von Steuertatbestandsmerkmalen oder Steuertatbestandselementen" enthält,[300] wenn sein Inhalt also in einem "Besteuerungstatbestand"[301] oder, heute gebräuchlicher, einem Steuertatbestand besteht.

2. Die Interpretationen des Tatbestandsmäßigkeitsgrundsatzes

a) Die positiv-rechtliche Sichtweise

Der Steueranspruch hat den Charakter einer Geldforderung in Höhe eines bestimmten DM-Betrages, der sich aus der Anwendung eines formell-gesetzlich geregelten Tatbestandes ergibt (§§ 3 I, 38 AO 1977). Niemand wird ernstlich die Frage aufwerfen wollen, ob zur Bestimmung dieses Steueranspruchs die gesetzliche Normierung einer steuersatzrechtlichen Vorschrift überhaupt nötig ist. Dementsprechend ist man sich auch in der Steuerrechtswissenschaft darüber einig, daß zum Mindestinhalt des formellen Steuergesetzes die steuersatzrechtliche Umschreibung des Verhältnisses zwischen Steuerbemessungsgrundlage und Steueranspruchshöhe gehört.[302]

Die hier interessierende Frage indessen, ob der Steuersatz ein Element des Tatbestandes ist, wird bei diesem Ansatz noch nicht angerührt, geschweige denn geklärt. Die bis hierher angestellte Überlegung ergibt sich vielmehr bereits aus dem Gesetzmäßigkeitsgrundsatz. Denn dieser besagt, wie oben dargestellt wurde,[303] daß die Entscheidung über die Steuerbelastung, also auch über die deren Höhe bestimmenden Steuersatz, dem Gesetzgeber zu überlassen ist und damit ihren Niederschlag im förmlichen Steuergesetz finden muß. Ob der Steuersatz aber innerhalb des förmlichen Gesetzes dem Tatbestand oder der Rechtsfolge zuzuordnen ist, bleibt hierbei offen.

b) Die rechtstheoretische Sichtweise

Die vorstehend angedeutete Frage hat, im Gegensatz zu derjenigen, die dem Gesetzmäßigkeitsgrundsatz zugrunde liegt, eher rechtstheoretischen Charakter. Zu ihrer Untersuchung sind die Erkenntnisse der juristischen Methodenlehre heranzuziehen. Denn das Prinzip der Tatbestandsmäßigkeit der Besteuerung läßt "selbst nicht erkennen, aus wieviel Elementen es sich den Steuertatbestand zusammengesetzt denkt und wie sich die einzelnen Elemente voneinander unterscheiden".[304] Auch den komplizierten Tatbeständen des geltenden Steuerrechts läßt sich Anzahl und Abgrenzung der einzelnen Tatbestandselemente oftmals nicht ohne weiteres entnehmen.[305] Um das Tatbestandsmäßigkeitsprinzip im Hinblick auf steuersatzrechtliche Vorschriften zu präzisieren, ist folglich die Frage zu stellen, ob der Steuersatz dem Tatbestand der Steuerrechtsnorm angehört oder deren Rechtsfolge.[306]

---

wenn die Leistung deretwegen der einzelne in Anspruch genommen werden soll, im Zeitpunkt ihrer Erbringung einem Steuertatbestand ... gesetzlich umschrieben ist".

[300] *Bayer*, Der Mensch, BB 1991, S. 421 ff, 517 ff, 517.

[301] Vgl. BFHE 118, 379 ff, 381.

[302] Vgl. statt Aller *P. Kirchhof*, Staatliche Einnahmen, HStR IV 1990, S. 87 ff, 124.

[303] Vgl. oben C I.

[304] *Bayer*, Der Mensch, BB 1991, S. 421 ff, 517 ff, 518.

[305] Vgl. *Vogel*, Rechtsfolgen, StuW 1977, S. 97 ff, 97.

[306] Vgl. zum Ausgangspunkt *Bayer*, Grundbegriffe 1992, Rdn 53a: Der Steuertatbestand stellt "die Tatbestandsseite des Steuergesetzes dar, ... die Rechtsfolgeseite des Gesetzes steht dem gegenüber".

Wie im folgenden gezeigt werden soll, besteht hierin allerdings ein Problem. Es liegt zum einen darin, daß sich die Rechtsnatur des Steuersatzes nicht ohne weiteres von selbst offenbart. Dies hat der Steuersatz durchaus mit Rechtsnormelementen anderer Rechtsgebiete gemeinsam.[307] Zum anderen liegt eine Schwierigkeit in dem Umstand, daß die hier aufgeworfene Frage bisher kaum einmal der Erörterung für wert befunden worden ist.[308] Es kann natürlich vom Gesetzgeber nicht erwartet werden, daß er beim Erlaß von Steuergesetzen die einzelnen Bestandteile der Steuerrechtsnorm jeweils als solche des Tatbestandes oder aber der Rechtsfolge kenntlich macht. Für die Besteuerungspraxis ist dies auch insofern verzichtbar, als sich das, was die Rechtsfolge ausmachen soll, bereits aus den allgemeinen Lehren der §§ 3 I, 37 f AO 1977 ("Ansprüche aus dem Steuerschuldverhältnis") ergibt.

Die Einordnung des Steuersatzes interessiert hier dementsprechend auch mehr aus systematischen Gründen. Eine praktische Relevanz kann ihr jedoch nicht völlig abgesprochen werden. Denn wie *Hahn*, auf dessen Arbeit unten noch zurückzukommen ist,[309] bemerkt, erfordert bereits der Gesetzmäßigkeitsgrundsatz eine "rechtssatzmäßige Bestimmung der Steuerrechtsfolge", um die Möglichkeit exekutivischen Ermessens auszuschließen.[310] Der Steuersatz bestimmt nun zusammen mit der Bemessungsgrundlage die Höhe der Steuer. Von beiden Elementen ist folglich zu fordern, daß sie die Eigenschaften von abstrakten, rechtssatzförmigen Tatbestandselementen aufweisen. Ohne daß hier auf die Steuerbemessungsgrundlage näher eingegangen werden kann, ist dies zumindest für den Steuersatz ieS nicht ohne weiteres auf den ersten Blick zu bejahen.[311]

c) Die Problemstellung

Die vorliegende Untersuchung soll also in diesem Zusammenhang der Frage nachgehen, ob die steuersatzrechtliche Vorschrift, die die funktionale Beziehung zwischen Steuerbemessungsgrundlage und Steuerschuld bestimmt,[312] Bestandteil des Steuertatbestandes und damit am Tatbestandsmäßigkeitsgrundsatz zu messen ist. Der Tatbestandsmäßigkeitsgrundsatz ist also vor der Frage zu präzisieren, ob er den Steuersatz mit umfaßt.[313] Zur Klärung dieser Frage sollen im folgenden zunächst die Erkenntnisse der Steuertatbestandslehre untersucht werden, eines Teilgebiets der Steuerrechtswissenschaft, welches sich mit den Eigenschaften des Steuertatbestandes auseinandersetzt.[314]

---

[307] Ein Beispiel aus dem Bürgerlichen Recht (es geht um § 823 BGB) findet sich bei *Engisch*, Juristisches Denken 1983, S. 33: "Was im einzelnen Falle zum 'Tatbestand', was zur 'Rechtsfolge' zu rechnen ist, kann ... zweifelhaft sein".

[308] Schon *Merk* (Steuerschuldrecht 1926, S. 35) hatte indes bemerkt: "Wie bei jedem Rechtssatz, so ist auch bei den Steuerrechtssätzen ... zu sondern zwischen ... dem Tatbestande, von dessen Vorhandensein das Gesetz den Eintritt einer Rechtsfolge abhängig macht, und dieser Rechtsfolge selbst".

[309] Vgl. unten C II 4 a.

[310] Vgl. *Hahn*, Grundsätze 1984, S. 231.

[311] Vgl. hierzu unten C II 4 a cc.

[312] Vgl. oben A.

[313] Zum Ausgangspunkt vgl. *Hahn*, Grundsätze 1984, S. 89.

[314] Das Steuerrecht ist nicht eben bekannt dafür, ein eigene Tatbestandslehre entwickelt zu haben (so bereits *Aprath*, Tatbestand, FS für *Spitaler* 1958, S. 126 ff, 128). Bislang wird der Begriff der Tatbestandslehre vielmehr vor allem mit dem Strafrecht, weiterhin auch mit dem Bürgerlichen Recht verbunden (vgl. *Engisch*, Juristisches Denken 1983, S. 34 ff). Diesen Umstand beklagt *Bayer* als einen "der empfindlichsten Rückstände der Steuerrechts- gegenüber der Strafrechtsdogmatik" (System, BB 1975, S. 569 ff, 574 m. FN 88).

3. Die Steuertatbestandslehre

Die Steuertatbestandslehre befaßt sich mit dem Charakter der Voraussetzungen, von denen das Steuergesetz die Entstehung eines Steueranspruches abhängig macht. Sie unternimmt den Versuch, in den Steuertatbeständen der verschiedenen Einzelsteuern gemeinsame Strukturen herauszuarbeiten. Soweit ersichtlich war es *Albert Hensel*, der als erster[315] umriß, womit sich eine Steuertatbestandslehre zu befassen hatte: "Der Gesetzgeber ist bei der Aufstellung der Tatbestandsnormen frei; so sind beliebig viele einzelne Steuertatbestände denkbar. Es fragt sich, ob sie untereinander Gemeinsamkeiten aufweisen, die es ermöglichen, in jedem nur denkbaren Steuertatbestand dieselben Elemente wiederzufinden".[316]

Dieser grundlegenden Frage widmen sich jedoch bei weitem nicht alle Vertreter der Steuerrechtswissenschaft. Besonders die Autoren, deren Werke das sog. Praktikerschrifttum bilden, beschränken sich darauf, die Inhalte der Einzelsteuern darzustellen und zu kommentieren, ohne die ihnen zugrunde liegenden gemeinsamen Strukturen und Prinzipien herauszuarbeiten.[317]

An dieser Stelle können die Auffassungen der Vertreter der Steuertatbestandslehre nicht in aller Breite dargestellt werden. Dies ist indes nicht allein eine Frage des Raumes, den diese einnehmen würden, sondern vielmehr des inhaltlichen Schwerpunkts dieser Arbeit. Denn wenn auch die Steuertatbestandslehre die wohl einzige Quelle ist, aus der sich Anhaltspunkte für die Beantwortung der hier umrissenen Frage nach dem Rechtscharakter des Steuersatzes schöpfen lassen,[318] so kann doch nicht verschwiegen werden, daß die Steuertatbestandslehre alles andere tut, als den Steuersatz in den Mittelpunkt ihres Interesses zu rücken. Es ist vielmehr so, daß das Hauptaugenmerk der Steuertatbestandslehre auf dem Steuergegenstand (Steuerobjekt, steuerbare Handlung) liegt,[319] Fragen des Steuersatzes sich für sie eher auf einem Nebenschauplatz abspielen.[320] Eine detaillierte Darstellung der Steuertatbestandslehre

---

[315] Zwar waren auch vor *Hensel* schon vereinzelte Versuche unternommen worden, die verschiedenen Elemente des Steuertatbestandes zu isolieren. Dies erfolgte indes bis dato nicht mit der expliziten Absicht, eine formale Tatbestandslehre zu entwickeln.

[316] *Hensel*, Steuerrecht 1933, S. 57.

[317] Ein Werk, das seinen Leserkreis unter den sog. Praktikern sucht, also vorwiegend die Auszubildenden der Finanzverwaltung und der steuerberatenden Berufe ansprechen will, ist aus dem neueren Schrifttum etwa *Dölfel/Forster/Bilsdorfer*, Steuerrecht 1993; vgl. aus der älteren Literatur auch *Eckhardt/Labus*, Steuerrecht 1959; *Fechner*, Steuerrecht 1960.

[318] Zu den Erkenntnissen, die sich aus der Betrachtung der Lehre vom Straftatbestand für diese Arbeit gewinnen lassen, vgl. unten C II 4 b.

[319] Tatsächlich liegt der Hauptdissens zwischen den Vertretern der Steuertatbestandslehre im wesentlichen in der Frage, worin der Steuergegenstand der ESt besteht. Vgl. hierzu grundlegend *Bayer/Müller*, Einkommen, BB 1978, S. 1 ff, die als Steuergegenstand der ESt die Erwerbstätigkeit ansehen. Damit setzen sich allerdings in Widerspruch zur "klassischen Lehre" (*Stollenwerk*, Gegenstand, StVj 1989, S. 217 ff, 219); vgl. zum Ganzen heute auch *Koller*, Einkunftstatbestände 1993, S. 1.

[320] Dieser Umstand gilt für die Steuerrechtswissenschaft insgesamt (vgl. *Hahn*, Grundsätze 1984, S. 229). Dies kommt auch darin recht deutlich zum Ausdruck, daß die beiden Artikel, die das "Handwörterbuch des Steuerrechts" (HwStR 1981) dem Steuersatz bzw. -tarif widmet (vgl. *Koch*, Steuersatz, HwStR II 1981, S. 1342, und *Schmölders/Kaiser*, Steuertarif, HwStR II 1981, S. 1356 ff), die Frage seines Rechtscharakters mit keinem Wort erwähnen. So wird etwa der Steuertarif von *Schmölders* und *Kaiser* aus sowohl finanzwissenschaftlicher (aaO, S. 1356 ff) als auch betriebswissenschaftlicher Sicht (aaO, S. 1358 f) untersucht. Einen

insgesamt würde also dem hier interessierenden Thema nicht gerecht. Wenn die Steuertatbestandslehre im folgenden trotzdem etwas näher betrachtet wird, so wird damit die Absicht verfolgt, die Aussagen, die sie hinsichtlich des Steuersatzes trifft, einer eingehenden Untersuchung zu unterziehen.

a) Die historische Entwicklung der Steuertatbestandslehre

Das Bedürfnis nach einer Steuertatbestandslehre ergab sich im Prinzip zu dem Zeitpunkt, von dem an die Tatbestandsmäßigkeit der Besteuerung unbestritten wurde. Dieser Zeitpunkt war die Kodifikation der Reichsabgabenordnung v. 13.12.1919 (RAO 1919). Bis dahin hatte keine rechte Einigkeit über die Frage geherrscht, ob der Steueranspruch nach Grund und Höhe bereits durch Tatbestandsverwirklichung oder erst durch Erlaß des Abgabenbescheides entsteht.[321] § 81 RAO 1919 schuf hier Klarheit insofern, als er die Entstehung des Steuerschuldverhältnisses,[322] also des Steueranspruchs in Höhe eines bestimmten Geldbetrages, an die Verwirklichung eines gesetzlichen Tatbestandes knüpfte. Dem Steuerbescheid sollte also nur noch deklaratorische, nicht mehr konstitutive Wirkung zukommen.[323]

Der neu geschaffenen RAO 1919 selbst, insb. deren § 81, der dem heutigen § 38 AO 1977 entspricht, ließ sich indes hinsichtlich des Inhalts des Tatbestandsmäßigkeitsgrundsatzes nichts konkretes entnehmen. So ließ sich auch die Frage, aus wievielen und welchen Elementen er sich zusammensetzt, nicht aus dieser Quelle klären, denn bereits § 81 RAO 1919 war eine sog. Blankettnorm.[324] Er hatte, wie sein Schöpfer *Enno Becker* ausführt, den alleinigen Zweck, den Entstehungszeitpunkt der Steuerschuld zu klären.[325]

Dem Begriff des Steuertatbestandes kam in der anschließenden Zeit also eine gesteigerte Bedeutung zu. Man war nunmehr bemüht, seinen Inhalt theoretisch zu durchdringen, insofern also auf dem bisher eher stiefmütterlich behandelten Rechtsgebiet des Steuerrechts ähnliches zu schaffen, wie es auf dem Gebiet des Straf- oder des Bürgerlichen Rechts bereits bestand. Diese Bemühungen fanden vermehrt in den 20er Jahren statt, einer Zeit, die oft als Blüteperiode der jungen Steuerrechtswissenschaft bezeichnet wird.[326]

Als Begründer der Steuertatbestandslehre wird zumeist *Albert Hensel*[327] mit seinem Buch "Steuerrecht" (1. Auflage 1924, 3. Auflage 1933) angesehen.[328] Er legte dem Steuertatbestand

---

Abschnitt, der hinsichtlich des Steuersatzes auch die dritte der steuerlichen Teilwissenschaften, nämlich die Steuerrechtswissenschaft zu Wort kommen ließe, sucht man im HwStR vergebens.

[321] Vgl. hierzu *Schranil* (Besteuerungsrecht 1925, S. 92 ff), der die Vorschrift des § 81 RAO 1919 als "glückliche Lösung eines langen Streites" empfand; zum Ganzen aus heutiger Sicht *Kruse*, Steueransprüche, FS für *Tipke* 1995, S. 277 ff, 278 f (mwN); *Fischer*, in: *Hübschmann/Hepp/Spitaler*, AO, FGO, § 38 AO Rdn 10.

[322] Zum Rechtscharakter des Steuerschuldverhältnisses insgesamt vgl. *Mirbt*, Steuerschuldverhältnis, FA 1927, S. 1 ff.

[323] "Die Streitfrage, ob die Festsetzung oder Veranlagung einer Steuer deklaratorische oder konstitutive Bedeutung habe, entscheidet § 81 Abs. 1 für alle Steuern im ersteren Sinne. Die Steuerschuld entsteht ohne Rücksicht auf die Festsetzung des Betrages" (*Becker*, RAO, § 81 Rdn 1).

[324] Dies gilt in gleichem Maße für § 38 AO 1977; vgl. *Fischer*, in: *Hübschmann/Hepp/Spitaler*, AO, FGO, § 38 AO Rdn 23; *Kruse*, in: *Tipke/Kruse*, AO, FGO, § 38 AO Rdn 1.

[325] Vgl. *Becker*, RAO, § 81 Rdn 1: "Die Abstellung der Entstehung der Steuerschuld auf die ... Bekanntgabe der Veranlagung, hat das Mißliche an sich, daß einem ganz zufälligen ... Zeitpunkte große Bedeutung beigelegt wird".

[326] Vgl. *Bayer*, Grundbegriffe 1992, Rdn 465.

[327] Vgl. zur Person *Hensels* den Beitrag von *Pausch*, Albert Hensel, SteuerStud 1991, S. 443 ff.

[328] "Die Lehre vom Steuertatbestand geht auf *Albert Hensel* zurück" (*Bayer*, Grundbegriffe 1992, Rdn 58). Dies

eine höhere Bedeutung bei als *Becker*, rückte ihn sogar in das Zentrum des rechtsstaatlichen Steuerrechts.[329] Er wollte versuchen, hierbei "von der finanzwissenschaftlichen Begriffsbildung abzugehen und ein System von Rechtsbegriffen zu bilden, das es ermöglicht, den rechtlichen Inhalt der Steuergesetze lückenlos zu erfassen".[330] *Hensel* kam zu dem Schluß, der Steuertatbestand gliedere sich in sieben "Hauptelemente", von denen jedoch zwei nach heute herrschender Ansicht keinen eigenständigen Rang beanspruchen können.[331] Er unterschied den Steuerschuldner, die sachliche Seite des Tatbestandes, die Zurechnung, den Steuermaßstab und den Steuersatz. In beiden Werken widmet *Hensel* dem Steuersatz keinen breiten Raum.[332] Er beschränkt sich vielmehr darauf, grundlegende Unterscheidungen der Steuertariflehre darzustellen (Prozent- und Pro-rata-Steuersätze, Progression).

Über die Stellung insb. des Steuersatzes war sich *Hensel* indes wohl selbst nicht eindeutig im klaren. In der ersten Auflage seines "Steuerrechts" hatte *Hensel* den Steuersatz noch zu den "Folgen der Tatbestandsverwirklichung" gezählt.[333] In der dritten Auflage hingegen nennt er ihn in einer Reihe mit den übrigen "Hauptelementen des Steuertatbestandes".[334] Die mangelnde Greifbarkeit, die für den rechtlichen Charakter des Steuersatzes bereits in den Anfängen der Steuertatbestandslehre charakteristisch war, zeigt sich darüber hinaus noch an einer anderen Stelle in *Hensels* Ausführungen, die hier beispielhaft herangezogen werden soll: Bereits der Steuermaßstab scheint für *Hensel* dem Steuertatbestand zumindest nicht mehr unmittelbar anzugehören, denn er bezeichnet ihn als "diejenige Größenordnung, die auf den Steuertatbestand anzuwenden ist, um diesen mit der Steuerfolge in Beziehung zu setzen".[335] Verknüpft aber der Steuermaßstab den Steuertatbestand mit dessen Rechtsfolge, so kann wohl der Steuersatz, der seinerseits auf den Steuermaßstab angewandt wird, selbst schon gar kein unmittelbares Element dieses Tatbestandes mehr sein.

---

sehen auch die anderen Vertreter der Steuertatbestandslehre nicht anders; vgl. nur *Tipke/Lang*, Steuerrecht 1996, § 7 vor Rdn 17 (erste Nennung in der Literaturübersicht zum Steuertatbestand, d.h. frühestes hierher gehöriges Werk!); kritisch wohl *Tipke*, Tatbestandslehre, StuW 1993, S. 105 ff; *ders.*, Steuerrechtsordnung II 1993, S. 525. *Hahn* (Grundsätze 1984, S. 90) weist darauf hin, daß *Hensel* mit seiner Arbeit "weit in den Bereich des spanischen und lateinamerikanischen Rechtskreises hineingewirkt" hat.

[329] "Die systematische Darstellung des Steuerschuldrechts hat sich ... in erster Linie mit dem Steuertatbestande zu befassen" (*Hensel*, Steuerrecht 1933, S. 57); vgl. dazu *Hahn*, Grundsätze 1984, S. 97 ff.

[330] *Hensel*, Steuerrecht 1924, S. 14.

[331] Vgl. *Hensel*, Steuerrecht 1933, S. 58 ff. Die Elemente "Anspruchsberechtigter" (aaO, S. 58) und "Steuereinheiten" (aaO, S. 60) werden heute meist nicht mehr als Steuertatbestandselemente angesehen. Die Identität des Anspruchsberechtigten oder, was dasselbe ist, des Steuergläubigers, ergibt sich nicht aus den Tatbeständen der Einzelsteuergesetze, sondern aus den kompetenzrechtlichen Vorschriften des Abschnitts "X. Das Finanzwesen" des GG, hier aus den Bestimmungen über die Steuerertragshoheit in Art. 106 GG. Die Untergliederung der Steuerbemessungsgrundlage in "Steuereinheiten" kommt nach heute herrschender Auffassung ebenfalls keine eigenständige Bedeutung mehr zu.

[332] Vgl. *Hensel*, Steuerrecht 1924, S. 21 ff; *ders.*, Steuerrecht 1933, S. 60.

[333] Vgl. *Hensel*, Steuerrecht 1924, S. 20 f: III. Folgen der Tatbestandsverwirklichung, S. 21: B. Steuersatz; vgl. insb. S. 20: "Ist ein ... Steuertatbestand verwirklicht, so ist damit das Steuerschuldverhältnis gegeben; es bedarf aber weiterhin noch der Feststellung: welche gesetzliche Folge hat die Verwirklichung des Steuertatbestandes im einzelnen Fall, ... welche Geldsumme hat der Steuerschuldner infolge der Tatbestandsverwirklichung zu entrichten. Das Gesetz pflegt die geschuldete Geldsumme durch Anlagung eines Steuermaßstabes an den Steuertatbestand und durch Anwendung eines Steuersatzes auf den Steuermaßstab zu bestimmen".

[334] Vgl. *Hensel*, Steuerrecht 1933, S. 58 ff, 60: 7. Steuersatz.

[335] *Hensel*, aaO, S. 59.

Die vorstehenden Ausführungen mögen als Beleg dafür dienen, daß die Steuertatbestandslehre von Beginn an weniger nach dem rechtstheoretischen Charakter der einzelnen Elemente des Steuertatbestandes fragte, sondern ihr Augenmerk vielmehr darauf richtete, gemeinsame Grundstrukturen derjenigen Merkmale, aus denen sich die das Steuerschuldverhältnis regelnde Steuernorm insgesamt zusammensetzt, herauszuarbeiten.[336] Für die unzureichende Untersuchung des Steuersatzes in tatbestandsrechtlicher Hinsicht gibt es jedoch noch einen zweiten Grund: Schon für *Hensel* gilt insofern nichts anderes als für die übrigen Vertreter selbst der heutigen Tatbestandslehre, als bereits er dem Steuersatz kein gesteigertes Interesse entgegenbrachte.[337] Die *Hensel* zeitlich nahestehenden Autoren unterscheiden sich diesbezüglich kaum von ihm. Denn auch ohne an dieser Stelle alle Äußerungen zum Steuersatz aus dieser Zeit anführen zu können, läßt sich sagen, daß der Steuersatz kaum jemals unter dem Aspekt seines Rechtscharakters untersucht worden ist. Wurde er überhaupt einmal näher in Augenschein genommen, so zumeist unter den mehr finanzwissenschaftlichen Fragestellungen der Steuertariflehre.[338]

b) Die heutigen Steuertatbestandslehren

aa) Der Regelfall: Der Steuersatz als Element des Tatbestandes

Folgt man der Einteilung *Bayers*, so können heute im wesentlichen drei Strömungen der Steuertatbestandslehre unterschieden werden. Bei diesen handelt es sich um die Drei-Elemente-Lehre, die Vier-Elemente-Lehre und die Fünf-Elemente-Lehre.[339]

a') Die Auffassungen von *Tipke* und *Lang*

Die Drei-Elemente-Lehre, zu deren Vertretern *Bayer* vor allem *Lang* zählt, unterscheidet eine persönliche und eine sachliche Seite des Steuertatbestandes sowie den Berechnungstatbestand.[340] Die Fünf-Elemente-Lehre, vor allem vertreten durch *Tipke*, unterscheidet sich von ihr vor allem dahingehend, daß sie den Berechnungstatbestand in Steuerbemessungsgrundlage und Steuersatz unterteilt und darüber hinaus das Element der Zurechnung kennt, wie es bereits *Hensel* verstanden hatte.[341]

---

[336] Dies spiegelt sich auch darin wieder, daß *Hensel* die klare Trennung zwischen Tatbestands- und Rechtsfolgemerkmalen, die er in der ersten Auflage seines "Steuerrechts" (1924, Inhaltsverzeichnis, § 3) noch vorgenommen hatte, in der dritten Auflage nicht mehr weiterverfolgte (vgl. *ders.*, Steuerrecht 1933, Inhaltsverzeichnis).

[337] *Hensel* (Steuerrecht 1933, S. 60) widmet dem Steuersatz noch nicht einmal eine Viertelseite, da er in seinen Augen "juristisch .. kein besonderes Interesse" bietet (ebenda, FN 1).

[338] Vgl. *v. Myrbach-Rheinfeld*, Finanzrecht 1916, S. 105 f; *Strutz*, Steuerrecht 1922, S. 14; *Waldecker*, Steuerrecht 1924, S. 46 ff; *Ball*, Steuerrecht 1925, S. 134 ff; *Merk*, Steuerschuldrecht 1926, S. 90 f; *Bühler*, Steuerrecht 1927, S. 11; *Crisolli*, Steuerrecht 1933, S. 18.

[339] *Bayer*, Der Mensch, BB 1991, S. 421 ff, 517 ff, 518.

[340] Vgl. *Lang*, Steuervergünstigungen 1974, S. 30 f: Der positive Entstehungstatbestand der Steuerschuld. Hinsichtlich der Vorschriften des EStG vertritt *Lang* diese Auffassung allerdings nicht, setzt an die Stelle des Steuergegenstandes in diesem Falle vielmehr die Steuerbemessungsgrundlage und an die des Berechnungstatbestandes den Steuersatz (vgl. hierzu die Nachweise bei *Bayer*, Der Mensch, BB 1991, S. 421 ff, 517 ff, 519 m. FN 88). Dies hängt jedoch, aus *Langs* Sicht insoweit konsequent, damit zusammen, daß er im Falle der Besitzsteuern, also vor allem der ESt, Steuergegenstand und Steuerbemessungsgrundlage als ein- und dasselbe Tatbestandselement ansieht (*Lang*, aaO, S. 58).

[341] Vgl. *Tipke/Lang*, Steuerrecht 1996, § 7 Rdn 17 ff, zum Element der Zurechnung insb. Rdn 29, und dazu *Hensel*, Steuerrecht 1933, S. 59.

b') Die *Bayersche* Lehre vom Stufenbau des Steuertatbestandes

Am eingehendsten hat sich in jüngerer Zeit allerdings *Bayer*, der die von ihm vertretene, auf *Hensel* zurückgehende[342] Lehre als eine Vier-Elemente-Lehre bezeichnet,[343] mit der Fortentwicklung der Steuertatbestandslehre beschäftigt.[344] *Bayer* unterscheidet in einem ersten Schritt zwei Hauptelemente voneinander, nämlich den Grund- und den Höhentatbestand. Diese zerlegt er ihrerseits in jeweils zwei Elemente, den Grundtatbestand in Steuersubjekt und Steuergegenstand, den Höhentatbestand in Steuerbemessungsgrundlage und Steuersatz. Diese Elemente stehen zueinander in einem stufenförmig aufeinander aufbauenden Verhältnis.[345]

Die Hauptaussagen, die *Bayers* Lehre von denen der vorgenannten Autoren unterscheiden, sind im wesentlichen die folgenden: Zum einen sieht *Bayer* im Steuergegenstand stets eine Tätigkeit, nennt ihn daher auch "steuerbare Handlung". Die anderen Autoren hingegen zeichnen sich dadurch aus, daß sie den Steuergegenstand, etwas diffus, als Vorgänge, Gegenstände oder Handlungen kennzeichnen,[346] ihnen daher von Fall zu Fall seine Abgrenzung von der Steuerbemessungsgrundlage schwerfällt.[347] Auf der anderen Seite ist es *Bayer* als ein Verdienst zuzurechnen, die einzelnen Elemente des Steuertatbestandes in eine logische Abfolge gebracht zu haben, während sie bei den anderen Vertretern der Steuertatbestandslehre eher beziehungslos nebeneinander stehen.[348] *Bayer* bezeichnet somit die von ihm geschaffene Lehre als die vom Stufenbau des Steuertatbestandes, weil die Prüfung des jeweils nachfolgenden Merkmals stets nur dann erfolgen kann, wenn das vorhergehende gegeben ist.[349]

c') Kritik

Die Dreiteilung der Steuertatbestandslehre durch *Bayer* bedarf noch einiger kritischer Anmerkungen: Zum einen ist die Drei-Elemente-Lehre, wie freilich auch *Bayer* nicht verkennt, nur auf den ersten Blick eine solche. Der Berechnungstatbestand *Langs* ist vielmehr selbst noch

---

[342] Vgl. *Bayer*, Der Mensch, BB 1991, S. 421 ff, 517 ff, 519.

[343] Diese Bezeichnung mag auf den ersten Blick verwirren, unterscheidet *Bayer* doch meist noch ein fünftes Element, nämlich das des räumlichen Anwendungstatbestandes (vgl. nur *Bayer*, Grundbegriffe 1992, Rdn 54 ff, 58, 59 f). *Bayer* betont jedoch, daß dieses nur den Charakter einer Art von "Vorfrage" hinsichtlich der Anwendbarkeit des Steuertatbestandes hat, eine eigenständige Bedeutung innerhalb des Steuertatbestandes also nicht beanspruchen kann (vgl. *Bayer*, aaO, Rdn 58, Schema [Vorstufe!]). Dementsprechend bleibt es auch an dieser Stelle außer Betracht.

[344] Die *Bayersche* Lehre wird von vielen Autoren als die im Vordringen befindliche Lehre angesehen (vgl. etwa *Koller*, Einkunftstatbestände 1993, S. 4; *Raupach/Schencking*, in: *Herrmann/Heuer/Raupach*, EStG und KStG, § 2 Rdn 15). Einen Überblick über diejenigen Autoren, die sich die *Bayersche* Lehre bisher zueigen gemacht haben, findet sich jetzt bei *Bayer*, Steuerlehre 1997, Rdn 392. Andere machen sie indes zum Gegenstand scharfer Kritik, vgl. nur *Tipke*, Steuerrechtsordnung II 1993, S. 526 ff.

[345] Vgl. grundlegend *Bayer*, Stufenbau, FR 1985, S. 337 ff, 338: Die Lehre vom Stufenbau; jetzt auch *ders.*, Steuerlehre 1997, Rdn 356 f: Der Steuertatbestand.

[346] Vgl. *Tipke/Lang*, Steuerrecht 1996, § 7 Rdn 24; ähnlich *Birk*, Steuerrecht I 1994, S. 43; *Kruse* (Steuerrecht 1991, S. 71) spricht, insoweit noch undeutlicher, vom Steuergegenstand als von dem "'Was' der Besteuerung".

[347] Vgl. *Lang*, Steuervergünstigungen 1974, S. 58: "Problem des 'Zusammenfallens' von Steuergegenstand und Steuerbemessungsgrundlage".

[348] Dies betont auch *Bayer* (Stufenbau, FR 1985, S. 337 ff, 341: Albert Hensel und die Lehre vom Stufenbau) gegenüber denjenigen, die das neue an der *Bayerschen* Lehre gegenüber derjenigen *Hensels* verkennen und *Bayer*, wenn auch nicht unverhohlen, des Plagiats bezichtigen (so etwa *Biergans/Wasmer*, Tatbestand, FR 1985, S. 57 ff, 57).

[349] Vgl. *Bayer*, Steuerlehre 1997, Rdn 392.

einmal unterteilt in Steuerbemessungsgrundlage und Steuersatz, wodurch die Auffassung *Langs* im Endeffekt der Lehre *Bayers* zumindest äußerlich nicht ganz unähnlich ist.[350] Dieser Umstand ist an dieser Stelle insofern von Bedeutung, als er zeigt, daß *Lang*, ebenso wie die anderen Vertreter der Steuertatbestandslehre, den Steuersatz als Element des Steuertatbestandes und nicht als ein solches der Rechtsfolge ansieht.

Die Vertreter der neueren Steuertatbestandslehren zeichnen sich insgesamt dadurch aus, daß sie, ebenso wie die Autoren der 20er Jahre, dem Steuersatz in seiner Eigenschaft als Tatbestandsmerkmal und besonders seinem Rechtscharakter keine große Aufmerksamkeit widmen.[351] Bei *Lang* beispielsweise wird der Steuersatz auf einer einzigen Seite abgehandelt,[352] für *Tipke/Lang* gilt noch nicht einmal dies.[353] Bemerkenswert ist allein, daß die Darstellung tariftechnischer Unterscheidungen heute nicht mehr den alleinigen Schwerpunkt der Erörterungen zu bilden scheint, sondern darüber hinaus versucht wird, den Steuersatz als Ausdruck von inhaltlich-materiellen Besteuerungsgrundsätzen zu sehen.[354]

Soweit ersichtlich ist es allein *Bayer*, der in seiner "Steuerlehre" der allgemeinen Darstellung des Steuersatzes einen etwas breiteren Raum widmet.[355] Hier findet sich vor allem die hier interessierende Bemerkung, der Steuersatz habe die Eigenschaften eines Steuertatbestandselements und nicht, dies im Gegensatz zur Auffassung *Kruses*, die eines Elements der Rechtsfolge.[356] Weiterhin präzisiert *Bayer* den Rechtscharakter des Steuersatzes als den eines Elements des Höhentatbestandes der Steuerschuldnorm.[357] Diese Eigenschaft habe der Steuersatz mit der Steuerbemessungsgrundlage gemein.[358] Demgegenüber beschränken sich viele der *Bayer* im übrigen nahestehenden Autoren auf der Ebene des Steuersatzes zumeist auf die Bemerkung, der Steuersatz ergebe sich jeweils aus dem Gesetz.[359] Dies hat der Steuersatz freilich mit den übrigen Steuertatbestandsmerkmalen gemein. Insgesamt entsteht so der Eindruck, über den Rechtscharakter des Steuersatzes herrsche keine Klarheit, und man habe in tatbestandstheoretischer Hinsicht über ihn nicht viel Klärendes zu sagen. Besonders neuere Lehrbücher, wie etwa die Werke von *Birk*,[360] *Kruse*[361] und *Meilicke*[362] behandeln den Steuersatz

---

[350] Vgl. besonders deutlich *Lang*, Steuervergünstigungen 1974, S. 52 (Grundtatbestand und Berechnungstatbestand), und dazu *Bayer*, Steuerlehre 1997, Rdn 389 f (Grundtatbestand und Höhentatbestand).

[351] Dies gilt insb. für die Kommentarliteratur zu § 38 AO 1977 und auch schon zu dessen Vorläufern in §§ 81 I RAO 1919 und § 99 RAO 1931. Dies könnte damit zusammenhängen, daß § 38 AO 1977 als Blankettnorm keinerlei inhaltliche Anforderungen an Steuertatbestände stellen, sondern vielmehr nur den Entstehungszeitpunkt des Steuerschuldverhältnisses regeln will; vgl. nochmals *Becker*, RAO, § 81 Rdn 1.

[352] Vgl. *Lang*, Steuervergünstigungen 1974, S. 61 f.

[353] Vgl. *Tipke/Lang*, Steuerrecht 1996, § 7 Rdn 33 ff.

[354] Vgl. hierzu *Tipke/Lang*, aaO, § 7 Rdn 34: "Der Steuersatz ist ... abhängig von axiomatischen Gerechtigkeitsvorstellungen"; vgl. auch *Lang*, Steuervergünstigungen 1974, S. 61 f: Besonders "progressive Tarife" dienen "dem Prinzip der Besteuerung nach der individuellen wirtschaftlichen Leistungsfähigkeit".

[355] Vgl. *Bayer*, Steuerlehre 1997, Rdn 1453 f: Der Steuersatz.

[356] Vgl. *Bayer*, aaO, Rdn 1454, unter Verweis auf *Kruse*, Steuerrecht 1991, S. 73.

[357] Der hier definierte Steuersatz iwS gehört also dem *Bayer*schen Höhentatbestand an, indem er über den Steuersatz ieS hinausgeht.

[358] Ähnlich formuliert *Lang* (Steuervergünstigungen 1974, S. 49 ff, 52 ff, 61 f), der allerdings den Begriff des "Berechnungstatbestandes" gebraucht.

[359] Vgl. etwa *Biergans*, Einkommensteuer 1992, S. 8; ebenso *ders./Wasmer*, Tatbestand, FR 1995, S. 57 ff, 58.

[360] *Birk*, Steuerrecht I 1994, S. 45.

[361] *Kruse*, Steuerrecht 1991, S. 73. Zur Unentschiedenheit *Kruses* über den Rechtscharakter des Steuersatzes vgl. unten C II 3 b bb.

ebenso knapp, während *Paulick*,[363] *Weber-Fas*,[364] *Arndt*[365] und *Arndt/Zierlinger*[366] ihn gänzlich ignorieren oder allein im Rahmen der Darstellung der Einzelsteuern abhandeln.

Zusammenfassend kann wohl eines festgehalten werden: Die vorgenannten drei Lehren, hauptsächlich vertreten durch *Lang*,[367] *Bayer*[368] und *Tipke*,[369] unterscheiden sich in ihrer tatbestandsrechtlichen Einordnung des Steuersatzes nicht voneinander. Dieser bildet vielmehr einen gemeinsamen Nenner der drei Lehren, denn jede einzelne sieht den Steuersatz als notwendiges Element des Steuertatbestandes an.[370] Im übrigen sind die Unterschiede zwischen den drei Lehren zumindest hinsichtlich der von ihnen unterschiedenen Anzahl von Steuertatbestandselementen sowie deren Bezeichnungen nicht gravierend. Denn im Ergebnis stimmen, sieht man von terminologischen Unterschieden ab, doch zumindest alle dahingehend überein, daß die Elemente Steuersubjekt, Steuergegenstand, Steuerbemessungsgrundlage und Steuersatz den Inhalt des Steuertatbestandes bilden. Begründet wird die Einordnung des Steuersatzes weniger mit rechtstheoretischen Überlegungen als mit dem Hinweis darauf, der Steuersatz sei für die Ermittlung der Höhe der Steuerschuld unverzichtbar und habe daher in jeder Steuerrechtsnorm enthalten zu sein.

Dieser Anspruch zeigt sich besonders deutlich an den Belegen, die vor allem *Bayer* für die Richtigkeit seiner Lehre anführt.[371] Sie haben im wesenlichen miteinander gemein, daß sie als Mindestinhalt einer steuergesetzlichen Vorschrift die von *Bayer* unterschiedenen vier Elemente nennen, die Frage hingegen, auf welcher Seite der Steuernorm diese Platz finden sollen, nicht problematisieren. Insofern also, als die Steuertatbestandslehre den Anspruch hat, Elemente aufzuzählen, die den Mindestinhalt einer steuergesetzlichen Vorschrift bilden müssen, um die Ermittlung eines Steueranspruchs nach Grund und Höhe zu ermöglichen, tut sie recht daran, den Steuersatz einzuschließen. Fragt man indes, wie hier, danach, ob der Steuersatz unter rechtstheoretischen Überlegungen den Charakter eines Tatbestandselements hat, so bildet zwar die Steuertatbestandslehre hierfür den Ausgangspunkt, vermag aber endgültige Klarheit nicht herbeizuführen.

bb) Der Ausnahmefall: Der Steuersatz als Element der Rechtsfolge

Die Rechtsfolge der Steuerschuldnorm, das Gegenstück zum Steuertatbestand also, besteht gem. §§ 3 I, 38 AO 1977 in dem Entstehen eines Steuerschuldverhältnisses, welches auf seiten des Steuergläubigers zu einem Anspruch und auf seiten des Steuersubjekts zu einer bestimmten (Geld-) Leistungspflicht führt. Genauer heißt dies, daß die Verwirklichung des gesetzlichen Steuertatbestandes zum Entstehen eines Geldleistungsanspruchs in Höhe eines

---

[362] *Meilicke*, Steuerrecht 1965, S. 91.

[363] *Paulick*, Steuerrecht 1977.

[364] *Weber-Fas*, Steuerrecht 1979.

[365] *Arndt*, Grundzüge 1988.

[366] *Arndt/Zierlinger*, Steuerrecht 1991.

[367] *Lang*, Steuervergünstigungen 1974, S. 30 f: Der positive Entstehungstatbestand der Steuerschuld.

[368] *Bayer*, Grundbegriffe 1992, Rdn 53 f: Der Steuertatbestand.

[369] Vgl. heute *Tipke/Lang*, Steuerrecht 1996, § 7 Rdn 17 f: Der Entstehungstatbestand des Steueranspruchs (Steuertatbestand).

[370] Vgl. für die Drei-Elemente-Lehre *Lang*, Steuervergünstigungen 1974, S. 61 f: Der Steuersatz; für die Vier-Elemente-Lehre *Bayer*, Grundbegriffe 1992, Rdn 56 (Überblick) mit Rdn 104 f: Der Steuersatz; für die Fünf-Elemente-Lehre schließlich *Tipke/Lang*, Steuerrecht 1996, § 7 Rdn 33 f: Der Steuersatz.

[371] Vgl. *Bayer*, Steuerlehre 1997, Rdn 390 ff, und die dortigen Nachweise.

bestimmten Geldbetrages führt.[372]

Neben denen, die den Steuersatz - ob rechtstheoretisch verstanden oder nicht - zum Steuertatbestand zählen, gibt es Autoren, die ihn, wenn auch nicht immer ausdrücklich, als Bestandteil der Rechtsfolge ansehen. Insoweit erhält die oben untersuchte Frage durchaus ihre Berechtigung, denn über den Charakter des Steuersatzes besteht tatsächlich keine Einigkeit. Zu denjenigen, die den Steuersatz zur Rechtsfolge zählen, scheint auf den ersten Blick *Kruse* zu gehören, wenn er in seinem "Lehrbuch des Steuerrechts" die folgende Feststellung trifft: "Der Steuersatz gehört zur Rechtsfolge der Steuerrechtsnorm".[373] Die Verwirrung, mit der die Steuerrechtswissenschaft dem Rechtscharakter des Steuersatzes offenbar gegenübersteht, tritt dann aber deutlich zutage, wenn derselbe Autor an anderer Stelle in demselben Buch unter Hinweis auf *Bayer* das genaue Gegenteil der vorstehenden Aussage behauptet: "Der Steuersatz gehört zum Tatbestand".[374] Im Ergebnis ist also *Kruse* durchaus denjenigen zuzurechnen, die *Bayer* als die Vertreter der Fünf-Elemente-Lehre bezeichnet.[375]

Ein weiterer Autor, der den Steuersatz der Rechtsfolge zuordnet ist *Ferdinand Kirchhof*.[376] Eine Begründung liefert indes auch er für seine Ansicht leider nicht. Auch *Spanner* scheint den Steuersatz, im Gegensatz zur Steuerschuldner und Steuergegenstand, nicht zu den Steuertatbestandselementen zu zählen.[377] Ob er in ihm indes ausdrücklich die Rechtsfolge sieht, bleibt offen.[378] Ähnliches gilt für *Stoll*, der den Tatbestandselementen Steuersubjekt und Steuergegenstand die "Normen über die Steuerfolge" gegenüberstellt.[379] Bei *Papier* schließlich kann zumindest Ungenauigkeit in der Ausdrucksweise festgestellt werden, wenn er ausführt, daß "die Volksvertretung" nach dem Parlamentsvorbehalt "über Steuertatbestand und Steuersatz ... selbst bestimmen" muß.[380]

4. Der rechtstheoretische Charakter des Steuersatzes

Die Frage, um die es jedoch an dieser Stelle gehen soll, muß vom Begriff des Steuertatbestandsmerkmals ausgehen und untersuchen, ob dieses auf den Steuersatz anwendbar ist. Die Steuertatbestandselemente bilden zusammen mit der Steuerrechtsfolge den Steuerrechtssatz.[381] Unter "Steuertatbestandselementen" verstand bereits *Hensel* die "in den materiellen Steuerrechtsnormen enthaltenen abstrakten Voraussetzungen, bei deren konkretem Vorliegen (Tatbestandsverwirklichung) bestimmte Rechtsfolgen eintreten sollen. Der Steuertatbestand ist ... das abstrakte Spiegelbild des konkreten 'Sachverhalts'"[382] und mit diesem nicht zu ver-

---

[372] Vgl. *Bayer*, aaO, Rdn 392 (Schema); ebenso *Hahn*, Grundsätze 1984, S. 231.

[373] *Kruse*, Steuerrecht 1991, S. 73. Bedauerlicherweise läßt *Kruse* diese Aussage unbegründet, obwohl sie als der hM diametral entgegenstehend angesehen werden muß.

[374] *Kruse*, aaO, S. 113.

[375] Vgl. ebenda: "Der Tatbestand muß das Steuersubjekt, das Steuerobjekt einschließlich seiner Zurechnung, die Bemessungsgrundlage und den Steuersatz angeben".

[376] *F. Kirchhof*, Abgabenrecht 1991, S. 45: "Der Steuersatz bildet die Rechtsfolge der Steuerschuldnorm".

[377] Vgl. *Spanner*, Steuertatbestand, HwStR II 1981, S. 1359 f, 1359: "Insbesondere muß der Tatbestand den Steuerschuldner und den Steuergegenstand angeben".

[378] Als Rechtsfolge sieht *Spanner* (aaO, S. 1359), insofern etwas undeutlich, "idR die Steuerpflicht" an.

[379] Vgl. *Stoll*, Steuerschuldverhältnis 1972, S. 94.

[380] *Papier*, Gesetzesvorbehalte 1973, S. 118.

[381] Vgl. allgemein zum Rechtssatz *Vogel*, Rechtsfolgen, StuW 1977, S. 97 ff, 97.

[382] *Hensel*, Steuerrecht 1933, S. 57; vgl. auch *Merk*, Steuerschuldrecht 1926, S. 35. Hierfür gilt heute nichts anderes (so auch schon *Kruse*, Gesetzmäßige Verwaltung, Rechtsschutz 1960, S. 93 ff, 109), vgl. aus jünge-

wechseln.[383] Insoweit zeichnet sich ein steuerliches Tatbestandsmerkmal durch dieselben Eigenschaften aus wie Tatbestandsmerkmale in anderen Teilen der Rechtsordnung.[384] Nach *Engisch* ist der Tatbestand "abstrakter Bestandteil des Rechtssatzes", jedes seiner Elemente, also jedes Tatbestandsmerkmal, "umschreibt als abstrakter Bestandteil des Rechtssatzes begrifflich die Bedingungen, unter denen die Rechtsfolgeanordnung Platz greift".[385]

Die Steuertatbestandsmerkmale, soviel sei bis hierher festgehalten, zeichnen sich also ebenso wie andere Tatbestandsmerkmale dadurch aus, daß sie abstrakten Charakter haben, eine Bedingung oder Voraussetzung umschreiben und damit das Gegenstück zum Lebenssachverhalt bilden.[386] Die letzte Eigenschaft bedeutet, daß sie einer Subsumtion zugänglich sein müssen, also einer gedanklichen Unterordnung eines einzelnen Falles (Lebenssachverhalt) unter den gesetzlichen Tatbestand.[387] Soll der Steuersatz ein Steuertatbestandsmerkmal sein, so muß er diesen Bedingungen genügen.

a) Die Arbeit von *Hahn*

aa) Die Darstellung der Auffassung *Hahns*

Soweit ersichtlich, ist die Arbeit von *Hahn* die bislang einzige, die dieser Frage explizit nachgeht.[388] Er geht dabei unter Anwendung der Lehre *Bayers* von einem vierstufigen Steuertatbestand aus, der sich aus Steuersubjekt, Steuergegenstand, Steuerbemessungsgrundlage und Steuersatz zusammensetzt.[389] In einem ersten Schritt scheint *Hahn* den Steuersatz noch der Rechtsfolge zuzuordnen, indem er ihn zu den drei übrigen Tatbestandsmerkmalen insofern in einen gewissen Gegensatz bringt, als der Steuersatz nicht "die Voraussetzungen der Besteuerung", sondern "unmittelbar die Rechtsfolge" bestimmt.[390]

Daß *Hahn* schließlich doch zu dem Schluß kommt, der Steuersatz sei ein Element des Steuertatbestandes, liegt im wesentlichen daran, daß er den Steuersatz aufgrund seiner abstrakten Form als in idealer Weise geeignet ansieht, die "rechtssatzmäßige Bestimmung der Rechtsfolge" zu gewährleisten und somit exekutivisches Ermessen auszuschließen.[391] Unter Anwen-

---

rer Zeit etwa *Bayer*, Grundbegriffe 1992, Rdn 53b; *Spanner*, Steuertatbestand, HwStR II 1981, S. 1359 f, 1359.

[383] Verschiedentlich werden die Begriffe "Tatbestand" und "Sachverhalt" (§ 93 I S.1 AO 1977) vermischt (vgl. *Bayer*, Grundbegriffe 1992, Rdn 53b [unter Hinweis auf BFH-Rechtsprechung]; *Aprath*, Tatbestand, FS für *Spitaler* 1958, S. 126 ff, 127, 131 f). Die oben zitierte Definition *Hensels* (Steuerrecht 1933, S. 57) schließt dieses Mißverständnis jedoch aus. *Engisch* (Juristisches Denken 1983, S. 34) empfiehlt den Begriff des "Lebenssachverhalts"; vgl. zum Begriff des Sachverhalts im übrigen *Müller*, Sachverhalt, HwStR II 1981, S. 1167.

[384] Vgl. *F. Kirchhof*, Abgabenrecht 1991, S. 44; *Spanner*, Steuertatbestand, HwStR II 1981, S. 1359 f, 1359.

[385] *Engisch*, Juristisches Denken 1983, S. 35.

[386] Vgl. auch *Kruse*, Steuerrecht 1991, S. 112: "Der gesetzliche Tatbestand beschreibt (erg.: in abstrakter Form) einen bestimmten Ausschnitt" der "sozialen Wirklichkeit", der "nach der Entscheidung des Gesetzgebers besteuert werden" soll.

[387] Vgl. *Engisch*, Juristisches Denken 1983, S. 55.

[388] Vgl. *Hahn*, Grundsätze 1984, S. 229 ff, insb. S. 234 f: Der Steuertarif als Tatbestandsmerkmal.

[389] *Hahn* spricht stets von "Steuertarif" (vgl. *Hahn*, aaO, S. 229 f: Der Steuertarif als Tatbestandsmerkmal), schließt sich somit der Sichtweise *Bayers* an, wonach beide Begriffe dasselbe besagen (vgl. oben A).

[390] *Hahn*, aaO, S. 230.

[391] Vgl. *Hahn*, aaO, S. 231: "Der Steuertarif erfaßt als Folge seiner abstrakten Formulierung jeden denkbaren Steuerfall im voraus und bewirkt die Konkretisierung der Steuerschuld auf einem rein rechnerischen, mechanischen Wege"; so auch *Bayer*, Tatbestandsmäßigkeit, HwStR II 1981, S. 1404 ff, 1407: Beim Steuersatz

dung der von *Bayer* entwickelten Lehre vom Stufenbau des Steuertatbestandes[392] charakterisiert *Hahn* den Steuersatz schließlich als letztes Element eines "in der Anwendung des Steuertatbestandes liegenden Konkretisierungsprozesses".[393] Denn der von *Bayer* mit der Stufenbaulehre verfolgte Grundgedanke liegt darin, daß die Elemente des Steuertatbestandes nicht beziehungslos nebeneinander stehen, sondern als eine logische Abfolge zu denken sind. Die Lösung eines Steuerrechtsfalles muß hiernach dergestalt erfolgen, daß man, vom ersten Tatbestandsmerkmal ausgehend, sich innerhalb des Steuertatbestandes wie in einem "Treppenhaus" bewegt.[394] Der Steuersatz bildet demzufolge die letzte Stufe dieses Prozesses und wird auf die aus der vorletzten Stufe sich ergebende Rechtsfolge angewandt.

Nachdem somit die Funktion des Steuersatzes umrissen und der Grund für weitere Überlegungen gelegt ist,[395] verfolgt *Hahn* schließlich den entscheidenden Ansatz zur Bestimmung des Rechtscharakters des Steuersatzes,[396] in dem er die Frage aufwirft, "ob und warum es sich hierbei (erg.: beim Steuersatz) um ein echtes, also subsumtionsfähiges Merkmal handelt". Er definiert hierzu zunächst, wie dies auch hier geschehen ist, welche Eigenschaften ein Tatbestandsmerkmal auszeichnen, nämlich sein abstrakter Charakter und seine Subsumtionsfähigkeit. Wie bereits angedeutet, liegt im ersten Punkt kein Problem, *Hahn* identifiziert den Steuersatz als Musterbeispiel eines abstrakten Merkmals, welches auf eine unbestimmte Vielzahl von Sachverhalten (hier folglich: von verschieden hohen Steuerbemessungsgrundlagen) Anwendung finden kann. Dem ist zuzustimmen.

Der zweite Punkt, die Subsumtionsfähigkeit, wird von *Hahn* ebenso bejaht. Er führt unter Rückgriff auf rechtstheoretische Überlegungen aus, daß es sich bei der Anwendung des Steuersatzes auf die Bemessungsgrundlage um einen echten Subsumtionsvorgang, nicht bloß um eine rein arithmetische Denkoperation ohne Bezug auf den realen Lebenssachverhalt handelt.[397] Dieses Ergebnis erstaunt , weil *Hahn* den Steuersatz zuvor aufgrund seiner abstrakten Form insofern als ideal zur Verwirklichung der Rechtsfolgenbestimmtheit angesehen hatte, als er "die Konkretisierung der Steuerschuld auf einem rein rechnerischen ... Wege" bewirke.[398]

Zu diesem Ergebnis kommt *Hahn* durch eine nähere Untersuchung des Subsumtionsvorgangs. Er stellt fest, daß niemals ein realer Lebenssachverhalt, ein "reales Sein" unter einen tatbestandlichen Begriff, sondern stets nur ein Begriff unter einen anderen Begriff subsumiert werden könne.[399] Insofern spielen innerhalb des Subsumtionsvorgangs drei Elemente eine Rolle, nämlich das reale Sein des Lebenssachverhalts, der Sachverhalt als Begriff (Faktenbegriff) und das Tatbestandselement (Rechtsbegriff). Den Einwand, der Steuersatz sei kein subsumtionsfähiges Merkmal, weil der zu subsumierende Untersatz nicht direkt der Realität entnommen wird, sieht *Hahn* nun dadurch entkräftet, daß sich dieser vielmehr aus dem vorangegan-

---

handelt es sich um "die steuertatbestandsmäßige Umschreibung der Prozentzahl ..., in deren Höhe der Steueranspruch, der bei Erbringung einer Leistung entstehen soll, am Wert der Leistung als solcher beteiligt ist".

[392] Vgl. oben C II 3 b aa b'.

[393] *Hahn*, Grundsätze 1984, S. 231.

[394] *Bayer*, Stufenbau, FR 1985, S. 337 ff, 338.

[395] Vgl. *Hahn*, Grundsätze 1984, S. 232.

[396] Vgl. zum folgenden *Hahn*, aaO, S. 234 f: Der Steuertarif als Tatbestandsmerkmal.

[397] *Hahn*, aaO, S. 234.

[398] *Hahn*, aaO, S. 231.

[399] *Hahn* (aaO, S. 234) bezieht sich dabei auf *Larenz* (heute: Methodenlehre 1991, S. 273 f); vgl. aber auch *Engisch*, Juristisches Denken 1983, S. 56: "Es werden ... Faktenbegriffe unter Rechtsbegriffe subsumiert".

genen Subsumtionsvorgang des Stufenbaus ergibt, nämlich in Gestalt des konkreten Betrags der Steuerbemessungsgrundlage. Dieser, so *Hahn*, sei nun unter den tatbestandlichen Begriff des Steuersatzes zu subsumieren.

Die Stufenbaulehre besagt, daß die Tatbestandsmerkmale dergestalt aufeinander aufbauen, daß der Subsumtionsvorgang abgebrochen wird, wenn er auf einer Tatbestandsstufe scheitert.[400] Die nachfolgenden Stufen werden nicht mehr betrachtet, der Steueranspruch entsteht nicht.[401] *Hahn* macht sich darüber hinaus für seine Argumentation den Umstand zunutze, daß, von der Stufe des Steuergegenstandes an, das Subsumtionsergebnis der vorhergehenden Stufe den zu subsumierenden Sachverhalt für die nachfolgende Stufe bildet.[402] Daher subsumiert er das Subsumtionsergebnis der Stufe "Steuermaßstab" unter den Begriff des Steuersatzes, der idR einen bestimmten Prozentsatz desselben ausmacht, wendet also den Steuersatz auf den Steuermaßstab an.[403]

Ein weiteres Argument *Hahns* ist, sofern es Geltung beanspruchen darf, ebenfalls geeignet, die Zugehörigkeit des Steuersatzes zum Steuertatbestand zu stützen. Insofern nämlich, als der Steuersatz, von der Rechtsfolge her betrachtet, zu denjenigen Elementen gehört, "die nicht hinweggedacht werden können, ohne daß auch die Steuerschuld entfiele",[404] ist er tatsächlich ein Tatbestandsmerkmal. Diese Definition ist indes eine andere als die, von der an dieser Stelle und auch bei *Hahn* ausgegangen wird, nämlich von der Frage nach den Charakteristika eines Tatbestandsmerkmals im Sinne der juristischen Methodenlehre.[405]

bb) Kritik

Das Ergebnis *Hahns* überzeugt aufgrund seiner rechtstheoretischen Fundierung, die die richtige Frage in den Mittelpunkt der Untersuchung rückt. Gleichwohl wird der von *Hahn* verfolgte Anspruch, nämlich nachzuweisen, daß es sich bei der Anwendung des Steuersatzes um mehr als eine Rechenoperation handelt, wohl nicht ganz erreicht. Denn es fällt nicht leicht

---

[400] Die Anwendbarkeit des Steuergegenstandes hängt damit vom Vorliegen des Steuersubjekts ab, "der Steuersatz und der Steuermaßstab" stehen "zueinander in einem Verhältnis entsprechender Abhängigkeit" (*Bayer*, Grundbegriffe 1992, Rdn 57); anders dagegen *Hahn*, Grundsätze 1984, S. 235: Es "wird deutlich, daß ... die Anwendung des einen Merkmals diejenige des anderen voraussetzt, dies aber nicht (!) in der Weise, daß alle Tatbestandsmerkmale erfüllt sein müssen, um die Rechtsfolge eintreten zu lassen". Gerade dies macht jedoch nach *Bayer* die Besonderheit des Stufentatbestandes aus.

[401] Bsp.: Wenn bei der Prüfung des ESt-Tatbestandes im Sachverhalt von einer AG die Rede ist, so ergibt die Subsumtion auf der Ebene des Steuersubjekts, daß der Begriff der AG sich nicht unter den der natürlichen Person (§ 1 I EStG) subsumieren läßt. Die Subsumtion endet hier, die nachfolgenden Stufen, Steuergegenstand, Steuerbemessungsgrundlage und Steuersatz umfassend, werden nicht mehr geprüft. Der ESt-Anspruch entsteht insoweit nicht, weil es bereits an dem Erfordernis einer natürlichen Person fehlt.

[402] Vgl. *Hahn*, Grundsätze 1984, S. 235: "Im Verhältnis Steuergegenstand - Steuerbemessungsgrundlage - Steuertarif bestehen ... Beziehungen derart, daß jedes erfüllte Tatbestandsmerkmal bereits für sich eine Rechtsfolge auslöst, die ihrerseits tatbestandliche Voraussetzung für das darauf folgende Merkmal ist. So löst die Verwirklichung des Steuertatbestandes (gemeint offenbar: Steuergegenstandes) als Rechtsfolge die Steuerpflicht dem Grunde nach aus"; vgl. dazu *Bayer*, Stufenbau, FR 1985, S. 337 ff, 338: Die "Anwendbarkeit des Höhentatbestandes" muß "als die Rechtsfolge der Vorliegens des Grundtatbestandes begriffen werden. Die Rechtsfolge des Entstehens eines Steueranspruchs in der Höhe X tritt für den Fall ein, daß neben dem Anwendungs- und dem Grundtatbestand auch der Höhentatbestand in einer bestimmten Weise erfüllt ist".

[403] So auch *Bayer*, Tatbestandsmäßigkeit, HwStR II 1981, S. 1404 ff, 1407: "Der Begriff des Steuersatzes setzt den des Steuermaßstabes in einem ähnlichen Sinne voraus, wie das für das Verhältnis zwischen den Begriffen des Steuermaßstabes und des Steuergegenstandes gilt".

[404] Vgl. *Hahn*, Grundsätze 1984, S. 91 ff.

[405] Vgl. *Hahn*, aaO, S. 234.

nachzuvollziehen, warum in der Multiplikation eines stets gleichen Prozentsatzes (Proportionalsatz) mit einer in Geld bemessenen Größe mehr zu erblicken sein soll als eine rein mechanische Rechenoperation.[406] Will man diese Ansicht gleichwohl vertreten, so hätte es sich wohl empfohlen, an dieser Stelle einen Steuertarif als Beispiel zu nennen, der verschieden hohen Steuerbemessungsgrundlagen unterschiedliche Steuersätze zuordnet, also namentlich einen Progressionstarif. Denn allein in einem solchen Fall findet vor der reinen Rechenoperation noch ein weiterer Denkschritt statt, nämlich die Ermittlung des auf eine bestinmmte Höhe der Bemessungsgrundlage anzuwendenden Steuersatzes.[407] Auch hierin liegt jedoch letztlich nicht mehr als die Anwendung einer, wenn auch etwas komplizierteren, mathematischen Formel.[408]

cc) Eigene Sichtweise

Aber auch diejenigen, die im Steuersatz ein Element der Rechtsfolge erblicken, haben wohl gewisse Argumente auf ihrer Seite. Das wohl gravierendste hängt damit zusammen, daß ein Steuertatbestandelement das abstrakte Spiegelbild des konkreten Lebenssachverhalts bilden soll. Stellt man einen einfachen fiktiven ESt-Fall auf, so läßt sich dies leicht nachvollziehen: Der Arbeitnehmer A hat aus seiner Tätigkeit als Sachbearbeiter ein Gehalt von 50.000 DM. Der konkrete Realitätsausschnitt, der hier also dem abstrakten Tatbestandsmerkmal "Steuersubjekt: Natürliche Person" gegenübersteht, ist der Arbeitnehmer A. Die dreistufige[409] Subsumtion fällt leicht: Der A (Lebenssachverhalt) ist ein Mensch (Faktenbegriff), damit eine natürliche Person iS des EStG (Rechtsbegriff). Ebenso verhält es sich auf der Ebene des Steuergegenstandes: Das, womit der A seinen Lebensunterhalt verdient, hat den Charakter einer Berufstätigkeit, diese erfüllt die Voraussetzungen des Tatbestandsmerkmals "Steuergegenstand: Erwerbstätigkeit".[410] Auf der Ebene der Steuerbemessungsgrundlage fällt die Subsumtion schon weniger leicht: Die Güter, die dem A aufgrund seiner Erwerbstätigkeit zufließen, bestehen in Geld und ggfs. sonstigen Vorteilen, sie haben damit den Charakter von Einkünften und im Ergebnis von Einkommen, welches die Voraussetzungen des Steuertatbestandselements "Steuerbemessungsgrundlage: Einkommen" erfüllt. Auf der Ebene des Steuersatzes schließlich gelingt eine derartige Subsumtion nicht mehr in dieser Form. Es ist schlechthin auf der Ebene des Sachverhalts kein dem Steuersatz entsprechender Realitäts- oder Lebensausschnitt mehr zu finden.[411] Auch die Rechtsfolge des Steuermaßstabs, die Steuerbemessungsgrundlage in Höhe von X DM, erfüllt diese Voraussetzungen nicht. Daher kann die Eigenschaft des Steuersatzes, ein Steuertatbestandelement zu sein, nur aufgrund einer solchen

---

[406] Vgl. hierzu das Beispiel bei *Hahn*, aaO, S. 234.

[407] Vgl. *Pach-Hanssenheimb*, Transfer, BB 1992, S. 2115 ff, 2116: "Der Steuerbemessungsgrundlage (erg.: der ESt) kommen zwei Funktionen zu. Zum einen dient sie der Bestimmung des Steuersatzes, zum anderen ist sie die Größe, auf die der Steuersatz angewandt wird"; ähnlich *Schulz*, Einkommensbesteuerung 1986, S. 37 ff.

[408] Diese Auffassung vertreten auch *Birtel/Richter* hinsichtlich des ESt-Tarifs (Kunst, DStR 1993 [Beih. zu H. 27], S. 1 ff, S. 8): "Auf der Stufe des ESt-Satzes ... geht es nicht mehr um die Subsumtion eines je nach Einzelfall verschieden gearteten Sachverhaltes unter den gesetzlichen Tatbestand, sondern vielmehr um die rechnerische Ermittlung des Anteils, den der Fiskus als ESt von der individuellen Bemessungsgrundlage ... beansprucht". Nicht umsonst wird schließlich in Finanzwissenschaft und Steuerrechtswissenschaft der Steuersatz als eine "funktionale Beziehung" zwischen Steuerbemessungsgrundlage und Steuerschuld verstanden (vgl. oben A).

[409] Vgl. oben C II 4 a aa.

[410] Zum Steuergegenstand der ESt vgl. *Bayer*, Erwerbstätigkeit, BB 1988, S. 1 ff, 141 ff, 213 ff.

[411] Vgl. *Birtel*, Zeit 1985, S. 38: "Der Steuersatz unterscheidet sich insofern von den übrigen Tatbestandselementen, als ihm kein Lebenssachverhalt gegenübersteht: Er wird unmittelbar dem Gesetz entnommen".

diskutablen Hilfskonstruktion erfolgen, wie sie *Hahn,* zugegebenermaßen überzeugend, dargestellt hat.

Darüber hinaus ist zu bedenken, daß Steuerbemessungsgrundlage und Steuersatz der Rechtsfolge der Steuernorm insofern näher stehen als die Elemente des Grundtatbestandes, als die Steuerrechtsfolge das Produkt einer Multiplikation der beiden Größen ist. Der Steuersatz geht damit in die Rechtsfolge ein.

In der älteren Literatur bot sich noch die Möglichkeit, die Steuerrechtsfolge in eine solche dem Grunde und eine solche der Höhe nach zu unterteilen, weil der Steuertatbestand nach herrschender Auffassung allein die Entstehung des Steuerschuldverhältnisses begründete, die Festsetzung der Höhe der Steuerschuld indes dem Steuerbescheid vorbehalten blieb. Der Grundsatz der Tatbestandsmäßigkeit in der Form, in der er hier verstanden wird, läßt diese Sichtweise allerdings in dieser Form nicht mehr zu.[412]

b) Der Vergleich mit dem Strafrecht

Das Steuerrecht ist, wie das Strafrecht, ein Teil des Öffentlichen Rechts, also Subordinationsrecht.[413] Darüber hinaus weist auch die Lehre vom Steuertatbestand Parallelen zur Lehre vom Straftatbestand auf.[414] So hat bereits *Becker* in der Steuertatbestandslehre *Hensels* eine Anlehnung an die Strafrechtsdogmatik diagnostiziert.[415] Es könnte sich daher anbieten, dem Rechtscharakter des Steuersatzes mittels eines Vergleichs des Steuertatbestandes mit dem Straftatbestand auf den Grund zu gehen. Der Steuertatbestand weist allerdings einen entscheidenden Unterschied zum Straftatbestand auf: Der Grundsatz der Tatbestandsmäßigkeit der Besteuerung fordert, daß Steuertatbestände Grund und Höhe der Steuer abschließend regeln müssen, so daß Ermessensentscheidungen, sei es durch Verwaltung oder Rechtsprechung, nicht in Betracht kommen.[416] Im Strafrecht hingegen kommt dem Ermessen eine hohe Bedeutung zu.

Dem Steueranspruch steht im Strafrecht, wie man wohl sagen könnte, die Strafe gegenüber. Im Strafrecht ist dem Richter bei der Verhängung des Strafmaßes ein Ermessensspielraum zugebilligt. Es erfolgt eine weitgehende Berücksichtigung der Umstände des Einzelfalles, was dazu führen kann, daß zwei Menschen unterschiedlichen persönlichen Hintergrunds zu unterschiedlich hohen Strafen verurteilt werden können, auch wenn sich die von ihnen begangenen Taten sonst in nichts unterscheiden.

Dies hängt damit zusammen, daß das Steuerrecht viel stärker als das Strafrecht den Charakter eines Massenverfahrens hat. Das Steuerrecht ist zwar ebenso wie das Strafrecht Eingriffsrecht,[417] geht den Bürger aber unmittelbarer an als das Strafrecht. Denn die in den Straftatbeständen umschriebenen strafauslösenden Handlungen sind staatlicherseits unerwünscht, und

---

[412] Vgl. zum Ganzen *Lang,* Steuervergünstigungen 1974, S. 50 f: Grund und Höhe des Steueranspruchs (mwN).

[413] Vgl. *Bayer,* Steuerlehre 1997, Rdn 14.

[414] Vgl. grundlegend *Meilicke,* Steuerrecht 1965, S. 90: "Der abstrakte Steuertatbestand ist Voraussetzung für die Entstehung der Steuerschuld, wie der abstrakte Straftatbestand ... Voraussetzung für die Bestrafung des konkreten Diebstahls ist"; vgl. auch *Bayer,* Grundbegriffe 1992, S. VI (Vorwort); kritisch allerdings *Tipke,* der in einem Brief an *Bayer* (zitiert nach: *ders.,* Stufenbau, FR 1985, S. 337 ff, 343 FN 34) bemerkt, dessen Stufenbaulehre (vgl. oben C II 3 b aa b') sei "vielleicht durch unpassende Anlehnung an das Strafrecht ausgelöst worden".

[415] Vgl. *Becker, Albert Hensels* Steuerrecht, StuW 1924, Sp. 1485 ff, 1485 f.

[416] Vgl. *Papier,* Gesetzesvorbehalte 1973, S. 155.

[417] Vgl. *Hensel,* Steuerrecht 1933, S. 57.

es steht im Belieben des einzelnen Bürgers, sie zu verwirklichen oder dies zu unterlassen. Für das Steuerrecht gilt das genaue Gegenteil, denn der Staat ist darauf, daß der Bürger steuerbare Handlungen begeht, also Steuertatbestände verwirklicht, geradezu angewiesen. Der Bürger selbst hingegen kann in den meisten Fällen nicht umhin, den einen oder anderen Steuertatbestand zu verwirklichen.[418] Die Steuertatbestände finden also auf eine größere Zahl von Fällen Anwendung als die Straftatbestände, somit ist die Zahl der Steuerverfahren größer als die der Strafverfahren.[419] Dies bewirkt die Notwendigkeit, Umstände des Einzelfalls größtenteils außer Betracht zu lassen, also eine weitgehende Typisierung vorzunehmen.

Die Typisierung des Verfahrens bewirkt, daß im Strafrecht, anders als im Steuerrecht, der sachliche Teil des Tatbestandes nicht quantifiziert wird. Dementsprechend gibt es auch für ein Element wie den Steuersatz im Strafrecht keinen Bedarf. Die Festlegung der Rechtsfolge erfolgt vielmehr durch den Strafrichter unter Berücksichtigung der Umstände des Einzelfalls. Diese Einzelfallorientierung läßt einen dem Grundsatz der Gesetzmäßigkeit der Besteuerung entsprechenden "Grundsatz der Gesetzmäßigkeit der Bestrafung", also eine gesetzliche Festlegung des "Strafanspruchs" nach Grund und Höhe, im Steuerrecht nicht zu.[420] Aus einem Vergleich mit dem Strafrecht wird sich also die Rechtsnatur des Steuersatzes nicht erklären lassen.[421]

III. Der Grundsatz der Einfachheit der Besteuerung

1. Die Bedeutung des Einfachheitsgrundsatzes

Der Grundsatz der Einfachheit oder Praktikabilität[422] der Besteuerung (im folgenden: Einfachheitsgrundsatz) ist der dritte formale Besteuerungsgrundsatz, der sich aus der Rechtssicherheit ergibt.[423] Einige Autoren wollen ihm den Charakter eines selbständigen Besteuerungsgrundsatzes allerdings nicht zugestehen, sehen in ihm nicht mehr als den Ausdruck verwaltungsökonomischer Zweckmäßigkeitsüberlegungen, mit denen sich bestimmte Normgruppen rechtfertigen lassen.[424] Sie verkennen damit, daß der Einfachheitsgrundsatz der Ausgestaltung einer ganzen Gruppe von Steuertatbeständen, nämlich denen der indirekten Steuern, zugrunde liegt.[425]

Schon bei den Besteuerungsgrundsätzen von *Smith* war der Einfachheitsgrundsatz indes als Teil des Grundsatzes der "Billigkeit der Besteuerung" vertreten.[426] Er besagt, daß die in einem

---

[418] Dies gilt deshalb, weil es für die Verwirklichung von Steuertatbeständen, auch dies ein Gegensatz zu weiten Teilen des Strafrechts, meist nicht auf den Willen des Handelnden ankommt; vgl. *Fischer*, in: *Hübschmann/Hepp/Spitaler*, AO, FGO, § 38 AO Rdn 23, und dazu BFH, BStBl II 1979, S. 81 ff.

[419] So auch *Aprath*, Tatbestand, FS für *Spitaler* 1958, S. 126 ff, 130 f.

[420] Vgl. hierzu *Hahn*, Grundsätze 1984, S. 84 FN 56: Der "gravierende Unterschied zum strafrechtlichen Tatbestandsmäßigkeitsgrundsatz" liegt darin, daß der Strafrichter "hinsichtlich der Rechtsfolgen einen nicht unerheblichen Ermessensspielraum hat"; so im Ergebnis auch *Hensel*, Steuerrecht 1933, S. 57.

[421] Auf die begrenzte Vergleichbarkeit von Steuer- und Strafrecht wies, wenn auch freilich in anderem Zusammenhang, schon *Hensel* (Steuerrecht 1933, S. 57) hin.

[422] Vgl. *Arndt*, Praktikabilität 1983, passim; *Neumark*, Grundsätze 1970, S. 357 ff: Der Grundsatz der Praktikabilität steuerlicher Maßnahmen.

[423] Vgl. zum Überblick *Bayer*, Steuerlehre 1997, Rdn 126, 131.

[424] Vgl. etwa *Kruse*, Steuerrecht 1991, S. 49; *Tipke*, Steuerrechtsordnung I 1993, S. 370 ff.

[425] Vgl. *Bayer*, Steuerlehre 1997, Rdn 384, 1585.

[426] Vgl. *Bayer*, aaO, Rdn 119.

Steuertatbestand enthaltenen Regelungen einen "einfach handhabbaren Inhalt" haben sollen.[427] Der Einfachheitsgrundsatz soll bewirken, daß Steuertatbestände so gefaßt sind, daß ihre Anwendung keinen unnötigen Verwaltungsaufwand erfordert (Verwaltungseffizienz, Verwaltungsökonomie).[428] Der Einfachheitsgrundsatz liegt den indirekten Steuern, nämlich insb. den Verkehr- und Verbrauchsteuern zugrunde.[429] Er setzt hier primär im Bereich des Steuergegenstandes an, bestimmt die steuerpflichtige Handlung nämlich derart, daß der Kreis der sie verwirklichenden potentiellen Steuerschuldner eher klein als groß ist. Dies drückt sich zum Beispiel darin aus, daß etwa die BierSt nicht von einer großen Zahl von Verbrauchern, sondern von einer kleinen Zahl von Brauereibetreibern geschuldet wird. Der Einfachheitsgrundsatz verlangt, daß die steuerbaren Handlungen im Zweifel einfach festzustellen sind.[430]

Die Aussagen des Einfachheitsprinzips haben einen stärker inhaltlichen Charakter als die der beiden anderen Grundsätze.[431] Als Grundsatz, der inhaltliche Anforderungen an Steuergesetze stellt, tritt er dem Leistungsfähigkeits- und dem Äquivalenzprinzip an die Seite.[432] Dem Gesetzgeber bleibt es selbst überlassen, von welchem Grundsatz er sich bei der Ausgestaltung einer Steuer leiten läßt, eine Hierarchie gibt es zwischen ihnen nicht.[433]

Das zwischen Gleichheit und Rechtssicherheit bestehende Spannungsverhältnis drückt sich im Einfachheitsgrundsatz besonders stark aus. Denn der Gesetzgeber kann zum einen versuchen, den Umständen des Einzelfalles so gerecht wie möglich zu werden, muß auf der anderen Seite indes (nach)vollziehbare Gesetze schaffen, die aufgrund von Vereinfachungsnormen[434] wie Pauschalierungen[435] und ähnlichen Regelungen auf der Ebene der Steuerbemessungsgrundlage die Umstände des Einzelfalles oft verkennen.[436] Hierdurch entstehende Ungleichbehandlungen in der Belastungshöhe können nach Auffassung des BVerfG jedoch grundsätzlich in Kauf genommen werden und verstoßen nicht gegen den Gleichheitssatz.[437] Von besonderer Problematik sind solche Vereinfachungsvorschriften dann, wenn ihre Höhe der Entscheidung

---

[427] Vgl. *Bayer*, aaO, Rdn 131.

[428] BFHE 66, 510 ff, 515: Steuererhebung als Massenverfahren; vgl. dazu *Kruse*, Steuerrecht 1991, S. 49.

[429] *Bayer*, Grundbegriffe 1992, Rdn 159 ff, 166 f, ferner 173 f: Zollrecht.

[430] BFHE 157, 291 ff, 295.

[431] Vgl. *Bayer*, Steuerlehre 1997, Rdn 131.

[432] Vgl. dazu unten D II, III.

[433] Vgl. *Bayer*, Steuerlehre 1997, Rdn 131; aA *Tipke*, Steuerrechtsordnung I 1993, S. 116, S. 371: "Das Praktikabilitätsprinzip hat ... nicht die gleiche Wertigkeit wie ethische Prinzipien. Der Gewinn an Praktikabilität darf nicht durch einen wesentlichen Verlust an Einzelfallgerechtigkeit erkauft werden".

[434] Vgl. *Birk*, Steuerrecht I 1994, S. 43.

[435] Vgl. *Tipke*, Steuerrechtsordnung I 1993, S. 373: "Werden die rechnerischen Grundlagen eines steuergesetzlichen Tatbestandes typisiert, so spricht man von Pauschalierung"; vgl. dazu auch *Lang*, Steuervergünstigungen 1974, S. 107: "Der Pauschbetrag dient ... der Verwaltungsvereinfachung".

[436] Vgl. hierzu *Tipke/Lang*, Steuerrecht 1996, § 4 Rdn 130 ff, 132: "Zur Entlastung der Steuerverwaltung arbeitet der Gesetzgeber mit Typisierungen und Pauschalierungen ..., Durchschnittssätzen, Vereinfachungsbefreiungen, Freibeträgen und Freigrenzen. Alle diese Vereinfachungszwecknormen sollen eine Durchschnittsnormalität fixieren; dadurch erzeugen sie im Einzelfall Ungleichbehandlung"; vgl. auch *Herzog*, Leitlinien, StbJb 1985/86, S. 27 ff, 37 f: Normenflut und Einzelfallgerechtigkeit; umfangreiche weitere Nachweise finden sich bei *Tipke*, Steuerrechtsordnung I 1993, S. 370 f: Gleichheitssatz und Praktikabilität, insb. S. 370 FN 368.

[437] Vgl. die Rechtsprechungsnachweise bei *Kruse*, Steuerrecht 1991, S. 49 FN 200; einschränkend jedoch BVerfGE 21, 12 ff, 27.

des Verordnunggebers überantwortet wird.[438] Verwaltungsvereinfachende Regeln haben oftmals den Charakter von "Steuervergünstigungen aus Einfachheitsgründen", wirken in Form von Abrundungen[439] oder dem Verzicht auf Kleinstbeträge[440] dann zugunsten des Steuerpflichtigen.[441]

Der Einfachheitsgrundsatz drückt sich also vor allem im Bereich des Steuergegenstandes und der Steuerbemessungsgrundlage aus.[442] Fraglich ist jedoch, was aus ihm für die Untersuchung steuersatzrechtlicher Vorschriften folgt. Betrachtet man die grundlegende Unterscheidung steuersatzrechtlicher Vorschriften ieS nach dem Kriterium, ob sie unterschiedlichen Höhen der Steuerbemessungsgrundlage gleiche oder sich ändernde Steuersätze zuordnen,[443] so ist sicherlich der Proportionalsatz derjenige Steuersatz, den das Einfachheitsprinzip verlangt. Die Progression würde ihm dagegen tendenziell widersprechen.[444] Die oben abgedeutete Spannungslage drückt sich also auch an dieser Stelle besonders deutlich aus, denn der ESt-Tarif wird gemeinhin als besonders gerechter Steuersatz angesehen,[445] ist jedoch gleichzeitig die komplizierteste steuersatzrechtliche Vorschrift des geltenden Steuerrechts.

Steuermaßstäbe, die den Charakter von Wertgrößen haben, lassen sich insofern weniger einfach ermitteln als Realgrößen, weil sie nicht direkt in der Realität beobachtbar sind, sondern erst im Wege mehr oder weniger komplexer Bewertungsvorgänge gewonnen werden.[446] Betrachtet man also den Steuersatz iwS, so muß der Prozentsteuersatz dem Pro-rata-Steuersatz als unter Einfachheitsgesichtspunkten unterlegen eingestuft werden.[447] Man wird jedoch nicht so weit gehen können, Steuersätze allein deshalb als dem Einfachheitsprinzip widersprechend ansehen zu wollen, weil die ihnen zugrunde liegenden Steuerbemessungsgrundlagen sich nach besonders komplizierten Vorschriften bestimmen. Im Steuersatzrecht der Verkehrsteuern drückt sich das Prinzip der Einfachheit der Besteuerung darin aus, daß die Steuersätze meist proportionalen Charakter haben und an einfach feststellbare Realgrößen anknüpfen.[448] Im

---

[438] Vgl. etwa § 51 I Nr.1 EStG, § 53 I Nr.1 KStG, § 35c GewStG und dazu die Ausführungen zur Problematik von RVOen vor dem Hintergrund des Gesetzmäßigkeitsgrundsatzes (oben C I 6 b aa).

[439] Bsp.: § 30 BewG (vgl. dazu BFHE 105, 402 ff, 404 f), § 4 II VStG, § 11 I S.3, 13 I S.3 GewStG.

[440] Bsp.: § 22 ErbStG; vgl. dazu BFHE 55, 247 ff, 250.

[441] Vgl. *Bayer*, Grundbegriffe 1992, Rdn 244; aA *Lang*, Steuervergünstigungen 1974, S. 106: Bloße "Abrundungen ..., die den berechneten Steuergegenstand (?) lediglich verwaltungsökonomisch vergröbern", "sind keine Steuervergünstigungen".

[442] Vgl. hierzu *Neumark*, Grundsätze 1970, S. 368 ff.

[443] Vgl. dazu oben B I 3.

[444] "Das Steuersatzrecht in seiner progressiven Gestalt ... genügt dem Prinzip der Einfachheit der Besteuerung ..., wenn überhaupt, nur sehr bedingt". Der KSt-Satz hat dagegen den Vorteil der "Einfachheit des proportionalen Satzes" auf seiner Seite (*Bayer*, Steuerlehre 1997, Rdn 1461); vgl. auch *Vogel*, Perfektionismus, StuW 1980, S. 206 ff, 211.

[445] Vgl. *Bayer*, Der Mensch, BB 1991, S. 421 ff, 517 ff, 525 m. FN 160. Zu der Frage, ob und, wenn ja, in welcher Form die Steuergerechtigkeit einen progressiven Steuertarif verlangt, vgl. unten D II 3 b aa.

[446] Die Realmaßstäbe "weisen die Gemeinsamkeit auf, daß sich in ... ihnen der Gedanke ... der Rechtseinfachheit ausdrückt" (*Bayer*, Steuerlehre 1997, Rdn 1440).

[447] Bsp.: Im geltenden ZwSt-Recht ist die Bemessungsgrundlage meist der Mietwert. Denkbar ist indes auch die Verwendung der Wohnfläche. Der erste Steuermaßstab hat den Vorzug der Gerechtigkeit, der zweite den der Einfachheit (vgl. zum Ganzen *Bayer*, Steuerlehre 1997, Rdn 980).

[448] Vgl. *Bayer*, Grundbegriffe 1992, Rdn 160 ff.

Recht der Verbrauchsteuern gilt ähnliches,[449] die einzige Ausnahme bildet der progressive Tarif der BierSt (§ 3 BierStG).[450]

Dem Einfachheitsgrundsatz widersprechen viele steuersatzrechtliche Vorschriften noch aus einem anderen Grund: Steuersatzrechtliche Regeln haben den Charakter von Zeitgesetzen,[451] sie sind besonders häufig Gegenstand von steueränderenden Gesetzen, von Jahressteuergesetzen,[452] die oftmals die Bezeichnung "Steuerreform" tragen.[453] Die fortwährende Änderung von steuersatzrechtlichen Vorschriften trägt aber, ebenso wie die von anderen steuergesetzlichen Vorschriften auch, zur Verkomplizierung des Steuerrechts entscheidend bei, widerspricht also dem Einfachheitsgrundsatz.[454]

Der Grundsatz der Einfachheit steht insofern in einem gewissen Zusammenhang mit dem Gesetzmäßigkeitsprinzip, daß steuersatzrechtliche Vorschriften, die sich durch hohe Komplexität und Unübersichtlichkeit auszeichnen, sowohl mit dem einen als auch mit dem anderen in Konflikt geraten können. Als Beispiel kann an dieser Stelle das körperschaftsteuerliche Anrechnungsverfahren dienen, welches die Konsequenzen regelt, die sich aus den verschiedenen KSt-Sätzen auf ausgeschüttete (§ 23 I KStG) und einbehaltene (§ 27 I KStG) Gewinne ergeben.[455]

2. Die Steuersätze der mit dem Einfachheitsgrundsatz gerechtfertigten Steuern

Zu den Steuern, deren Tatbestände mit dem Einfachheitsgrundsatz gerechtfertigt werden, gehören die USt als bedeutendste VerkehrSt[456] und die BierSt als Beispiel einer VerbrauchSt. Im folgenden sollen insb. die steuersatzrechtlichen Vorschriften dieser Steuern darauf untersucht werden, ob auch für sie das Einfachheitsprinzip als tragender Grundsatz gilt.

a) Der Umsatzsteuersatz

Der Steuersatz der USt ist ein Musterbeispiel eines proportionalen Steuersatzes.[457] Als solcher genügt er dem den USt-Tatbestand rechtfertigenden Einfachheitsprinzip.[458] Fraglich ist je-

---

[449] Vgl. *Bayer*, aaO, Rdn 168 ff.

[450] Vgl. hierzu schon *Haller*, Mengenstaffel 1962, passim.

[451] Vgl. *Bayer*, Grundbegriffe 1992, Rdn 107.

[452] Vgl. dazu oben B I 1; bezeichnend insofern *Laux* (Einkommensteuertarife, BB 1996, S. 567 ff, 567), der fünfjährige Geltungsdauer des ESt-Tarifs 1990 schon als eine "vergleichsweise lange" ansieht.

[453] Vgl. *Sasse*, Steuerreformen, AöR 1960, 423 ff, 433: "Vom einfachen Gesetzgeber sollen ... Steuersätze ... (also die accidentalia) des Einzelsteuerrechts modifiziert werden dürfen".

[454] Vgl. *Tipke*, Steuerrechtsordnung I 1993, S. 371: "Die Gesetze dürfen nicht ständig geändert werden. Das ist ... im Interesse der Praktikabilität".

[455] Aus der Perspektive des Einfachheitsprinzips vgl. *Bayer*, Steuerlehre 1997, Rdn 1551, und dazu *Thiel*, Anrechnungsvorschriften, DB 1976, S. 1495 ff. Aus der Sicht des Gesetzmäßigkeits- oder hier besser: Bestimmtheitsgrundsatzes vgl. *Tipke/Lang*, Steuerrecht 1996, § 11 Rdn 141 (Faktische Substitution des Gesetzes durch amtliche Erklärungsvordrucke und Verwaltungvorschriften): "Gemessen am Prinzip der Gesetzmäßigkeit der Besteuerung ist dies bedenklich".

[456] Aufkommen im Jahre 1996: 200.381,5 Mio DM (etwa 25 % des Gesamtsteueraufkommens); vgl. *BMF*, Unsere Steuern 1997, S. 50 ff.

[457] *Bayer*, Grundbegriffe 1992, Rdn 106.

[458] *Bayer*, aaO, Rdn 125 ff, 128, sowie Rdn 159 ff, 160. Zwar ist für die USt als solche unbestritten, daß ihr herausragender Zweck der Fiskalzweck ist (BFHE 107, 315 ff, 319). Ihre Ausgestaltung, die eine eher kleine Anzahl von Unternehmern anstelle einer eher großen Anzahl von Verbrauchern zum Steuersubjekt macht, reflektiert jedoch die Tatsache, daß ihrem Tatbestand der Einfachheitsgrundsatz zugrundliegt.

doch, ob sich aus dem Einfachheitsgrundsatz auch die konkrete Höhe und Ausgestaltung der ust-lichen Steuersatzvorschrift herleiten lassen.

Seit der Einführung der Allphasen-Nettoumsatzsteuer im Jahre 1968 ist die steuersatzrechtliche Vorschrift durch eine Zweiteilung gekennzeichnet: Der allgemeine oder Regelsteuersatz des § 12 I UStG betrug zwischen 10 und (derzeit) 15 %, der ermäßigte oder Ausnahmesteuersatz[459] des § 12 II UStG lag bis 1993 stets bei der Hälfte dessen; er beträgt heute 7 %. Offenbar ist selbst diese Zweiteilung gegenüber den Steuertarifen etwa der ESt oder der ErbSt noch als einfach anzusehen.[460] Davon jedoch, daß der Grundsatz der Einfachheit der Besteuerung die konkrete Höhe des Regelsteuersatzes, die des ermäßigten Steuersatzes oder gar die Zweiteilung positiv erfordert, kann indes keine Rede sein.

Der USt-Satz muß vielmehr der Tatsache Rechnung tragen, daß die von ihm mitbestimmte Belastung in voller Höhe vom Endverbraucher getragen wird.[461] Auch an die USt sind infolgedessen Maßstäbe der Steuergerechtigkeit, genauer: des Leistungsfähigkeitsprinzips[462] anzulegen.[463] Dementsprechend ist nicht das Einfachheitsprinzip, sondern der Gedanke der sozialen Ausgewogenheit und Gerechtigkeit der USt - die ja auch Bezieher kleiner Einkommen belastet - grundlegend für das Bestehen des ermäßigten Steuersatzes.[464] Dessen Anwendungsgebiet ist aus sozialpolitischen Gründen auf nahezu alle Grundnahrungsmittel sowie auf weitere der Befriedigung grundlegender Bedürfnisse dienende Güter beschränkt;[465] sein Wortlaut ist eng auszulegen.[466] Der ermäßigte USt-Satz hat somit einen ähnlichen Hintergrund wie die est-liche Freistellung des Existenzminimums.[467]

Das Progressionsprinzip der ESt hat den Zweck, Bezieher höherer Einkommen stärker zu belasten.[468] Eine dementsprechende Vorschrift gibt es im UStG nicht. Weder hat der USt-Satz den Charakter eines Progressionstarifs,[469] noch weist er einen dem ermäßigten Steuersatz gegenüberstehenden erhöhten "Luxus"-Steuersatz für Güter des gehobenen Bedarfs auf.[470] Der Steuersatz der USt genügt damit dem Einfachheitsprinzip. Als alleinige Richtgröße für seine konkrete Ausgestaltung hat dieser Grundsatz indes offenbar nicht gedient.

---

[459] In der Literatur wird dieser ermäßigte Steuersatz häufig ebenfalls als Regelsteuersatz bezeichnet. Zusammen mit dem Steuersatz von 15 % steht er dann im Gegensatz zu den Durchschnittssätzen der §§ 23 f UStG, die in einer solchen Einteilung die Ausnahme bilden. Die Durchschnittssätze bleiben hier außer Betracht.

[460] Vgl. dazu unten D II 3 (ESt) sowie D II 6 (ErbSt).

[461] *Nieskens*, in: *Rau/Dürrwächter/Flick/Geist*, UStG, § 12 Allg. Rdn 102.

[462] Vgl. dazu unten D II.

[463] Vgl. *Tipke*, Steuerrechtsordnung II 1993, S. 900 ff.

[464] *Nieskens*, in: *Rau/Dürrwächter/Flick/Geist*, UStG, § 12 Allg. Rdn 104.

[465] *Husmann*, in: *Rau/Dürrwächter/Flick/Geist*, UStG, § 12 II Nr. 1 u. 2 Rdn 4 ff.

[466] *Nieskens*, in: *Rau/Dürrwächter/Flick/Geist*, UStG, § 12 Allg. Rdn 142.

[467] Vgl. dazu unten D II 3 b bb a'

[468] Vgl. ausführlich unten D II 3 b aa.

[469] "Das Umsatzsteuergesetz verletzt das Leistungsfähigkeitsprinzip ... nicht dadurch, daß es keinen progressiven Tarif kennt ...; denn das Leistungsfähigkeitsprinzip verlangt nicht zwingend einen progressiven Tarif" (*Tipke*, Steuerrechtsordnung II 1993, S. 911).

[470] Vgl. dazu *Bayer*, Steuerlehre 1997, Rdn 1499. Dies ist auf die USt-Harmonisierung innerhalb der EU zurückzuführen, aufgrund welcher ein erhöhter Steuersatz seit 1993 verboten ist.

b) Der Biersteuerstarif

Die BierSt erfüllt als Alkoholsteuer einen gesundheitspolitischen Zweck.[471] Ihre tatbestandliche Ausgestaltung wird als die einer Verbrauchsteuer, die beim Hersteller (Brauerei) anknüpft, meist mit dem Einfachheitsprinzip gerechtfertigt.[472] Ihr Steuertarif hingegen bildet insofern eine Ausnahme, als er nicht - wie die Steuersätze der meisten anderen Verbrauchsteuern - proportionalen,[473] sondern - wie der von ESt und ErbSt, progressiven Charakter hat.[474] Der Steuersatz der BierSt (§ 2 I BierStG) beträgt für einen Hektoliter Bier 1,54 DM pro Grad Plato (Stammwürzegehalt), stellt also einen pro-rata-Steuersatz dar. Er hat insofern die Eigenschaften eines Staffeltarifs,[475] als er sich für Brauereien mit niedriger Gesamtjahreserzeugung, die rechtlich und wirtschaftlich unabhängig sind, auf bis zu 50 % ermäßigt (§ 2 II BierStG).[476] Diese Staffelung erklärt sich nicht aus dem Prinzip der Einfachheit der Besteuerung, reflektiert vielmehr die Absicht, der mittelständischen Brauereiwirtschaft Steuererleichterungen zu verschaffen.[477]

---

[471] Vgl. *Tipke*, Steuerrechtsordnung II 1993, S. 979 (mwN).

[472] *Bayer*, Grundbegriffe 1992, Rdn 125 ff, 127.

[473] *Bayer*, aaO, Rdn 167 ff, 168a.

[474] *Bayer*, Steuerlehre 1997, Rdn 1460.

[475] BFHE 149, 342 ff, 344.

[476] In der Finanzwissenschaft würde man bei einem solchen Tarif, der, ausgehend von einem Regelsteuersatz, gestaffelte Ermäßigungen gewährt, von einem Degressionstarif zu sprechen haben (vgl. oben B II).

[477] Vgl. dazu schon *Haller*, Mengenstaffel 1962, passim; jetzt auch *BMF*, Unsere Steuern 1997, S. 61: "Die sog. Biersteuermengenstaffel ist eine Subvention, die zum Erhalt der mittelständisch geprägten Brauereiwirtschaft beiträgt"; kritisch *Neumark*, Grundsätze 1970, S. 341: "Inkonsistenz".

D. Die inhaltlichen Besteuerungsgrundsätze

I. Die Problemstellung und der Lösungsansatz

Zu den formalen Prüfungsmaßstäben oder Steuergrundrechten,[478] die in der Steuerrechtssicherheit begründet sind, treten inhaltliche Prüfungsmaßstäbe hinzu, die sich aus der Steuergerechtigkeit ergeben.[479] Die Steuerbürger sind nach diesen Grundsätzen rechtlich (Rechtsetzungsgleichheit; Art. 1 III, Art. 20 III GG) und tatsächlich (Rechtsanwendungsgleichheit; Art. 3 I GG) gleich zu behandeln.[480] Daneben setzen die Schutzbereiche der Freiheitsgrundrechte einer übermäßigen Steuerbelastung weitere inhaltliche Schranken.

Grundsätzlich haben Steuergesetze den Hauptzweck, dem Staat zur Erzielung von Einnahmen zu verhelfen (§ 3 I S.1 1. Satzteil AO 1977). Steuern dieser Art heißen Fiskal- oder Finanzsteuern, ihre einzelnen Bestandteile haben den Charakter von Fiskalzwecknormen.[481] Der Einnahmeerzielungszweck kann von Fall zu Fall aber auch in den Hintergrund treten (§ 3 I S.1 2. Satzteil AO 1977). Steuern, für die die Einnahmeerzielung lediglich Nebenzweck ist, sind Ordnungssteuern, ihre Bestandteile haben den Charakter von Lenkungsnormen.[482] Der Hauptzweck der Ordnungssteuer ist die Erreichung eines außerfiskalischen politischen Zieles.[483]

Die meisten Steuergesetze können nicht eindeutig der einen oder anderen Kategorie zugeteilt werden. Meist enthalten sie Normen beider Arten.[484] Trotzdem ist die getroffene Unterscheidung von entscheidender Bedeutung, denn an Fiskal- und Lenkungszwecknormen sind unterschiedliche inhaltliche Prüfungsmaßstäbe anzulegen.[485] Bei Fiskalsteuern liegt das Hauptaugenmerk auf der gerechten, gleichmäßigen Verteilung ihrer Belastungswirkungen auf die Steuerpflichtigen. Inhaltlicher Prüfungsmaßstab für diese Art von Steuern ist nach unbestrittener Auffassung der Grundsatz der Besteuerung nach der wirtschaftlichen Leistungsfähigkeit (im folgenden: Leistungsfähigkeitsprinzip).[486] Daneben gibt es Steuern, deren gerechte Verteilung am Prinzip der Besteuerung nach der Äquivalenz gemessen wird.[487]

---

[478] So *Bayer*, Steuerlehre 1997, Rdn 99.

[479] Zum inneren Zusammenhang zwischen beiden Grundsätzen vgl. *Birk*, Gleichheit, StuW 1989, S. 212 ff, 213.

[480] Vgl. *Tipke/Lang*, Steuerrecht 1996, § 4 Rdn 70.

[481] Vgl. etwa *Birk*, Steuerrecht I 1994, S. 11 ff.

[482] Vgl. etwa *Birk*, aaO, S. 14 ff.

[483] Einen Extremfall der Ordnungssteuer bildet die sog. konfiskatorische oder Erdrosselungssteuer. Diese wird ihrem Lenkungszweck am besten dann gerecht, wenn sie einen Ertrag von Null erbringt, also die besteuerte Tätigkeit vollständig unterdrückt. Eine solche Steuer widerspricht dem Begriff des § 3 I AO 1977. Sie hat die Wirkung eines fiskalischen Verbots (vgl. dazu auch BVerwGE 96, 272 ff, 1. Leitsatz). Vgl. insb. unten D II 3 b bb c' b'' b'''.

[484] Die Abgrenzung der verschiedenen Normengattungen voneinander bereitet in der Praxis erhebliche Probleme (*Birk*, Steuerrecht I 1994, S. 17). Vgl. zur methodischen Vorgehensweise bei der Abgrenzung vor allem *Vogel* (Rechtsfolgen, StuW 1977, S. 97 ff), der als eine dritte Kategorie die Vereinfachungsnormen in die Betrachtung einbezieht.

[485] Vgl. *Birk*, Steuerrecht I 1994, S. 17.

[486] Das Leistungsfähigkeitsprinzip gilt "als grundlegendes Steuerverteilungsprinzip im sozialen Rechtsstaat" (*K. H. Ossenbühl*, Gerechte Steuerlast 1972, S. 83); vgl. auch die umfangreichen Nachweise bei *Lehner*, Leistungsfähigkeit, FS für Tipke 1995, S. 237 ff, 238 FN 3 (Literatur) und 4 (BVerfG-Rechtsprechung).

[487] *Bayer*, Der Mensch, BB 1991, S. 421 ff, 517 ff, 522 m. FN 132; neuerdings auch *ders.*, Steuerlehre 1997,

Für Ordnungsteuern und einzelne Lenkungsnormen gilt indes etwas hiervon Abweichendes. Verstößt eine Steuernorm gegen Leistungsfähigkeits- und Äquivalenzprinzip, so muß dieser Verstoß vor dem Gleichheitssatz des Art. 3 I GG gerechtfertigt werden. Dies gilt besonders für differenzierende Steuersätze.[488] Als Rechtfertigung ist nachzuweisen, daß die betrachtete Steuernorm einen politischen Lenkungsweck verfolgt und bestimmte Gestaltungswirkungen erzielt. Ordnungssteuern und einzelne Lenkungsnormen dürfen also eine ungerechte Lastenverteilung in Kauf nehmen, sofern dies durch Hinweis auf einen außerfiskalischen, einen wirtschafts- oder gesellschaftspolitischen Zweck gerechtfertigt ist.[489] Eine allgemeine Unterteilung solcher Zwecke ist die in Allokations- oder Lenkungszwecke, Distributions- oder Umverteilungszwecke und Konjunktur- oder Globalsteuerungszwecke.[490]

Im folgenden werden zuerst die vorgenannten Grundsätze einzeln dargestellt. Anschließend sind die steuersatzrechtlichen Vorschriften der auf dem jeweiligen Grundsatz beruhenden Steuern einzeln zu untersuchen. Zunächst soll dabei der jeweilige Regelsteuersatz ieS in das oben unter B entwickelte Gliederungsschema eingeordnet und auf seine Übereinstimmung mit dem der Steuer zugrunde liegenden Prinzip sowie mit den Freiheitsgrundrechten untersucht werden. Anschließend sind die von ihm abweichenden Ausnahmesteuersätze ieS und iwS, freilich ohne Anspruch auf Vollständigkeit, zu betrachten. In diesem Zusammenhang interessiert primär die Rechtfertigung der Ausnahmen mit politischen Zielen. Es ist dabei zu trennen zwischen der Frage, ob die Ausnahmesteuersätze in steuersystematisch überzeugender Weise ausgestaltet sind, und der anderen Frage, ob sie vor dem Gleichheitssatz und den Freiheitsrechten bestehen können.

II. Der Grundsatz der Besteuerung nach der Leistungsfähigkeit

1. Die Bedeutung des Leistungsfähigkeitsprinzips

Das Leistungsfähigkeitsprinzip ist der inhaltlich-materiale Besteuerungsgrundsatz, dem im Steuerrecht beherrschende Bedeutung zukommt.[491] Am Leistungsfähigkeitsprinzip sind Finanzsteuern zu messen, denn aus deren Zweck selbst ergibt sich keine Begrenzung staatlichen

---

Rdn 130. Als weiterer inhaltlicher Steuerrechtfertigungsansatz käme noch das Kopfsteuerprinzip in Betracht (*Tipke/Lang*, Steuerrecht 1996, § 4 Rdn 86), wonach ein Steueranspruch allein dadurch gerechtfertigt sein soll, daß jemand einen Kopf besitzt. Dieses Prinzip, etwa in Großbritannien zuletzt in Form der "poll tax" (offiziell: community charge) bekannt, verstößt gegen fundamentale Gerechtigkeitsempfindungen und spielt heute kaum mehr eine Rolle. Vgl. dazu etwa *Zimmermann/Henke*, Finanzwissenschaft 1994, S. 106: "Eine Kopfsteuer wird ... allgemein als 'ungerecht' angesehen"; aus juristischer Sicht auch *Tipke*, Steuerrechtsordnung I 1993, S. 473 ff.

[488] Vgl. statt Aller *P. Kirchhof*, Staatliche Einnahmen, HStR IV 1990, S. 87 ff, 163 f.

[489] "Der Gesetzgeber verletzt den Gleichheitssatz nicht, solange 'hinreichende sachliche Gründe' die Differenzen rechtfertigen. Diese Gründe können haushaltsmäßiger, finanzpolitischer, volkswirtschaftlicher und konjunkturpolitischer Art sein, auf sozialpolitischen, steuertechnischen Erwägungen bis hin zur Verwaltungsvereinfachung oder anderen vernünftigen Erwägungen des Gemeinwohls beruhen. ... die vom Gesetz eingesetzten Mittel ... dürfen nur 'nicht schlechthin ungeeignet' sein" (*Kruse*, Steuerrecht 1991, S. 47 f [mit zahlreichen Nachweisen aus der BVerfG-Rechtsprechung]; vgl. auch *M. Wendt*, in: *Herrmann/Heuer/Raupach*, EStG und KStG, § 32c EStG Rdn 7).

[490] Vgl. etwa *Zimmermann/Henke*, Finanzwissenschaft 1994, S. 3 (Schema) m. FN 1.

[491] Vgl. BVerfGE 66, 214 ff, 223.

Zugriffs, weil bei ihnen das Verhältnismäßigkeitsprinzip versagt.[492] Aus diesem Grunde ist ihre Erhebung in besonderer Weise zu rechtfertigen. Vor diesem Hintergrund versucht das Leistungsfähigkeitsprinzip, Maßstäbe aufzustellen, die eine gerechte, gleichmäßige Verteilung der Steuerlast bewirken. Die Vormachtstellung des Leistungsfähigkeitsgrundsatzes als Konkretisierung ethisch-sozialer Gerechtigkeitsvorstellungen reicht weit in die Geschichte zurück.[493] Heute wird er nach überwiegender Meinung als die steuerrechtliche Ausformung des Gleichheitssatzes des Art. 3 I GG angesehen.

Die Bedeutung des Leistungsfähigkeitsprinzips ist vor allem für den Bereich der ESt unbestritten. Besonders der ESt-Tarif als Kernstück der ESt soll mehr oder weniger direkt aus dem Leistungsfähigkeitsprinzip abzuleiten sein. Die Ergiebigkeit des Leistungsfähigkeitsgrundsatzes für Beurteilung anderer Steuern als der ESt ist demgegenüber schon begrenzter. Dies hängt zum einen damit zusammen, daß als idealer Indikator der Leistungsfähigkeit das Einkommen angesehen wird, andere Indikatoren (insb. Vermögen und Konsum) dagegen bereits mehr oder weniger deutlich abfallen. Zum anderen wird darauf verwiesen, für die Objektsteuern und die indirekten Steuern käme das Leistungsfähigkeitsprinzip als Rechtfertigungsgrund nicht in Betracht, diese seien vielmehr aus anderen Besteuerungsgrundsätzen zu erklären.[494]

Die nachfolgenden Untersuchungen gehen von der verbreiteten Auffassung aus, der Steuertarif der ESt bringe in geradezu beispielhafter Weise wirtschaftliche Leistungsfähigkeit zum Ausdruck.[495] Die hohe fiskalische und politische Bedeutung der ESt sowie die Tatsache, daß das Leistungsfähigkeitsprinzip zumeist für Zwecke der Beurteilung ebendieser Steuer herangezogen wird, rechtfertigen es, wenn im folgenden der ESt-Tarif im Vordergrund stehen soll. Es soll untersucht werden, ob das Leistungsfähigkeitsprinzip tatsächlich einen bestimmten Progressionsverlauf fordert, ja ob aus ihm überhaupt ein progressiver Tarif zwingend herzuleiten ist.

2. Die Entwicklung des Leistungsfähigkeitsprinzips

Ohne sich in historischen Einzelheiten verlieren zu wollen, soll hier doch die Entwicklung des Leistungsfähigkeitsprinzips kurz nachgezeichnet werden.[496] Bereits *Adam Smith* hatte in seinem Werk "An inquiry into the nature and causes of the wealth of nations" den Grundsatz der Gleichheit der Besteuerung ("equality of taxation") entwickelt.[497] In der Verfassungsgeschichte findet er sich, insoweit richtungsweisend, zuerst in Art. 13 der französischen "Décla-

---

[492] Vgl. *Vogel*, Finanzrecht, GS für *Martens* 1987, S. 265 ff, 270; ferner *Lehner*, Leistungsfähigkeit, FS für *Tipke* 1995, S. 237 ff, insb. 243 ff.

[493] Vgl. unten D II 2.

[494] Vgl. dazu *Bayer*, Grundbegriffe 1992, Rdn 125 (indirekte Steuern und Einfachheitsprinzip), 149 (Objektsteuern und Äquivalenzprinzip); vgl. dazu oben C III (Einfachheitsprinzip) sowie unten D III (Äquivalenzprinzip).

[495] Die folgende Untersuchung nimmt eine Formulierung *Bayers* zum Ausgangspunkt, der in seinem Beitrag "Der Mensch, sein Leben, sein Einkommen und das Einkommensteuerrecht" (BB 1991, S. 421 ff, 517 ff) den gesamten ESt-Tatbestand einer kritischen Analyse aus dem Blickwinkel des Leistungsfähigkeitsprinzips unterzieht. Ausgehend von *Bayers* Feststellung, der Progressionstarif der ESt verkörpere "einen ganz besonders prägnanten Ausdruck der wirtschaftlichen Leistungsfähigkeit des einzelnen" (aaO, S. 525) sollen hier die Gründe dieser Auffassung dargestellt sowie mögliche Kritik an ihr geübt werden.

[496] Ausführliche Darstellungen der geschichtlichen Entwicklung des Leistungsfähigkeitsprinzips finden sich insb. bei *Birk*, Leistungsfähigkeitsprinzip 1983; *Pohmer/Jurke*, Leistungsfähigkeitsprinzip, FA N.F. 1984, S. 445 ff; ferner schon *Mann*, Ideale 1937.

[497] Vgl. *Bayer*, Steuerlehre 1997, Rdn 119.

ration des Droits de l'Homme et du Cityoen" (Erklärung der Menschen- und Bürgerrechte) v. 26.8.1789 ("en raison de leurs facultés"). In Deutschland fand ein solcher Passus zuletzt in Art. 134 WRV ("im Verhältnis ihrer Mittel") seinen ausdrücklichen verfassungsrechtlichen Niederschlag. Der Bonner Verfassungsgeber sah indes davon ab, eine entsprechende Regelung auch in das Grundgesetz zu übernehmen.[498]

Nach dem Leistungsfähigkeitsprinzip soll die fiskalisch motivierte Besteuerung so ausgestaltet sein, daß jeder Bürger nach seiner individuellen wirtschaftlichen Leistungsfähigkeit ("ability to pay") an der Aufbringung des Steueraufkommens teilnehmen soll. Diese Anschauung stellt die für die Besteuerung maßgebliche Ausformung des Gleichheitssatzes dar und will steuerliche Gerechtigkeit verwirklichen.

Die Stellung des Leistungsfähigkeitsprizips als "Fundamentalprinzip gerechter Besteuerung"[499] auf dem Gebiet der Fiskalzwecknormen ist grundsätzlich ebenso unbestritten wie seine Unbestimmtheit. Die Konkretisierungsbedürftigkeit, die für Grundsätze jeglicher Art gilt, kann auch für das Leistungsfähigkeitsprinzip nicht verneint werden. Daraus leiten einige Autoren die Unbestimmbarkeit dieses Grundsatzes her.[500] Andere halten es für zumindest bestimmbar.[501]

In Gesetzgebung, höchstrichterlicher Rechtsprechung (BVerfG und BFH) und Steuerrechtslehre herrscht "Einigkeit darüber, daß die Steuerlasten ... entsprechend der individuellen wirtschaftlichen Leistungsfähigkeit zu verteilen sind. Zwar ist im Bonner GG hierüber konkret nichts ausgesagt, aber die breite Einigkeit in dieser Grundsatzfrage scheint eine ins Detail gehende verfassungsrechtliche Klärung der Begründbarkeit nahezu überflüssig zu machen und die offenen Probleme ganz auf die Ebene der Konkretisierung zu verlagern".[502] Diese mehr in die Einzelheiten gehende Ebene kann, man mag es beklagen, auch im Rahmen dieser Arbeit nicht verlassen werden. Vielmehr soll der Schwerpunkt der vorliegenden Untersuchung auf der Frage liegen, in welcher Form sich der Grundsatz der Besteuerung nach der Leistungsfähigkeit speziell auf steuersatzrechtliche Vorschriften auswirkt.

3. Die Einkommensteuer

Das Leistungsfähigkeitsprinzip ist der tragende Grundsatz des ESt-Rechts. Entsprechend der oben dargestellten Vorgehensweise[503] ist zunächst der ESt-Regeltarif darzustellen und auf seine Vereinbarkeit mit dem Leistungsfähigkeitsprinzip zu untersuchen. Die Beurteilung seiner einzelnen Bestandteile soll jeweils Anlaß für die Betrachtung auch grundlegenderer steuersatzrechtlicher Fragestellungen sein. Anschließend sind die Ausnahmetarife der ESt näher darzustellen und zu beurteilen.

---

[498] Anders ist dies in vielen Verfassungen des Auslandes. So enthalten etwa die Verfassungen Griechenlands, Italiens, Spaniens, der Türkei und Brasiliens das Leistungsfähigkeitsprinzip in expliziter Form (vgl. *Tipke*, Steuerrechtsordnung I 1993, S. 485 ff). Ebenso verhält es sich in einigen Schweizer Kantonen (vgl. *Waldhoff*, Vorgaben 1997, S. 288 ff).

[499] *Tipke/Lang*, Steuerrecht 1996, § 4 Rdn 83.

[500] So etwa *Littmann*, Valet, FS für *Neumark*, Grundsätze 1970, S. 113 ff; weitere Nachweise bei *Tipke/Lang*, Steuerrecht 1996, § 4 Rdn 83 FN 34.

[501] Vgl. hierzu *Tipke*, Steuerrechtsordnung I 1993, S. 493 ff.

[502] *Birk*, Leistungsfähigkeitsprinzip 1983, S. 1 f (mwN).

[503] Vgl. oben D I.

a) Die Darstellung des Einkommensteuertarifs

aa) Der Regeltarif als Grundsatz

Der ESt-Tarif des § 32a EStG ist ein progressiver Formeltarif, der Elemente direkter und indirekter Progression in sich vereinigt.[504] Er gilt für alle unbeschränkt Steuerpflichtigen.[505] In seiner gegenwärtig geltenden Form setzt sich sein Grenzsteuersatzverlauf aus vier sog. Zonen oder Stufen zusammen.[506] Die erste Zone, meist als Nullzone oder Grundfreibetrag bezeichnet, unterwirft zu versteuernde Einkommensteile zwischen 0 und 12.095 DM einem Grenzsteuersatz von 0 %.[507] Grenzsteuersätze zwischen 25,9 und 33,3 % gelten für Einkommensteile zwischen 12.096 und 55.727 DM (sog. untere Progressionszone). Auf Einkommensteile zwischen 55.728 und 120.041 DM kommen Grenzsteuersätze zwischen 33,4 und 52,9 % zur Anwendung (sog. obere Progressionszone). Für zu versteuernde Einkommen von mehr als 120.042 DM schließlich gilt ein Grenzsteuersatz, meist Spitzensteuersatz genannt, von 53 % (Proportionalzone).[508]

bb) Die Abweichungen vom Regeltarif

Der Regeltarif des § 32a EStG erfährt eine Reihe von Änderungen in Form von abweichenden Steuersätzen. Die hierher gehörigen Vorschriften sind größtenteils in Abschnitt "IV. Tarif", die §§ 31 bis 34b umfassend, enthalten.[509] Die grundsätzlich bedeutendste dieser Ausnahmeregelungen ist der Sondertarif für Gewerbetreibende (§ 32c EStG). Bei den übrigen abweichenden Steuersätzen oder Tarifvorbehalten handelt es sich im wesentlichen um die §§ 32b (Progressionsvorbehalt),[510] 34 (Tarifermäßigung bei außerordentlichen Einkünften),[511] 34b

---

[504] Vgl. dazu im Ganzen oben B II, insb. B II 1 b.

[505] Im folgenden wird der Tarif bei Einzelveranlagung betrachtet. Die Zusammenveranlagung von Ehegatten soll hier beiseite bleiben; vgl. aber zu den tariftechnischen Hintergründen des sog. Splitting-Effekts oben B II 2.

[506] Vgl. zum Überblick *Bayer*, Steuerlehre 1997, Rdn 1468 ff; *Tipke/Lang*, Steuerrecht 1996, § 9 Rdn 743.

[507] Sofern im folgenden von "Einkommen" die Rede ist, bezieht sich dies stets auf das Einkommen eines Jahres.

[508] Die Bezeichnungen "Grundfreibetrag" und "Proportionalzone" sind unglücklich gewählt. Denn der Grundfreibetrag ist strenggenommen kein solcher, stellt vielmehr einen Tarifbereich dar, der auf einen bestimmten Abschnitt der Steuerbemessungsgrundlage einen Steuersatz von 0 % zur Anwendung bringt. Ein Freibetrag wäre demgegenüber ein Abzugsbetrag von der Steuerbemessungsgrundlage (vgl. unten D II 3 b bb a' d" a'"). Die Proportionalzone ist als solche ebenso falsch bezeichnet, denn in ihrem Bereich steigt der Durchschnittssteuersatz weiterhin, nähert sich nämlich dem Spitzengrenzsatz von 53 % von unten her an. Wenig sinnvoll ist es ferner, von der unteren Progressionszone als von einer "Übergangszone bis zur linear-progressiven Zone" zu sprechen (so aber *Tipke/Lang*, Steuerrecht 1996, § 9 Rdn 743). Denn zum einen ist die untere Progressionszone selbst linear-progressiv und zum anderen ist kaum einzusehen, warum eine von zwei ähnlich gestalteten Zonen ein bloße Übergangszone sein soll. Genausogut hätte man die obere Progressionszone etwa als "Übergangszone zur oberen Proportionalzone" bezeichnen können.

[509] Außerhalb dieses Abschnitts finden sich die Vorschriften der §§ 34c IV, V und 50 III S.2 EStG, die ebenfalls als einschränkende Tarifvorschriften zu qualifizieren sind (vgl. *Wied*, in: *Blümich*, EStG, KStG, GewStG, § 32a EStG Rdn 3). Zu diesen zählt auch der durch Art. 1 Nr.31 JStG 1996 aufgehobene § 32d EStG, der höhere Freibeträge gewährte. Sie sollen jedoch im Rahmen dieser Arbeit nicht weiter behandelt werden.

[510] Vgl. zur tariftechnischen Einordnung des Progressionsvorbehalts oben B II 2. Der Progressionsvorbehalt wird hier jedoch nicht weiter betrachtet.

[511] § 34 EStG soll verhindern, daß Einkünfte, die aus der Tätigkeit mehrerer Jahre resultieren, sich aber aus bestimmten Gründen zusammenballen, aufgrund des Progressionseffekts unangemessen hoch belastet werden. Hierzu wird der Durchschnittssteuersatz, der sich nach § 32a EStG ergibt, halbiert und auf die außerordentlichen Einkünfte (bis zu einer Höhe von 30 Mio DM) angewandt. Der Anwendungsbereich des § 34 EStG ist auf einen abschließenden Katalog (Abs. II) von drei Arten außerordentlicher Einkünfte beschränkt; dies sind Veräußerungsgewinne, Entschädigungen sowie Nutzungsvergütungen und Zinsen. Es handelt sich

und 34c IV, V EStG.[512]

Die übrigen in Abschnitt IV enthaltenen Vorschriften (§§ 31, 32, 33 bis 33c EStG) treffen Regelungen über die Steuerbemessungsgrundlage und gehören nicht in den Anwendungsbereich des Tarifs. Ebensowenig interessieren hier die Steuerermäßigungsvorschriften des V. Abschnitts (die §§ 34c bis 35 EStG umfassend), die Abzüge von der bereits ermittelten Steuerschuld zulassen.

b) Der Regeltarif als Ausdruck des Leistungsfähigkeitsprinzips

Der Tarif der ESt wird von vielen als Idealbild eines gerechten, das Leistungsfähigkeitsprinzip reflektierenden Steuertarifs angesehen.[513] Diese Auffassung ist besonders verbreitet im Hinblick auf die generelle Anwendung des Progressionsprinzips.[514] Aber auch die einzelnen Bestandteile des ESt-Tarifs sollen den Grundsatz der Besteuerung nach der Leistungsfähigkeit widerspiegeln.

aa) Das Progressionsprinzip des Einkommensteuertarifs

Soll der ESt-Tarif Ausdruck des Leistungsfähigkeitsprinzips und damit gerecht sein, so muß - neben allen Fragen im einzelnen - zunächst einmal das Progressionsprinzip selbst, welches den ESt-Tarif schon seit langem auszeichnete, aus dem Leistungsfähigkeitsprinzip folgen.[515]

Der Progressionstarif wird schon seit langer Zeit als der angemessene Tarifverlauf für die moderne ESt angesehen. Bereits im PreußEStG v.24.6.1891 war er anzutreffen, damals mit Durchschnittssteuersätzen zwischen 0,67 und 4 %.[516] Die Auffassung, die Progression sei mit der Einkommensbesteuerung untrennbar verbunden, herrschte lange Zeit vor und wird teilweise noch heute als selbstverständlich angesehen.[517]

---

hier um Einkünfte, bei denen im großen und ganzen unterstellt werden kann, daß sie sich auf einen längeren Zeitraum beziehen. Bsp.: Für ein zu versteuerndes (außerordentliches) Einkommen von 20 Mio DM ergäbe sich eine Steuerschuld nach § 32a EStG iHv 10.577.129 DM; der Durchschnittssteuersatz beträgt also 52,89 %. Gem. § 34 EStG käme nun ein halber Durchschnittssteuersatz, in diesem Fall ein solcher von 26,45 %, zur Anwendung. Die Steuerschuld beträgt dann 5.288.564 DM.

[512] Die Vorschrift des § 34b EStG, die eine Spezialisierung des § 34 EStG für außerordentliche Einkünfte aus Forstwirtschaft darstellt, berücksichtigt die Besonderheiten forstwirtschaftlicher Gewinnermittlung (*M. Wendt*, in: *Herrmann/Heuer/Raupach*, EStG und KStG, § 34b EStG Rdn 4). Sie ist tariftechnisch als Sondertarif einzuordnen (ebenda, Rdn 6), soll aber trotz ihrer verfassungsrechtlichen Bedenklichkeit als Subvention der Forstwirtschaft (ebenda, Rdn 8) hier nicht näher behandelt werden. Ebensowenig soll hier auf § 34c IV, V EStG eingegangen werden.

[513] Vgl. statt Aller jetzt *Bayer*, Steuerlehre 1997, Rdn 1461: "Das Steuersatzrecht in seiner progressiven Gestalt erklärt sich aus dem Prinzip der Besteuerung nach der Leistungsfähigkeit"; ferner aaO, Rdn 1463 (mwN).

[514] Vgl. schon *Popitz*, Einkommensteuer, HwS III 1926, S. 400 ff, 424: "Für die Einkommensteuer bietet ... der Einkommensbegriff selbst die Begründung für die Progression dar, als der Ausdruck für die ... Leistungsfähigkeit einer Person"; ausführlich hierzu auch *Neumark*, Grundsätze 1970, S. 173 ff: Die Steuerprogression.

[515] Vgl. schon *Popitz*, Einkommensteuer, HwS III 1926, S. 400 ff, 424: "Das Kernproblem einer Differenzierung der Einkommensteuer nach der Leistungsfähigkeit liegt in der Frage, ob Proportion oder Progression". Die Literatur zu diesem Problemkreis ist äußerst umfangreich; vgl. nur das Literaturverzeichnis bei *Schmidt*, Steuerprogression 1960, S. 157 ff.

[516] Der Tarif des Preußischen EStG von 1891 (preuß. Ges.-Slg. 1891, S. 175 ff; abgedr. in FA 1891, S. 811 ff) ordnete einem Einkommen von 901 M eine Steuerschuld von 6 M, einem solchen von mehr als 100.000 M eine Steuerschuld von 4.000 M zu. Einkommensbeträge unterhalb von 900 DM blieben steuerfrei (vgl. dazu *Fuisting*, Steuern I, S. 313 ff, und dazu heute *Bayer*, 100 Jahre, FR 1991, S. 333 ff, 340); zur schweizerischen Steuergeschichte jetzt auch *Klett*, Leistungsfähigkeitsgrundsatz, FS für Tipke 1995, S. 599 ff, insb. 602 ff.

[517] "Der Einkommensteuertarif ... ist nicht willkürlich gestaltet, sondern beruht auf dem Grundsatz der Leistungsfähigkeit" (BFHE 118, 221 ff, 223); vgl. dazu *Bayer*, Der Mensch, BB 1991, S. 421 ff, 517 ff, 525 m.

Am Problem der Progression scheiden sich jedoch die Geister.[518] In jüngerer Zeit haben sich vermehrt Stimmen zu Wort gemeldet, die bezweifeln, daß das Leistungsfähigkeitsprinzip zwingend einen progressiv verlaufenden ESt-Tarif erfordert.[519] Das Hauptargument besteht darin, daß das Prinzip der Progression zwar von vielen intuitiv als idealer Ausdruck von Steuergerechtigkeit verstanden wird,[520] sich jedoch weder in steuerrechtswissenschaftlicher noch in finanzwissenschaftlicher Hinsicht exakt aus dem Leistungsfähigkeitsprinzip soll ableiten lassen.[521] Dies hängt stark mit der Unbestimmtheit und Konkretisierungsbedürftigkeit des Leistungsfähigkeitsprinzips zusammen. Erst recht, so die unbestrittene Auffassung, gilt dies für eine bestimmte Ausgestaltung des Tarifs, insb. ein bestimmtes Progressionsmaß.[522]

a') Die grenznutzentheoretische Begründung des Progressionsprinzips

Die Ableitung des progressiven Tarifverlaufs der ESt aus dem Leistungsfähigkeitsprinzip ist in der Finanzwissenschaft des 19. Jahrh. mit Hilfe der Opfertheorie versucht worden. Der entsprechende Nachweis gelang zwar über bestimmte Konstruktionen, die zu seiner Herleitung getroffenen Annahmen wurden jedoch in jüngerer Zeit als unhaltbar verworfen,[523] so daß die grenznutzentheoretische Herleitung des progressiven ESt-Tarifs der Kritik nicht hat standhalten können.[524]

Die Operationalisierung des Leistungsfähigkeitsgrundsatzes für die Herleitung eines bestimmten Tarifverlaufs erforderte zunächst die Lösung zweier Grundprobleme: Zum einen mußte bestimmt werden, unter welchen Bedingungen zwei Individuen über das gleiche Maß an Leistungsfähigkeit verfügen und damit gleich hoch zu besteuern sind (horizontale Gleichbehandlung). Hierfür war ein Leistungsfähigkeitsindikator, d.h. ein die Leistungsfähigkeit ausdrückender Steuermaßstab festzulegen. Zum anderen war zu entscheiden, in welchem Ausmaß unterschiedliche Leistungsfähigkeit zweier Individuen zu unterschiedlich hoher Besteuerung führen soll (vertikale Gleichbehandlung), in welcher Weise also der Steuersatz an die ermittelte Bemessungsgrundlage anzuknüpfen hat.

FN 160. Vgl. auch *Tipke*, Steuerrechtsordnung II 1993, S. 711: "Die Assoziation des progressiven Tarifs mit dem Leistungsfähigkeitsprinzip ist weit verbreitet".

[518] *Vogel* (Perfektionismus, StuW 1980, S. 206 ff, 210 f) spricht von ihm als von "dem heikelsten Thema ..., das wir in unserem Steuerrecht überhaupt haben ... Dieses Thema ist ... sehr mit Wertungen und Emotionen besetzt".

[519] Vgl. statt Aller *Littmann*, Valet, FS für *Neumark* 1970, S. 113 ff, 114. Einen kritischen Überblick über das Für und Wider gibt *Becker*, Steuerprogression, FS für *Klein* 1994, S. 379 ff.

[520] Vgl. *Vogel*, Steuergerechtigkeit, DStZ/A 1975, 409 ff, 411; *Kanzler*, Umsetzung, StuW 1996, S. 215 ff, 224 ("weithin akzeptierte(s) Ideal"); *Flockermann*, Einkommensteuertarif, FS für *Klein* 1994, S. 393 ff, 403.

[521] *Tipke*, Steuerrechtsordnung II 1993, S. 712; *Bach*, Leistungsfähigkeitsprinzip, StuW 1991, S. 116 ff, 125.

[522] Vgl. *Pohmer/Jurke*, Leistungsfähigkeitsprinzip, FA N.F. 1984, S. 445 ff, 485; *Littmann*, Valet, FS für *Neumark* 1970, S. 113 ff, 114.

[523] Vgl. insb. *Littmann*, Valet, FS für *Neumark* 1970, S. 113 ff, 115 ff.

[524] Vgl. zum folgenden *Birk*, Leistungsfähigkeitsprinzip 1983, S. 23 ff: Das Leistungsfähigkeitsprinzip aus finanzwissenschaftlicher Sicht; neuerdings auch *Becker*, Steuerprogression, FS für *Klein* 1994, S. 379 ff, 382 ff; kritisch vor allem *Littmann*, Valet, FS für *Neumark* 1970, S. 113 ff; *Schmidt*, Steuerprogression 1960, S. 22 f.

Aufgrund der mangelnden Meßbarkeit subjekiver Nutzenempfindungen geht man davon aus, daß das periodische Einkommen (Vermögenszugang) einen Hauptindikator wirtschaftlicher Leistungsfähigkeit darstellt.[525] Der Leistungsfähigkeitsgrundsatz in seiner Gestalt als Erfordernis horizontaler Gleichbehandlung verlangt von einem Steuersatz demgemäß, daß er den ihm zugrunde liegenden Steuermaßstab "Einkommen" derart belastet, daß gleiche Einkommen zu einem gleich hohen "Opfer" in Form von identischen Steuerbeträgen führen.

Der Gleichheitssatz in seiner Ausprägung als Grundsatz der Besteuerung nach der Leistungsfähigkeit verlangt weiterhin, daß tatsächlich Ungleiches rechtlich ungleich behandelt wird, d.h. daß unterschiedliche Einkommen unterschiedlich hoch besteuert werden.[526] Es ist hierzu nötig, daß diese Größen in einen quantitativen Zusammenhang gebracht werden. Dazu muß geklärt werden, unter welchen Bedingungen unterschiedlich leistungsfähige Individuen durch die Besteuerung ein gleich hohes Opfer, also eine gleich hohe Einschränkung ihres Nutzen- oder Bedürfnisbefriedigungsniveaus erfahren.

Die Antwort hierauf versuchte man stets mit Hilfe der Opfertheorie zu geben.[527] Sie stellt das Nutzenniveau als eine Funktion des Einkommens dar, die der Einfachheit halber als für alle Individuen universell geltend angesehen wird. Das Nutzenniveau, so wird unterstellt, soll mit steigendem Einkommen ebenfalls steigen, allerdings soll die Nutzensteigerung langsamer ausfallen (sinkender Grenznutzen).[528] Ein gleiches Opfer wird nun entsprechend den drei Opferkonzepten einmal in einem gleichen absoluten, einem gleichen relativen (proportionalen) oder einem gleichen marginalen oder Grenzopfer gesehen.[529] In der Wahl eines dieser drei

---

[525] *Birk*, Leistungsfähigkeitsprinzip 1983, S. 33 (mwN aus der finanzwissenschaftlichen Literatur); neuerdings auch *Zimmermann/Henke*, Finanzwissenschaft 1994, S. 107 ff; aus steuerrechtswissenschaftlicher Sicht ebenso *Tipke/Lang*, Steuerrecht 1996, § 4 Rdn 96. Gleichwohl werden gravierende Probleme bei der "richtigen", d.h. die Leistungsfähigkeit widerspiegelnden, Ermittlung desselben nicht bestritten, weswegen die ESt von den meisten als Alleinsteuer abgelehnt wird. Weitere geeignete Indikatoren werden von Fall zu Fall im Nettogesamtvermögen und zunehmend im individuellen Konsum gesehen (vgl. schon *Neumark*, Grundsätze 1970, S. 135 ff). Im Verbrauch von Luxusgütern sowie im Erb- oder Schenkungsanfall soll sich ebenfalls Leistungsfähigkeit ausdrücken. Diesen letztgenannten Indikatoren soll allerdings nicht mehr als eine ergänzende Rolle zukommen. Es kann also festgehalten werden, daß das Einkommen als weitestgehend idealer Indikator der Leistungsfähigkeit gilt. Man leitet daraus die Schlußfolgerung ab, daß die ESt als bedeutendeste Steuer die tragende Säule eines Steuersystems zu bilden hat, ihr jedoch ergänzend weitere Steuern zur Seite zu stellen sind, die an anderen Größen anknüpfen.

[526] Vgl. *Birk*, Leistungsfähigkeitsprinzip 1983, S. 37 f (mwN).

[527] Vgl. hierzu *Zimmermann/Henke*, Finanzwissenschaft 1994, S. 110 ff. Kritik an der Opfertheorie und eine Zusammenstellung der ihr zugrunde liegenden Hypothesen findet sich bei *Littmann*, Valet, FS für *Neumark* 1970, S. 113 ff, 116 ff.

[528] Bereits diese grundlegenden Prämissen können zum Gegenstand von Kritik gemacht werden (vgl. *Zimmermann/Henke*, Finanzwissenschaft 1994, S. 116). Diese bezieht sich zum einen darauf, daß zwar für den Konsum eines bestimmten Gutes ein fallender Grenznutzen angenommen werden kann, mit dem Einkommen hingegen verschiedenste Güter nachgefragt werden können. Schwerer wiegt allerdings, daß verschiedene Individuen unterschiedliche Nutzenkurven haben können und diese sich mit dem Eintreten in höhere Einkommensschichten auch verschieben können. Hierzu sei das vielzitierte Beispiel vom Geizhals, der mit wachsendem Einkommen nur noch eifersüchtiger über sein Geld wacht, genannt. Weiterhin ergibt sich eine grundlegende Schwierigkeit daraus, daß bisher Nutzen weder meßbar, geschweige denn interpersonell vergleichbar ist.

[529] Hierzu führt *Littmann* (Valet, FS für *Neumark* 1970, S. 113 ff, 117 m. FN 7) aus, daß nur bei der Konzeption des gleichen Grenzopfers die Belastung (= Nutzeneinbuße) der Individuen durch die Steuerzahlung minimiert wird. Die anderen beiden Konzeptionen genügen nicht einmal diesem grundlegenden Erfordernis. Eine Lastenverteilung kann aber bereits dann nicht gerecht sein, wenn sie den einzelnen Bürger höher als unbedingt nötig belastet.

Konzepte ist bereits eine erste politische Entscheidung zu sehen, nämlich die über das Maß der Nutzeneinbuße. Es zeigt sich aber, daß selbst unter diesen Prämissen ein bestimmter ESt-Tarifverlauf nicht eindeutig herzuleiten ist.[530]

b') Die Auffassung des Bundesverfassungsgerichts

Das BVerfG hat sich nur in einem relativ frühen Urteil einmal eindeutig zur Notwendigkeit der Progression innerhalb des ESt-Tarifs geäußert. In seinem Urteil vom 24.6.1958 vertritt es die Ansicht, daß "eine formale Gleichbehandlung von Reich und Arm durch Anwendung desselben Steuersatzes dem Gleichheitssatz widersprechen" würde, weil aus Gerechtigkeitsgründen der wirtschaftlich Leistungsfähigere einen höheren Prozentsatz zu zahlen habe.[531] In seinen jüngeren Entscheidungen zum Kindergeld bzw. Kinderfreibetrag bleibt es eher vage, wenn es formuliert, in vertikaler Hinsicht müsse die Besteuerung höherer Einkommen im Vergleich mit der Steuerbelastung niedriger Einkommen dem Gerechtigkeitsgebot genügen.[532] Neuerdings scheint das BVerfG dem Gesetzgeber einen noch weiteren Spielraum einzuräumen, verlangt es doch nur mehr eine folgerichtige Umsetzung des Gleichbehandlungsgebots im Sinne einer Belastungsgleichheit.[533]

c') Die Herleitung der Progression aus dem Sozialstaatsprinzip

Auch wenn also die Progression nach dem vorstehend Gesagten nicht als unverzichtbares Charakteristikum eines am Leistungsfähigkeitsprinzip orientierten ESt-Tarifs gelten kann, so könnte sie dennoch ersatzweise aus einem anderen, allgemeineren verfassungsrechtlichen Gerechtigkeitsgrundsatz zu rechtfertigen sein. In der Tat wird der progressive Tarifverlauf oftmals auch mit dem Sozialstaatsprinzip begründet.[534] Dem ESt-Tarif soll dann die sozialpolitische Aufgabe zukommen, Umverteilung zu bewirken.[535] Auch diese Ansicht ist indes nicht unbestritten.[536]

d') Zusammenfassung

Heute wird der ESt-Tarif als ein überwiegend der politischen Willensbildung unterliegender Tarif angesehen. Das Leistungsfähigkeitsprinzip ist nicht dazu geeignet, der gesetzgeberischen Gestaltungsfreiheit Grenzen zu ziehen, denn weder aus dem Leistungsfähigkeitsprinzip

---

[530] Es "steht fest, daß bei allen drei Opferkonzepten sowohl eine regressive, proportionale oder progressive Tarifgestaltung erforderlich sein kann. Dies hängt vom Verlauf der Nutzenkurven ab. Die Frage der Steuerverteilung nach den drei Opferkonzepten kann mithin nicht eindeutig beantwortet werden" (*Wittmann*, Finanzwissenschaft II 1975, S. 41); vgl. hierzu auch *Zimmermann/Henke*, Finanzwissenschaft 1994, S. 114 f: Opferprinzipien und Steuertarif; *Haller*, Probleme 1970, S. 5 ff.

[531] BVerfGE 8, 51 ff, 68.

[532] BVerfGE 82, 60 ff, 89.

[533] BVerfGE 84, 239 ff, 271.

[534] Hervorragender Vertreter dieser Auffassung war *Wagner*, der die Güterverteilung in der seinerzeit bestehenden Gesellschaftsordnung kritisierte und - unter Heranziehung der Opfertheorien - eine progressive Besteuerung forderte (vgl. *Birk*, Leistungsfähigkeitsprinzip 1983, S. 26 ff). Ausgehend von dem Umstand, daß sich aus den Opfertheorien allein eine Progression nicht herleiten läßt, kommt auch *Littmann* (Valet, FS für *Neumark* 1970, S. 113 ff, 120) schließlich zu dem Ergebnis, daß anstelle des gleichen Opfers als Richtschnur der fiskalisch motivierten Besteuerung doch lieber die politisch-gesellschaftlich gewünschte Einkommensverteilung nach Steuern anzustreben sei.

[535] Vgl. *Uelner*, Referat, 57. DJT 1988, S. N 27: "Die Umverteilungsfunktion des einkommensteuerlichen Zugriffs kann ... nicht ernsthaft bestritten werden".

[536] Vgl. etwa *P. Kirchhof*, Gutachten, 57. DJT 1988, S. F 82: "Die Einkommensteuer ist keine umverteilende Steuer".

(Art. 3 I GG) noch aus dem Sozialstaatsprinzip (Art. 20 I GG) folgt zwingend das Progressionsprinzip.[537] Die Unbestimmtheit dieser Grundsätze erlaubt vielmehr jedweden denkbaren Tarifverlauf.[538]

Angesichts der weitgehenden Gestaltungsfreiheit des Gesetzgebers stellt ein progressiver Steuertarif als solcher jedoch auch keinen wie auch immer gearteten Verstoß gegen verfassungsrechtliche Vorschriften dar. Er läßt sich vielmehr mit Leistungsfähigkeits- und Sozialstaatsprinzip zumindest rechtfertigen, wenn diese Grundsätze ihn auch nicht zwingend fordern mögen.[539] Der Progressionstarif scheint heute Ausdruck weitverbreiteter Gerechtigkeitsempfindungen zu sein und damit - auch als Ausgleich der Regressionswirkung der indirekten Steuern - in der Gesellschaft grundsätzlich auf Akzeptanz zu stoßen.[540] Für ihn spricht darüber hinaus nicht zuletzt auch die normative Kraft seiner nahezu weltweiten Verbreitung.[541] Zu seiner Kritik wird meist ins Feld geführt, er setze falsche Leistungsanreize, indem er Tüchtigkeit bestrafe und Faulheit belohne.[542]

bb) Die einzelnen Bestandteile des Einkommensteuertarifs

Soll der ESt-Tarif in seiner Gänze dem Leistungsfähigkeitsprizip genügen, so muß dies für jeden seiner Bestandteile gelten. Der ESt-Tarif ist nur dann gerecht, entspricht nur dann dem Grundsatz der Gleichmäßigkeit der Besteuerung in seiner Form als Leistungsfähigkeitsprinzip, wenn sein Grundfreibetrag, sein mittlerer Bereich[543] und sein Spitzensteuersatz je für sich Ausdruck dieses Grundsatzes sind.

---

[537] So im Ergebnis auch die umfassende Untersuchung von *Moebus* (Progressive Einkommensteuer 1974) zu dieser Fragestellung: "Aus der Unmöglichkeit, die Progression wissenschaftlich zu rechtfertigen, folgt erst recht die Unmöglichkeit, bestimmte Tarife abzuleiten" (aaO, S. 99).

[538] Vgl. statt Aller schon *Popitz*, Einkommensteuer, HwS III 1926, S. 400 ff, 426; neuerdings auch *Bach*, Leistungsfähigkeitsprinzip, StuW 1991, S. 116 ff, 125.

[539] Im Ergebnis ebenso *Tipke*, Steuerrechtsordnung I 1993, S. 411: "Die progressive Steuer ist ein zulässiges und mögliches, nicht ein zwingendes Mittel der Verwirklichung sozialer Gerechtigkeit".

[540] Prägnant insoweit schon *Ph. Taylor*, The Economics of Public Finance, New York 1948, S. 293 (zit. nach *Neumark*, Grundsätze 1970, S. 179): The "choice between proportional and progressive taxation is ... a choice between certain injustice and uncertain justice"; vgl. auch *Moebus*, Progressive Einkommensteuer 1974, S. 149, Leitsatz 3.5.

[541] So schon *Popitz*, Einkommensteuer, HwS III 1926, S. 400 ff, 424; vgl. auch BFHE 70, 272 f, 273. Vor allem im dem spanischen und lateinamerikanischen Rechtskreis zugehörigen Ausland ist das Progressionsprinzip verschiedentlich gar verfassungsrechtlich explizit niedergelegt, so etwa in Spanien, Portugal, Italien und Brasilien. Auch die Verfassungen Hessens und Bayerns enthalten entsprechende Regelungen, entfalten aber aufgrund der vorherrschenden Gesetzgebungskompetenz des Bundes in praxi keinerlei Wirkung (vgl. *Tipke*, Steuerrechtsordnung I 1993, S. 419 ff).

[542] Vgl. hierzu statt Aller *Neumark*, Grundsätze 1970, S. 123 ff (mwN). Diese Kritik setzt jedoch an der Zweckmäßigkeit, nicht an der Rechtmäßigkeit des Progressionsprinzips an. Sie steht der hier getroffenen Aussage, die Progression sei mit dem Leistungsfähigkeitsprinzip vereinbar, nicht entgegen.

[543] Als mittlerer Bereich werden hier die beiden Bereiche steigender Grenzsteuersätze (Progressionszonen) verstanden.

a') Der untere Tarifbereich: Die Steuerfreistellung des Existenzminimums

a'') Die Bedeutung des Schutzes des Existenzminimums

Der Schutz des wirtschaftlichen Existenzminimums gilt als grundrechtlich gesicherte Forderung an den Steuergesetzgeber, dem Bürger[544] die Mittel zu belassen, die als "Mindestvoraussetzungen für ein menschenwürdiges Dasein" nötig sind.[545] Das Existenzminimum ist die Summe der Güter und Dienstleistungen, die ein Individuum in einem bestimmten Zeitraum mindestens benötigt, um seine Existenz erhalten zu können.[546] Die Steuerfreistellung des Existenzminimums ist nach heutiger Auffassung keine dem Handlungsspielraum des Gesetzgebers überantwortete Steuervergünstigung, sondern hat Verfassungsrang.[547] Darüber, in welcher Weise diese Freistellung zu erfolgen hat, wird indes gestritten. Auch über die absolute Höhe der freizustellenden existenznotwendigen Aufwendungen besteht letztlich keine rechte Einigkeit.[548]

Es gilt als unbestritten, daß die steuerliche Freistellung des Existenzminimums nicht durch die Gewährung von Sozialhilfe ersetzt werden kann, indem der Staat den Bürgern erst das lebensnotwendige durch Besteuerung entzieht, um es anschließend durch Transferzahlungen wieder zurückzuerstatten.[549] Dies ist mit dem Bild des selbstverantwortlich handelnden Menschen, welches dem GG zugrunde liegt, nicht vereinbar.[550] Außerdem hat die Gewährung sozialstaatlicher Hilfen hinter der eigenen Erwerbstätigkeit als subsidiär zurückzutreten (Subsidiaritätsprinzip).[551]

Den an die Steuerfreistellung des Existenzminimums gestellten Anforderungen kann insb. eine gespannte Lage der öffentlichen Haushalte nicht entgegengehalten werden.[552] Ihre Realisierung indes bereitet in praxi insofern oft erhebliche Probleme, als die mit ihr verbundenen Steuerausfälle bei gespannter Haushaltslage kaum hinzunehmen,[553] fiskalisch notwendige Gegenfinanzierungsmaßnahmen aber meist politisch schwer durchsetzbar sind.[554] Die steuerliche Berücksichtigung des Existenzminimums spielt sich also im Spannungsverhältnis zwischen verfassungsrechtlichen Vorgaben und fiskalisch-politischen Zwängen ab.

---

[544] Auf den Schutz speziell des Existenzminimums der Familie kann hier nicht näher eingegangen werden; vgl. hierzu aber etwa *R. Wendt*, Familienbesteuerung, FS für *Tipke* 1995, S. 47 ff, 50 ff.

[545] BVerfGE 82, 60 ff, 85; so auch *Tipke*, Existenzminimum, FR 1990, S. 349 f, 349; *Moebus*, Progressive Einkommensteuer 1974, S. 99 f.

[546] Vgl. *Schreiber*, Existenzminimum, HwStR I 1981, S. 451 f, 451.

[547] Vgl. *Lang*, Entwurf 1993, S. 99.

[548] Vgl. dazu unten D II 3 b bb a' e".

[549] Vgl. *Lang*, Entwurf 1993, S. 100: "Der Steuerstaat darf dem Sozialstaat nicht widersprechen!"

[550] Vgl. hierzu *Tipke*, Steuerrechtsordnung I 1993, S. 427 f (mwN in FN 20).

[551] Vgl. etwa § 2 BSHG und dazu *Lang*, Familienexistenzminimum, StuW 1990, S. 331 ff, 338.

[552] Vgl. BVerfGE 82, 60 ff, 89. Dieser Grundsatz hat jedoch den Gesetzgeber nicht zu allen Zeiten davon abhalten können, die Freistellung eines angemessenen Existenzminimums aufgrund wirtschaftlicher Knappheiten zu unterlassen. Vgl. beispielsweise *Bals*, Einkommensteuer-Reform, BB 1974, S. 454 ff, 455: "Schon in der 4. Legislaturperiode hatte die Bundesregierung" die aufgrund gestiegener Lebenshaltungskosten nunmehr ungenügende Höhe des Grundfreibetrages "eingestanden; damals war ... nur deshalb eine Erhöhung des Grundfreibetrages nicht vorgesehen worden, weil dies in ausreichendem Maße hauswirtschaftlich nicht zu verwirklichen war".

[553] Vgl. *Lang*, Entwurf 1993, S. 100.

[554] Vgl. etwa *Thiel*, Steuergerechtigkeit, FS für *Tipke* 1995, S. 295 ff, 299 ff, 304.

Die Freistellung des Existenzminimums betrifft nicht nur die ESt, sondern ist vom gesamten Steuersystem zu fordern. Insb. wird eine Verschonung des Existenzminimums auch durch die USt, die zweite tragende Säule des Steuersystems,[555] gefordert,[556] die aufgrund ihrer Überwälzbarkeit auch von solchen Steuerzahlern getragen wird, die über nennenswerte Leistungsfähigkeit nicht verfügen und trotzdem ihren lebensnotwendigen Bedarf insb. an Nahrungsmitteln zu decken haben.[557] Dies kann grundsätzlich durch die USt-Freistellung lebensnotwendiger Güter, durch einen pauschalen Zuschlag zum est-lichen Existenzminimum oder durch USt-Vergütungen erreicht werden.[558] Insgesamt ist eine Berücksichtigung des Existenzminimums bei Nicht-Veranlagungssteuern, also im wesentlichen bei den indirekten Steuern, recht schwierig durchzuführen, weil persönliche Umstände des Einzelfalls hier meist außer Betracht bleiben und den Finanzbehörden meist auch gar nicht zugänglich wären.[559]

b") Die Rechtsquellen des Schutzes des Existenzminimums

Das Gebot der Freistellung des Existenzminimums ist im GG nicht kodifiziert, obwohl dies verschiedentlich als sinnvoll angesehen und gefordert wird.[560] Es ergibt sich nach der herrschenden Meinung in Übereinstimmung mit der Auffassung des Zweiten Senats des BVerfG aus der Menschenwürde des Art. 1 I GG;[561] weiterhin aus dem Sozialstaatsprinzip der Art. 20 I, 28 I S.1 GG.[562]

Das Erfordernis der Freistellung des Existenzminimums wird indes ebenso häufig aus dem Leistungsfähigkeitsprinzip abgeleitet,[563] sind doch Individuen, deren Einkommen das zur Existenz Notwendige nicht überschreitet, nicht wirtschaftlich leistungsfähig.[564] Diese Auffassung

---

[555] Die USt erbrachte im Jahre 1996 mit etwa 200 Mrd. DM ein Viertel des Gesamtsteueraufkommens (vgl. *BMF*, Unsere Steuern 1997, S. 50 ff). In 1995 hatte der Anteil der USt am Gesamtsteueraufkommen mit 235,5 Mrd. DM sogar noch knapp 30 % betragen.

[556] Vgl. *Tipke*, Steuerrechtsordnung II 1993, S. 922 ff, 922: "Auch indirekte Steuern dürfen das Existenzminimum nicht antasten".

[557] Legt man in diesem Sinne der Klassifikation der USt eine wirtschaftliche Betrachtungsweise zugrunde, so muß man die USt als eine allgemeine Verbrauchsteuer ansehen, die, ebenso wie die Aufwandsteuern, "die in der Einkommensverwendung ... zum Ausdruck kommende wirtschaftliche Leistungsfähigkeit" treffen soll (BVerfGE 16, 64 ff, 74; BVerfGE 49, 343 ff, 354; BVerfGE 65, 325 ff, 346). Die USt ist hiernach eine Konsumsteuer. Einer juristischen Sichtweise steht diese Klassifikation diametral entgegen, haben doch weder Verbraucher noch Konsumtätigkeit einen wie auch immer gearteten Platz im USt-Tatbestand. Die USt ist in den Augen des Juristen eine Verkehrsteuer, sie beruht auf dem Grundsatz der Einfachheit der Besteuerung (vgl. hierzu oben C III 2 a und dazu *Bayer*, Steuerlehre 1997, Rdn 829).

[558] Zu den beiden letzteren Alternativen vgl. *Schemmel/Borell*, Verfassungsgrenzen 1992, S. 82, die in diesem Zusammenhang eine zusätzliche Entlastung des Steuerzahlers um rund 450 DM für angemessen halten; vgl. auch *Tipke/Lang*, Steuerrecht 1996, § 4 Rdn 111; zur USt-Vergütung vgl. *Lang*, Entwurf 1993, S. 101, 334.

[559] Die indirekten Steuern beruhen auf dem Prinzip der Einfachheit der Besteuerung (vgl. oben C III), heben damit meist auf leicht feststellbare Umstände ab und bedienen sich oftmals typisierender Regeln, die die persönlichen Verhältnisse des Steuerschuldners und erst recht des Steuerdestinatars kaum berücksichtigen können (vgl. *Bayer*, Grundbegriffe 1992, Rdn 110, 125; jetzt auch *ders.*, Steuerlehre 1997, Rdn 1585).

[560] Vgl. *Schemmel/Borell*, Verfassungsgrenzen 1992, S. 80: "Die Steuerfreiheit des Existenzminimums sollte gesondert und ausdrücklich in der Verfassung aufgeführt werden".

[561] Vgl. *Dürig*, in: *Maunz/Dürig*, GG, Art. 1 Rdn 43 f; *Tipke*, Steuerrechtsordnung I 1993, S. 427; *ders.*, Existenzminimum, FR 1990, S. 349 f, 349.

[562] Vgl. *Tipke/Lang*, Steuerrecht 1996, § 4 Rdn 195 (mwN).

[563] Vgl. *Tipke*, Steuerrechtsordnung II 1993, S. 683.

[564] So vor allem *Tipke*, aaO, S. 430; vgl. auch *Schreiber*, Existenzminimum, HwStR I 1981, S. 451 f, 452; *Schemmel/Borell*, Verfassungsgrenzen 1992, S. 80 ff; *Birk*, Leistungsfähigkeitsprinzip 1983, S. 55.

entspringt dem sog. privaten oder subjektiven Nettoprinzip, nach dem der für den Steuerzahler lebensnotwendige und damit nicht disponible Teil des Einkommens aus der Steuerbemessungsgrundlage auszusondern ist.[565] Demgemäß habe die Berücksichtigung des steuerlichen Existenzminimums analog zur Behandlung der Privataufwendungen[566] zu erfolgen.[567]

c") Die Rechtsprechung des Bundesverfassungsgerichts zum Schutz des Existenzminimums

Das BVerfG hat der steuerlichen Berücksichtigung des Existenzminimums in zwei jüngeren Entscheidungen seine gegenwärtig geltende Gestalt gegeben.[568] Obwohl sich nur der Beschluß des Zweiten Senats[569] explizit mit dem ESt-Tarif, insb. dem Grundfreibetrag (§ 32a I S.2 Nr.1 EStG), befaßt, können aus den durch das BVerfG entwickelten Grundsätzen weitreichende Schlüsse für die steuersatzrechtliche Berücksichtigung existenznotwendiger Aufwendungen im ESt-Recht gezogen werden. Denn auch wenn Anlaß für die Entscheidung des Ersten Senats eine Kürzung des Kindergeldes war,[570] sind ihre Aussagen von Rechtsprechung und Lehre für auf den Grundfreibetrag des § 32a I S.2 Nr.1 EStG anwendbar angesehen worden, weil diesem die Aufgabe zukommt, die est-liche Berücksichtigung des Existenzminimums zu bewirken.[571] Die Auffassungen des Ersten und Zweiten Senats spiegeln zwei verschiedene Sichtweisen wider, die, bei systemkonformer Berücksichtigung durch den Steuergesetzgeber, bestimmte Konsequenzen für die Gestaltung des ESt-Tarifs haben müssen.

a'") Der Kindergeld-Beschluß

In der sog. Kindergeld-Entscheidung vom 29.5.1990[572] betonte der Erste Senat erstmals den Verfassungsrang der steuerlichen Berücksichtigung des Existenzminimums. Dieser wird Art. 1 I GG und Art. 20 I GG sowie dem Leistungsfähigkeitsprinzip als steuerlicher Konkretisierung des allgemeinen Gleichheitssatzes (Art. 3 I GG) entnommen.[573] Auch bei Einkommen, die das Existenzminimum übersteigen, ist dieses deshalb von der Besteuerung auszunehmen.[574] Die technische und verfahrensmäßige Vorgehensweise bei der Berücksichtigung des Existenzminimums bleibt weitgehend dem Gesetzgeber überlassen, wenn nur die geforderte

---

[565] Vgl. hierzu *Tipke/Lang*, Steuerrecht 1996, § 4 Rdn 113 ff, ausführlich § 9 Rdn 42f, 69 f (mwN); vgl. ferner oben B I 3.

[566] Damit sind hier die Sonderausgaben und außergewöhnlichen Belastungen gemäß § 2 IV iVm §§ 10, 33 EStG gemeint (vgl. *Bayer*, Steuerlehre 1997, Rdn 1204 ff).

[567] Vgl. *Thiel*, Steuergerechtigkeit, FS für *Tipke* 1995, S. 295 ff, 301. Das Fehlen dieser Argumentation aus dem Leistungsfähigkeitsprinzip ist der Hauptkritikpunkt, den das Schrifttum am Existenzminimum-Beschluß des Zweiten Senats im Gegensatz zum Kindergeld-Beschluß des Ersten Senats vorgebracht hat (vgl. dazu das Folgende).

[568] BVerfGE 82, 60 ff (Kindergeld-Beschluß); BVerfGE 87, 153 ff (Existenzminimum-Beschluß). Ältere Äußerungen des BVerfG, die das Problem des Existenzminimums lediglich streifen, bleiben an dieser Stelle im einzelnen unberücksichtigt.

[569] BVerfGE 87, 153 ff.

[570] BVerfGE 82, 60 ff.

[571] Vgl. *Bayer*, Steuerlehre 1997, Rdn 1469; *Tipke/Lang*, Steuerrecht 1996, § 9 Rdn 81; *Schöberle*, in: *Herrmann/Heuer/Raupach*, EStG und KStG, § 32a EStG Rdn 42; aus finanzwissenschaftlicher Sicht vgl. *Zimmermann/Henke*, Finanzwissenschaft 1994, S. 280.

[572] BVerfGE 82, 60 ff.

[573] BVerfGE, aaO, 85 f.

[574] BVerfGE, aaO, 86.

Entlastung eintritt. Gleiches gilt für die zahlenmäßige Bemessung, eine Untergrenze ist allerdings in den Gesamtleistungen der Sozialhilfe zu sehen.[575]

b''') Der Existenzminimum-Beschluß

Der Zweite Senat des BVerfG hat der verfassungsrechtlichen Beurteilung des Existenzminimums in seinem Beschluß vom 25.9.1992,[576] veranlaßt durch die Vorlagebeschlüsse mehrerer FG,[577] seine gegenwärtig gültige Gestalt verliehen. Es verwarf den seinerzeit geltenden Grundfreibetrag (5.616 DM) bei der ESt als zu niedrig und verpflichtete den Steuergesetzgeber, zu Beginn des Veranlagungszeitraums 1996 eine verfassungsmäßige Neuordnung des ESt-Tarifs vorzulegen.[578] Nach umfangreicher politischer Diskussion hat der gegenwärtig geltende ESt-Tarif durch das JStG 1996 seine derzeit gültige Gestalt bekommen.

c''') Kritik

Die verfassungsrechtliche Beurteilung des Existenzminimums durch den Zweiten Senat stellt in den Augen vieler insofern einen Rückschritt dar, als dieser nicht mehr auf Menschenwürde und Sozialstaatsprinzip zurückgreift, sondern zur Begründung nunmehr Art. 2 I GG sowie das Verbot der Erdrosselungsteuer (Art. 14 GG) heranzieht.[579] Hieraus ergibt sich ein weitgehender Gestaltungsspielraum des Gesetzgebers, in welcher Weise er Eingriffe in das Existenzminimum zu verhindern versucht. Die steuerliche Berücksichtigung des Existenzminimus erhält hierdurch den Charakter einer politisch gestaltbaren Steuervergünstigung.[580] Steuerzahlern, die ihrer aufgrund genügender Einkommenshöhe nicht bedürfen ("Reichen"), kann sie somit vorenthalten werden. Eine an der Leistungsfähigkeit orientierte Besteuerung darf jedoch generell nur Einkommensteile besteuern, die Leistungsfähigkeit ausdrücken.[581] Hierzu gehören die existenznotwendigen Einkommensteile jedoch gerade nicht. Sie dürfen daher nicht in die Steuerbemessungsgrundlage der ESt eingehen, ungeachtet dessen, ob diese im Einzelfall eine eher hohe oder eine eher niedrige ist.[582]

Auch die Kritiker räumen zwar die verfassungsrechtliche Zulässigkeit verschiedener technischer Vorgehensweisen zur Berücksichtigung des Existenzminimums ein, sofern nur die gebotene Entlastung erreicht wird. Die Abweichung des Zweiten Senats von der Argumentation des Ersten Senats stößt gleichwohl auf Unverständnis.[583] Die unterschiedlichen Auffassungen,

---

[575] BVerfGE, aaO, 93 f.

[576] BVerfGE 87, 153 ff.

[577] Vgl. FG Münster, EFG 1991, Nr. 266 (S. 253 f); Niedersächsisches FG, BB 1991, S. 258 f; FG des Saarlandes, BB 1991, S. 668 f.

[578] Vgl. zu diesem Beschluß *Stern*, Einkommensteuertarif 1994, S. 17 ff.

[579] Vgl. zum Ganzen insb. *Schemmel*, Existenzminimum, StuW 1993, S. 70 ff, 73 f.

[580] Kritisch auch *Tipke*, Steuerrechtsordnung II 1993, S. 687: "Der Abzug eines Grundfreibetrages von der Bemessungsgrundlage ist keine Steuervergünstigung, keine Sozialleistung, sondern der Ausdruck reduzierter steuerlicher Leistungsfähigkeit, dem die Reduktion der Bemessungsgrundlage durch Abzüge (Freibeträge) Rechnung trägt".

[581] Vgl. *Lehner*, Grundfreibetrag, DStR 1992, S. 1641 ff, 1644.

[582] Vgl. statt Aller *P. Kirchhof*, Gutachten, 57. DJT 1988, S. F 53; aA *Tipke*, Steuerrechtsordnung II 1993, S. 685 f: "Aus dem Schutz der Menschenwürde und aus dem Sozialstaatsprinzip läßt sich nicht ableiten, daß allen Steuerpflichtigen, wie hoch ihr Einkommen auch sei, ein Grundfreibetrag gewährt werden müsse".

[583] *Schemmel* (Existenzminimum, StuW 1993, S. 70 ff, 77 f) bedauert insb. den judicial self-restraint, den sich das BVerfG auferlegt, zumal nach seiner Auffassung in der heutigen politischen Landschaft auf keinen Fall gewährleistet ist, daß der Gesetzgeber den ihm gewährten Spielraum in sachgerechter Weise ausfüllt: "Insbesondere die verfassungsgerichtlich vorgegebene Neugestaltung des Tarifs ist eine Materie, die aufgrund ihrer

die in den Beschlüssen des Ersten und Zweiten Senats zum Ausdruck kommen, haben indes zumindest steuersatztechnische Konsequenzen. Auf diese ist im folgenden einzugehen.

d'') Die tariftechnische Freistellung des Existenzminimums

Nach überwiegender Auffassung ist dem Erfordernis der Freistellung des Existenzminimums nicht schon dadurch in steuersystematisch befriedigender Weise Rechnung getragen, daß jedem Steuerzahler nach Entrichtung der Steuerschuld ein Restbetrag in Höhe des Existenzminimums verbleibt. Vielmehr wird gefordert, das Existenzminimum sei unterschiedslos für jeden Steuerpflichtigen, unabhängig von dessen Einkommenshöhe, sichtbar dem Steuerzugriff zu entziehen.[584] Das BVerfG allerdings legt den Gesetzgeber nicht auf eine bestimmte tariftechnische Lösung fest.[585] Aus verfassungsrechtlicher Sicht stehen die im folgenden darzustellenden Alternativen gleichberechtigt nebeneinander.[586]

Für die technische Realisierung der verfassungsrechtlich gebotenen Freistellung des Existenzminimums lassen sich im wesentlichen vier verschiedene Alternativen unterscheiden.[587] Es handelt sich dabei aber nicht allein um tariftechnische Feinheiten.[588] Die Lösung der Frage, in welcher Weise die Berücksichtigung des Existenzminimums tariftechnisch zu erfolgen habe, spiegelt vielmehr grundlegende steuersystematische Auffassungen wider, die jedoch von einer verfassungsrechtlichen Beurteilung strikt zu trennen sind.[589]

a''') Der Freibetrag

Das Existenzminimum kann, erstens, durch einen festen Freibetrag, der auf der Ebene der Steuerbemessungsgrundlage in Abzug gebracht wird, freigestellt werden.

Die wohl herrschende Meinung in der Steuerrechtswissenschaft spricht sich aus steuersyste-

---

mathematischen und steuertechnischen Schwierigkeiten besonders anfällig ist für die Schwächen der finanzpolitischen Willensbildung und zu Manipulationen und Verschleierungen geradezu einlädt" (aaO, S. 77).

[584] Vgl. *R. Wendt*, Familienbesteuerung, FS für *Tipke* 1995, S. 47 ff, 56: "Unverzichtbares Postulat bleibt aber, daß das Existenzminimum bei allen Pflichtigen sichtbar vom Steuerzugriff ausgenommen bleibt"; aA *Tipke*, Steuerrechtsordnung II 1993, S. 684 ff.

[585] Vgl. oben D II 3 b bb a' c''. *Seidl* (Existenzminimum, StuW 1997, S. 142 ff, 144 f) weist mathematisch nach, daß es möglich ist, durch einen Steuerfreibetrag dieselbe Entlastungswirkung zu erreichen wie durch die geltende tarifliche Nullzone. Seine Untersuchung zeigt indessen, daß durch einen Steuerabsetzbetrag dieses Ergebnis nicht zu erreichen ist, weil für einen nichtlinearen Steuertarif wie den ESt-Tarif zu einer gegebenen tariflichen Nullzone kein äquivalenter Steuerabsetzbetrag existiert.

[586] So auch *Tipke*, Steuerrechtsordnung II 1993, S. 685 ff; *Schemmel*, Existenzminimum, StuW 1993, S. 70 ff, 77: "Es bleibt dem Gesetzgeber ... unbenommen, die Entlastungswirkung des Existenzminimums nach seinen Vorstellungen zu gestalten, wenn er nur folgerichtig vorgeht und Eingriffe in das Existenzminimum vermeidet". Allein der Vorrang von Erwerbs- vor Sozialeinkommen (Subsidiaritätsprinzip) ist verfassungsrechtlich festgeschrieben (vgl. oben D II 3 b bb a' a'').

[587] Vgl. zum Folgenden überblicksartig Übersicht 3 im Anhang. Zum Ganzen auch *Schemmel*, Existenzminimum, StuW 1993, S. 70 ff, S. 76: "Sie (erg.: die Argumentation des Zweiten Senats) beläßt dem Gesetzgeber eine Reihe von Gestaltungsmöglichkeiten, angefangen vom echten Freibetrag über den heute verwendeten Grundfreibetrag bis zur Freigrenze und zum Abzug von der Steuerschuld".

[588] Das Schrifttum zu diesem Themenkomplex ist dennoch meist mathematisch orientiert; vgl. etwa *Lietmeyer*, Einkommensteuertarif, StuW 1984, S. 133 ff; zuletzt *Seidl* (Existenzminimum, StuW 1997, S. 142 ff, 142), der an "einfache mathematische Einsichten, speziell ... die Technik der Variablentransformation einfacher Integrale" (!) erinnert.

[589] Vgl. prägnant *Tipke*, Steuerrechtsordnung II 1993, S. 687: "Nur ist der 'unwahre' Tarif kein verfassungswidriger Tarif".

matischen Gründen für diese Alternative aus,[590] weil Einkommensteile, die zur Erhaltung der Existenz notwendig sind, keinerlei steuerliche Leistungsfähigkeit signalisieren und damit aus der Steuerbemessungsgrundlage auszusondern sind.[591] Dies entspricht, wie schon oben anklang, dem subjektiven Nettoprinzip.[592] Diesen Vorzug betonte insb. der Tarifvorschlag T 2253, der durch das *Karl-Bräuer-Institut* des Bundes der Steuerzahler in die steuerpolitische Diskussion hinsichtlich der Tarifreform 1996 bis 1998 eingebracht wurde.[593] Das BVerfG hat in seinem Beschluß vom 29.5.1990 diese Sichtweise bestätigt, obwohl es die steuersatztechnischen Konsequenzen in dieser strengen Form nicht zog.

Nach einer anderen Auffassung ist die Berücksichtigung des Existenzminimums in Form eines Freibetrags zwar systematisch wünschenswert, verfassungsrechtlich aber nicht zwingend. Besonders *Tipke*[594] führt in Übereinstimmung mit dem FG Köln[595] aus, das Einkommen widerspiegele bis zur Höhe des Existenzminimums keine Leistungsfähigkeit und sei daher aus systematischen Gründen aus der Steuerbemessungsgrundlage herauszuhalten. Ein Verstoß gegen diese Forderung führe indes in keinem Fall zur Gleichheitssatzwidrigkeit, weil der Grundfreibetrag (Nullzone), sei er auch in realitätsfremder Weise niedrig, für alle gleichermaßen benachteiligend wirke. Auch Menschenwürde und Sozialstaatsprinzip seien in der Regel nicht berührt, solange im Einzelfall nach Abzug der ESt-Schuld noch ein existenzerhaltender Restbetrag verbleibe. *Tipke* legt hiermit dar, daß die von ihm vertretene Lehre vom subjektiven Nettoprinzip zwar steuersystematisch einiges für sich hat, aus verfassungsrechtlicher Sicht indes keineswegs zwingend ist, weil sich eine vom BVerfG geforderte Freistellung des Existenzminimums auch auf anderen Wegen erreichen läßt.[596]

Die tariftechnische Charakterisierung des Freibetrags hängt von der Verwendung des Steuersatzbegriffs ab. Sieht man entsprechend dem subjektiven Nettoprinzip allein das disponible Einkommen als Steuerbemessungsgrundlage an, so handelt es sich hier nicht um eine steuersatzrechtliche Maßnahme ieS,[597] denn die Berücksichtigung des Existenzminimums findet bereits auf der Ebene der Steuerbemessungsgrundlage statt. Verwendet man indes an dieser Stelle den Steuersatz iwS, so ist diese Vorgehensweise als Maßnahme indirekter Progressionsverschärfung zu klassifizieren. Denn ein Freibetrag auf der Ebene der Steuerbemessungsgrundlage führt bereits bei gleichbleibendem Steuersatz ieS zu indirekter Progression. Der

---

[590] Vgl. *Seidl*, Existenzminimum, StuW 1997, S. 142 ff, 145; so auch *Tipke*, Steuerrechtsordnung II 1993, S. 684.

[591] Vgl. etwa *R. Wendt*, Familienbesteuerung, FS für *Tipke* 1995, S. 47 ff, 54 (mwN in FN 40); *Stern*, Einkommensteuertarif 1994, S. 12 ff. Aus finanzwissenschaftlicher Sicht merkt allerdings *Haller* (Existenzminimum, FS für *Klein* 1994, S. 409 ff, 416) an, bei dieser Methode ergäbe sich eine Minderung des Steueraufkommens. Er schlägt als Alternative einen Steuerabsetzbetrag vor (vgl. dazu unten D II 3 b bb a' d" a'").

[592] Vgl. dazu oben D II 3 b bb a' b".

[593] Vgl. *Stern*, Einkommensteuertarif 1994, S. 64 ff.

[594] *Tipke*, Existenzminimum, FR 1990, S. 349 f, 350.

[595] DStZ 1989, S. 126.

[596] Vgl. *Tipke*, Steuerrechtsordnung II 1993, S. 686.

[597] Vgl. *Stern*, Einkommensteuertarif 1994, S. 41: "Wird der Grundfreibetrag - so wie es steuersystematisch geboten ist - als Abzug von der Bemessungsgrundlage gewährt, dann berührt die verfassungsrechtliche Verpflichtung zur Anpassung des Grundfreibetrages den Tarif selbst nicht direkt".

ESt-Tarif ist jedoch an sich bereits offen progressiv ausgestaltet. Ein zusätzlich eingeschalteter Freibetrag wirkt damit progressionsverschärfend.[598]

Die Freistellung des Existenzminimums durch Abzug von der Steuerbemessungsgrundlage hat die Eigenschaft, höhere Einkommen, die sich im Bereich hoher Grenzsteuersätze befinden, stärker zu entlasten als niedrige Einkommen, die einem relativ niedrigen Grenzsteuersatz unterfallen.[599] Diese Wirkung ist unter Gleichheits- und Leistungsfähigkeitsgesichtspunkten bedenklich, denn Bezieher höherer Einkommen kommen somit in den Genuß von stärkeren Steuerentlastungen als Bezieher niedrigerer Einkommen. Dieser Effekt wird allerdings überwiegend als systemnotwendige Kehrseite der Progression angesehen.[600]

Schließt man sich auch dieser gegen die Freibetragsmethode vorgebrachten Kritik an, so sind Freibeträge zur Freistellung des Existenzminimums dennoch nicht generell ungeeignet. Denn die Freibeträge lassen sich auch bei steigendem Einkommen in fallender Weise staffeln. Damit soll tendenziell erreicht werden, daß in allen Einkommensgruppen eine in etwa gleiche Reduktion der Steuerschuld bzw. Erhöhung des verbleibenden Betrages eintritt.[601] Bei einem progressiven Formeltarif würde eine solche Vorgehensweise allerdings verstärkt zu einer weiteren Verkomplizierung beitragen.

b''') Die Freigrenze

Zweitens ist es möglich, dem steuerfreien Existenzminimum die Eigenschaften einer Freigrenze zu verleihen,[602] die derart auszugestalten wäre, daß dem Steuerzahler nach Zahlung der Steuer stets ein das Existenzminimum übersteigender Betrag verbleibt. In der steuerpolitischen Diskussion spielte diese Alternative bisher eine eher untergeordnete Rolle.[603]

Gegen diese Form der Berücksichtigung des Existenzminimums spricht in den Augen mancher der Charakter des steuerfreien Existenzminimums als steuerliche Wahrung der Men-

---

[598] Vgl. *Schreiber*, Existenzminimum, HwStR I 1981, S. 451 f, 452: "Die ... Berücksichtigung des Existenzminimums führt zu einer (indirekt) progressiven Besteuerung infolge der Einführung eines steuerfreien Grundbetrages".

[599] Um diesen Effekt zu verdeutlichen, soll ein vereinfachtes Beispiel gebildet werden. Anstelle von Grenzsteuersätzen sei hier auf absolute Steuersätze abgestellt: A habe ein Einkommen von 50.000 DM, der darauf anzuwendende Steuersatz betrage 10 %. Die Steuerschuld des A ist damit 5.000 DM. B hingegen habe ein Einkommen von 100.000 DM, auf welches ein Steuersatz von 20 % anzuwenden sei. Die Steuerschuld des B betrage damit 20.000 DM. Räumt man beiden nun einen gleich hohen Freibetrag von 5.000 DM ein, so hat dies für den A eine Entlastung (Minderung der Steuerschuld bzw. Erhöhung des verbleibenden Betrages) iHv 500 DM, für B jedoch eine solche iHv 1.000 DM zur Folge.

[600] *Tipke*, Steuerrechtsordnung II 1993, S. 687 m. FN 416; ebenso *Pohmer/Jurke*, Leistungsfähigkeitsprinzip, FA N.F. 1984, S. 445 ff, 486. Die Entlastungswirkung des Grundfreibetrages hängt nach *Bals* (Einkommensteuer-Reform, BB 1974, S. 454 ff, 455) davon ab, ob dieser der Proportionalstufe zugehörig oder vorgeschaltet ist, letztlich sei dies "Ansichtssache". In einem anderen Zusammenhang stößt dieser "umgekehrte(r) Progressionseffekt" (*Bayer*, Steuerlehre 1997, Rdn 1233) durchaus auf Kritik, nämlich dort, wo die Abzugsfähigkeit von Spenden an politische Parteien (§ 10b II S.1 EStG) die Bezieher höherer Einkommen stärker entlastet als die Bezieher relativ niedriger Einkommen. Vor diesem Hintergrund werden Parteien, deren Klientel eher zu der ersteren Gruppe zählt, gegenüber den übrigen Parteien bevorzugt.

[601] Bsp.: In obigem Beispiel könnte dies durch eine Staffelung des Freibetrages dergestalt erreicht werden, daß A weiterhin einen Betrag von 5.000 DM, B indes nur einen solchen von 2.500 DM in Abzug bringen dürfte. Die Reduktion der Steuerschuld des A betrüge somit weiterhin 5.000 DM, bei B käme man nunmehr zum selben Ergebnis.

[602] Vgl. dazu oben B II 2.

[603] So setzen sich zahlreiche Beiträge zu diesem Themenkomplex meist mit den drei übrigen Alternativen (Freibetrag, Nullzone, Absetzbetrag) auseinander; vgl. nur *Seidl*, Existenzminimum, StuW 1997, S. 142 ff.

schenwürde und Ausdruck des Leistungsfähigkeitsprinzips, welcher es · verlangt, ein steuerfreies Existenzminimum "jedem ohne Ansehen von Einkommen und Vermögen" zu gewähren.[604] Auch die progressionsverschärfende Wirkung einer solchen gleitenden Freigrenze kann zu verfassungsrechtlichen Problemen führen.[605]

Nach einer anderen Auffassung ist jedoch eine Freigrenze insofern unproblematisch, als "Reiche" auf die Freistellung des Existenzminimums nicht angewiesen seien, da sie jederzeit in der Lage seien, ihren Lebensstil aus dem ihnen nach Steuern verbleibenden "freien" Einkommen zu bestreiten. Eine Verletzung der Menschenwürde liege hierin nicht. Sehr wohl hingegen sei in der Freigrenze ein Verstoß gegen den Gleichheitssatz in der Gestalt des Leistungsfähigkeitsprinzips zu sehen, da diejenigen, deren Einkommen die Freigrenze überschreite, mit ihrem Bruttoeinkommen, die übrigen mit ihrem Nettoeinkommen besteuert würden. Insofern würde im ersten Fall eine unwahre Bemessungsgrundlage, die ein Zuviel an Leistungsfähigkeit abbilde, herangezogen.[606] Auch an diesem Problem zeigt sich wieder die Notwendigkeit, zwischen der steuersystematischen und der verfassungsrechtlichen Beurteilung von steuerrechtlichen Vorschriften zu trennen.

c''') Die tarifliche Nullzone

Eine dritte Möglichkeit der Berücksichtigung des Existenzminimums bietet die Schaffung einer sog. tariflichen Nullzone. Hierbei handelt es sich um eine steuersatzrechtliche Maßnahme ieS. Von dieser Variante macht das geltende ESt-Recht in § 32a I EStG Gebrauch. Es handelt sich um einen vom Gesetz sog. Grundfreibetrag[607] von momentan 12.095 DM.[608] Diese Variante hat den verwaltungsvereinfachenden Nebeneffekt, daß Bagatellfälle aus dem Besteuerungsverfahren ausscheiden.[609]

Von einigen Autoren wird diese Vorgehensweise als systemfremd kritisiert, weil die Berücksichtigung existenzsichernder Aufwendungen bereits auf der Ebene der Ermittlung einer die individuelle Leistungsfähigkeit ausdrückenden Steuerbemessungsgrundlage erfolgen muß. Eine Korrektur über den Tarif, der auf die somit zu hoch ausgewiesene Bemessungsgrundlage angewandt wird, ist zwar geeignet, die gleiche Entlastungswirkung zu erreichen, widerspricht jedoch einem auf die Widerspiegelung der steuerlichen Leistungsfähigkeit gerichteten Einkommensbegriff.[610] Sieht man die Aufgabe der Steuerbemessungsgrundlage darin, den Steuergegenstand zu quantifizieren, Leistungsfähigkeit zu messen, die des Steuersatzes hingegen darin, den hiervon einzuziehenden Anteil, den Belastungsgrad, zu bestimmen, so ist die Ver-

---

[604] Vgl. *Schemmel/Borell*, Verfassungsgrenzen 1992, S. 81.

[605] Vgl. *Thiel*, Steuergerechtigkeit, FS für *Tipke* 1995, S. 295 ff, 303; aA *Tipke*, Steuerrechtsordnung II 1993, S. 686.

[606] Vgl. *Tipke*, Steuerrechtsordnung II 1993, S. 684 ff; *ders.*, Existenzminimum, FR 1994, S. 349 f, 350.

[607] Im Sinne der vorstehenden Ausführungen ist diese Bezeichnung schlicht falsch, denn ein Freibetrag liegt hier gerade nicht vor. Ein Teil der Steuerbemessungsgrundlage wird vielmehr mit einem Steuersatz von 0 % belegt (§ 32a I Nr.1 EStG). Daß dies freilich in belastungsmäßiger Sicht mit einem entsprechend gestalteten Freibetrag identisch sein kann, weist *Seidl* nach (Existenzminimum, StuW 1997, S. 142 ff, 144 f), der die Diskussion um Freibetrag und Nullzone angesichts dieser Äquivalenz nicht verstehen will (aaO, S. 145).

[608] Vgl. *Bayer*, Steuerlehre 1997, Rdn 1469.

[609] *Schreiber*, Existenzminimum, HwStR I 1981, S. 451 f, 452.

[610] Prägnant *Tipke*, Steuerrechtsordnung II 1993, S. 687: "Angemessen ist der Abzug des Grundfreibetrages von der Bemessungsgrundlage, nicht seine Berücksichtigung in der sogenannten Nullzone des Tarifs mit gleicher Entlastungswirkung"; vgl. auch oben D II 3 b bb a' b".

wendung einer tariflichen Nullzone abzulehnen.[611] Daß der Gesetzgeber dennoch auf diese Vorgehensweise verfallen ist, scheint zumindest teilweise finanzpsychologische Gründe zu haben.[612]

d''') Der Steuerabsetzbetrag

Eine vierte Alternative zur Freistellung des Existenzminimums besteht darin, dem Steuerpflichtigen den Abzug eines bestimmten Betrages von der ermittelten Steuerschuld zu gestatten. Diese letzte Alternative war zunächst bei den Beratungen über das JStG 1996 diskutiert worden. Man hatte zunächst erwogen, die Steuerfreistellung des Existenzminimums durch die Einführung eines mit steigendem Einkommen sinkenden Entlastungsbetrags (§ 34h EStG) zu erreichen.[613] Diese Alternative wurde jedoch schließlich zugunsten der Grundfreibetragsregelung wieder verworfen.[614]

Die Kritik, die an dieser Form der Berücksichtigung des Existenzminimums laut wurde, bezog sich meist auf eine doppelte steuersystematische Verfehlung insofern, als hierbei zunächst eine unter Leistungsfähigkeitsgesichtspunkten "falsche" Steuerbemessungsgrundlage ermittelt werden und auf diese dann ein das Existenzminimum nicht berücksichtigender, also ebenso falscher, Steuertarif angewandt werden sollte. Darüber hinaus sei dadurch, daß der Entlastungsbetrag für höhere Einkommen auslaufen sollte, ein steuerfreies Existenzminimum für alle Einkommensgruppen entgegen den Vorgaben des BVerfG für abdingbar erklärt worden.[615]

e") Die absolute Höhe des Existenzminimums

Das Existenzminimum besteht aus einer physischen und einer kulturellen Komponente.[616] Es hat zumindest die Aufwendungen für Nahrung, Kleidung, Wohnung und Heizung zu decken. Auf die detaillierte Bemessung des lebensnotwendigen Bedarfs kann an dieser Stelle jedoch nicht eingegangen werden.[617] Das BVerfG hat in seinem Existenzminimum-Beschluß vom 25.9.1992[618] auf eine explizite Bezifferung des Existenzminimums verzichtet. Durch seinen Verweis auf zwei stark vonaneinander abweichende Berechnungen des FG Münster (11.908 DM) und der Bundesregierung (13.910 DM) hat es zu einer wünschenswerten Klärung dieses Problems wenig beigetragen.[619]

---

[611] So auch *Stern*, Einkommensteuertarif 1994, S. 18 ff.

[612] Vgl. *Schemmel*, Existenzminimum, StuW 1993, S. 70 ff, 78: "Die steuerpsychologischen Vorteile des tariflichen Grundfreibetrages liegen in der Verringerung des Steuerwiderstandes, der bei der Einkommensteuer wesentlich vom Verlauf des Grenzsteuersatzes abhängt".

[613] Vgl. dazu Entwurf JStG 1996, S. 123 f.

[614] Vgl. Erste BeschlEmpf JStG 1996, S. 6, 138.

[615] Vgl. *R. Wendt*, Familienbesteuerung, FS für *Tipke* 1995, S. 47 ff, 56.

[616] Vgl. *Schreiber*, Existenzminimum, HwStR I 1981, S. 451 f, 452. Die Probleme, die mit der Bemessung der kulturellen Komponente zusammenhängen, bleiben im folgenden außer Betracht. Gleichwohl festzuhalten, daß das Existenzminimum nicht nur das reine Überleben, sondern auch "die Führung eines menschenwürdigen Lebens in der Gesellschaft" sichern soll (*Lang*, Entwurf 1993, S. 175 [sozialkulturelles Existenzminimum]).

[617] Vgl. insoweit *Lehner*, Einkommensteuerrecht 1993, S. 71 ff; weitere Nachweise bei *Tipke/Lang*, Steuerrecht 1996, § 9 Rdn 73 FN 60.

[618] BVerfGE 87, 153 ff.

[619] Vgl. *Stern*, Einkommensteuertarif 1994, S. 33; kritisch *Schemmel*, Existenzminimum, StuW 1993, S. 70 ff, 78 ff, 78: "Eine ... genauere Analyse (erg.: der Berechnungen des FG Münster und der Bundesregierung),

Heute wird überwiegend die Auffassung vertreten, die Bemessung des Existenzminimums habe sich am Regelsatz der Sozialhilfe als einer Untergrenze zu orientieren,[620] weshalb die grundgesetzliche Kodifikation eines bestimmten Betrages verzichtbar sei.[621] Die Steuerfreiheit des Existenzminimums widerspiegelt somit den sozialen Steuerstaat. Man wird sich indes auch der weitergehenden Forderung kaum verschließen können, daß demjenigen, der aufgrund eigener Leistung Erwerbseinkommen erzielt, mehr Einkommen zur Verfügung stehen muß als demjenigen, der staatliche Leistungen in Anspruch nimmt.[622] Vor diesem Hintergrund ist zu fordern, das steuerfreie Existenzminimum habe den Regelsatz der Sozialhilfe zu überschreiten,[623] wenn nicht die Steuermoral weiter gemindert und die finanzielle Grundlage des Steuerstaats gefährdet werden soll.[624] Entsprechend fordert § 22 III BSHG, daß die Sozialhilfe die Bezüge von Niedrigverdienern zu unterschreiten habe.

In intertemporeller Hinsicht hat das steuerfreie Existenzminimum mit der wie auch immer definierten sozialhilferechtlichen Orientierungsgröße Schritt zu halten. Seine jeweilige Quantifizierung im Zeitablauf hängt letztlich von entsprechenden Fortschreibungsbedarf ab, der seinerseits im wesentlichen durch Geldwertänderungen (Inflation) ausgelöst wird.[625] Dieser Fortschreibungsbedarf wurde für den Zeitraum von 1992 bis 1996 mit 10 bis 15 % angegeben.[626] Generell dürfte das Existenzminimum wohl jährlich um etwa 500 DM zu erhöhen sein,[627] wenn es nicht bereits von vornherein sehr großzügig festgelegt wurde.[628]

Festzustellen ist auf jeden Fall, daß der gegenwärtig geltende[629] est-liche Grundfreibetrag für Ledige von 12.095 DM sich an der Untergrenze des in der Literatur vertretenen Wertekorridores befindet[630] und von vielen sogar als tendenziell zu niedrig angesehen wird.[631] Dabei stellt

---

eventuell auch die Anhörung von Sachverständigen, hätte ... bei einer Differenz von rd. 2000 DM im Jahr zwischen den Berechnungsergebnissen durchaus nahegelegen".

[620] Vgl. BVerfGE 66, 214 ff, 224; BVerfGE 82, 60 ff, 94; BFHE 168, 174 ff, 179; vgl. zum Ganzen auch *Stern*, Einkommensteuertarif 1994, S. 32 ff; *Jüptner*, Leistungsfähigkeit 1989, S. 78 ff. *Kanzler* (Umsetzung, StuW 1996, 215 ff, 223) merkt kritisch an, dem Gesetzgeber sei es im Prinzip unbenommen, sich stattdessen an den Sätzen der Sozialhilfe zu "vergreifen".

[621] Vgl. *Schemmel/Borell*, Verfassungsgrenzen 1992, S. 81 ff.

[622] Entsprechend enthielt das BSHG früher eine Regelung, die erwerbstätigen Sozialhilfeempfängern einen 25-prozentigen Mehrbedarfszuschlag zusprach. Dieser allerdings wurde zwischenzeitlich, allerdings lediglich zugunsten einer technisch abweichenden Lösung, abgeschafft (vgl. hierz *Stern*, Einkommensteuertarif 1994, S. 33 f).

[623] Vgl. *P. Kirchhof*, Gutachten, 57. DJT 1988, S. F 51; ebenso *Jachmann*, Belastungsgrenzen, StuW 1996, S. 97 ff, 103.

[624] Vgl. *Tipke/Lang*, Steuerrecht 1996, § 1 Rdn 24.

[625] Zur steuersatzrechtlichen Problematik der Geldentwertung vgl. oben D II 3 b bb b' b''.

[626] Vgl. *Stern*, Einkommensteuertarif 1994, S. 36 m. FN 53.

[627] Vgl. *Stern*, aaO, S. 35.

[628] Vgl. *Stern*, aaO, S. 41 FN 64.

[629] Das geltende EStG enthält bereits heute die Tarifverläufe, die in den kommenden Jahren an die Stelle des jetzigen Tarifs treten sollen. Der Grundfreibetrag für Ledige ist für 1997/98 auf 12.365 DM, ab 1999 auf 13.067 DM heraufgesetzt worden (§ 52 XXIIb EStG). Vgl. dazu *Laux*, Einkommensteuertarife, BB 1996, S. 567 ff.

[630] In noch viel stärkerer Form galt dies für den bis Ende 1995 geltenden Grundfreibetrag von 5.616 DM; vgl. etwa *Borell/Schemmel*, Steuern 1991, S. 91 ff.

[631] Vgl. *Tipke/Lang*, Steuerrecht 1996, § 9 Rdn 86. Eine Reihe von Autoren haben eigene Zahlenvorstellungen geäußert, vgl. etwa die Berechnungen bei *Thiel* (Steuergerechtigkeit, FS für *Tipke* 1995, S. 295 ff, 300 f), der

er den mit Abstand höchsten Grundfreibetrag in der Nachkriegsgeschichte des ESt-Tarifs dar.[632] Ein zu niedriger Grundfreibetrag braucht jedoch nicht notwendig gegen das Leistungsfähigkeitsprinzip zu verstoßen. Denn durch den zu niedrigen Grundfreibetrag werden alle Steuerzahler gleichmäßig benachteiligt, weil dieser jedem zusteht.[633]

f'') Zusammenfassung

Das Leistungsfähigkeitsprinzip fordert aus systematischen Gründen die Freistellung des Existenzminimums durch einen Freibetrag, weil sich im Einkommen bis zur Höhe des Existenzminimums keine steuerliche Leistungsfähigkeit ausdrückt. Daß dies im geltenden ESt-Recht nicht gewahrt ist, enttäuscht zwar in dogmatischer Hinsicht, ist indes verfassungsrechtlich unbedenklich. Anders verhält es sich mit der absoluten Höhe des Existenzminimums, die im geltenden Recht als tendenziell ungenügend eingestuft werden muß.

b') Der mittlere Tarifbereich: Kontinuität und Kalte Progression

Der mittlere Tarifbereich des ESt-Tarifs umschließt zu versteuernde Einkommen zwischen 12.096 und 120.041 DM. Die Grenzsteuersätze in diesem Intervall liegen zwischen 25,9 und 52,9 %. Dieser Tarifbereich kommt für die überwiegende Mehrzahl der ESt-Pflichtigen zur Anwendung. Dazu gehören diejenigen, die zum einen insofern nicht als "arm" gelten können, als ihnen ein das Existenzminimum übersteigender Einkommensbetrag zur Verfügung steht, die zum anderen aber auch nicht "reich" sind, also noch nicht dem Spitzensteuersatz unterliegen. Die Ausgestaltung dieses mittleren Progressionsbereichs hat also entscheidenden Einfluß auf die Steuerbelastung der Mehrheit der Bevölkerung.[634] Aus diesem Grunde ist zu gewährleisten, daß ein starker Progressionsgrad nicht bereits im Bereich mittlerer Einkommen erreicht wird und dort zu einer zu starken Belastung führt.[635]

a'') Der Grundsatz der Kontinuität

Doch gerade in diesem Bereich zwischen den zumindest in gewisser Weise verfassungsrechtlich fest umrissenen Größen Existenzminimum und Spitzensteuersatz hat der Gesetzgeber einen besonders weitreichenden Gestaltungsspielraum. Im Hinblick auf ihn läßt sich im Grunde nicht viel mehr sagen, als daß der ESt-Tarif zu einem möglichst gleichmäßigen Anstieg der steuerlichen Belastung führen soll.[636] Diese Forderung hat auch in der Finanzwissen-

---

die Untergrenze für einen alleinstehenden Haushaltsvorstand bei 11.794 DM und die Obergrenze bei 16.523 DM ansetzt. Die Bareis-Kommission hielt seinerzeit ein steuerliches Existenzminimum von 13.014 DM für angemessen (vgl. *Thiel*, Steuergerechtigkeit, FS für *Tipke* 1995, S. 295 ff, 300), um einen genügenden Abstand zur Untergrenze einzuhalten. Das *Karl-Bräuer-Institut* des Bundes der Steuerzahler forderte in seinem Tarifvorschlag T 2253 für 1996 ein Existenzminimum von 12.000 DM für 1996 (vgl. *Stern*, Einkommensteuertarif 1994, S. 54), dem es allerdings "keinen nennenswerten Vorhalteeffekt" beimaß (aaO, S. 36); zu weiteren Zahlenangaben vgl. *Tipke/Lang*, Steuerrecht 1996, § 9 Rdn 82 FN 77.

[632] Vgl. zum Überblick *Dziadkowski*, Einkommensteuertarif, BB 1996, S. 1193 ff, 1197, 1199, 1201 (Schemata).

[633] Vgl. *Tipke*, Existenzminimum, FR 1990, S 349 f, 350.

[634] *Pollak* (Steuertarife, HdF II 1980, S. 239 ff, 258) spricht von den "mittleren, meist besonders stark besetzten Bereiche(n) der Steuerbemessungsgrundlage". Diesen kommt aus dem Blickwinkel der Finanzwissenschaft gesteigerte Bedeutung freilich eher aus dem Grunde zu, daß "von dieser Belastung die Höhe des Steueraufkommens entscheidend bestimmt wird".

[635] Vgl. *Vogel*, Perfektionismus, StuW 1980, S. 206 ff, 211.

[636] *Wied*, in: *Blümich*, EStG, KStG, GewStG, § 32a Rdn 26. In seinem Existenzminimum-Beschluß (BVerfGE 87, 153 ff, 170) verlangt das BVerfG, daß dem Steuerpflichtigen von seinen das Existenzminimum übersteigenden Einkommensteilen jeweils angemessene Beträge verbleiben müssen, daß also keine Progressions-

schaft in Gestalt des Grundsatzes der Kontinuität und Regelmäßigkeit einen hohen Stellenwert.[637]

b") Das Problem der Kalten Progression

Die Progression der ESt wird - ebenso wie die Progression aller anderen progressiven Steuern - durch Inflation verschärft.[638] Bei fortschreitender Geldentwertung kommt es aufgrund des Nominalwertprinzips (Mark = Mark)[639] der Besteuerung dazu, daß gleichbleibende Realeinkommen aufgrund ihres gestiegenen Nominalwerts in höhere Progressionsstufen "hineinwachsen",[640] so daß Einkommen bei unveränderter Kaufkraft mit immer höheren Steuersätzen belastet werden.[641] Dieses Phänomen wird als "Kalte Progression" bezeichnet, die Inflation bewirkt sog. "heimliche Steuererhöhungen" ohne Einschaltung des Gesetzgebers.[642] Die Ungerechtigkeit der Kalten Progression liegt auf der Hand,[643] stellt sie doch einen Verstoß gegen das Leistungsfähigkeitsprinzip dar.[644] Darüber hinaus ist sie auch unter verfassungsrechtlichen Gesichtspunkten, insb. hinsichtlich des Grundsatzes der Gesetzmäßigkeit der Besteuerung, bedenklich.[645] Auf die heimlichen Steuererhöhungen sind allein im Jahre 1995 rund 25 Mrd. DM an Zusatzlasten zurückzuführen.[646]

Ein Ausgleich der Kalten Progression kann auf verschiedenen Wegen erreicht werden:[647] Zum einen läßt sich ohne periodische Einschaltung des Gesetzgebers ein Inflationsausgleich durch Bindung des Tarifs iwS an einen geeignet zu definierenden Lebenshaltungskostenindex vornehmen.[648] Das ESt-Recht würde damit vom Nominalwertprinzip abrücken und sich dem

---

sprünge stattfinden dürfen, die die vertikale Gleichbehandlung geringerer im Verhältnis zu höheren Einkommen außer Acht lassen würden.

[637] *Pollak* (Steuertarife, HdF II 1980, S. 239 ff, 258 f) leitet diesen Grundsatz aus dem Prinzip der horizontalen Gleichbehandlung her. Der Tarif hat sich hinsichtlich der "absoluten Höhe der Steuerbeträge, ... in bezug auf den Progressionsgrad" sowie hinsichtlich seines monoton steigenden Verlaufs durch Kontinuität und Regelmäßigkeit auszuzeichnen.

[638] Vgl. dazu schon *Ball*, Steuerrecht 1925, S. 122; aus finanzwissenschaftlicher Sicht *Neumark*, Grundsätze 1970, S. 181 ff.

[639] BFHE 112, 546 ff, 554.

[640] *V. Arnim/Borell*, Inflation 1972, S. 15.

[641] Derselbe Effekt tritt freilich bei steigenden Realeinkommen in gleichem Maße ein. Dies ist indes insofern weniger problematisch, als diese gestiegenen Realeinkommen eine höhere Leistungsfähigkeit widerspiegeln und daher ihre höhere Belastung eher gerechtfertigt ist (so *Stern*, Einkommensteuertarif 1994, S. 40; vgl. aber die Bedenken von *Neumark*, Grundsätze 1970, S. 182).

[642] Vgl. *Papier*, in: *Maunz/Dürig*, GG, Art. 14 Rdn 182.

[643] So *v. Arnim/Borell*, Inflation 1972, S. 15 ff.

[644] *Schemmel/Borell*, Verfassungsgrenzen 1992, S. 89.

[645] Vgl. dazu oben C I 5 a.

[646] *Stern*, Einkommensteuertarif 1994, S. 37. Gerade die Wettbewerbsfähigkeit der Unternehmer nimmt durch derartige Zusatzbelastungen Schaden (vgl. *Flockermann*, Einkommensteuertarif, FS für *Klein* 1994, S. 393 ff, 402).

[647] Vgl. hierzu etwa *Tipke/Lang*, Steuerrecht 1996, § 9 Rdn 744. Nach der Ansicht *Neumarks* hat die Verhinderung von ungewollten inflationsbedingten Mehrbelastungen den Stellenwert eines eigenen Besteuerungsgrundsatzes (*Neumark*, Steuern I, HdWW VII 1977, S. 295 ff, 304).

[648] Diese Alternative trifft auf breite Zustimmung bei "namhafte(n) Vertreter(n) der Wirtschafts- und Finanzwissenschaft" (*Schemmel/Borell*, Verfassungsgrenzen 1992, S. 90 FN 157 [mwN]). In verfassungsrechtlicher Hinsicht hat indes auch sie ihre Problematik, ist doch eine "Indexregelung in einem Steuergesetz ... nur dann

"Valorismus" annähern, der auf den "Kaufkraftwert des Geldes abstellt".[649] Weiterhin kann der Kalten Progression mit periodischen Anpassungshandlungen durch den Gesetzgeber entgegengewirkt werden.[650] In Deutschland erfolgte dies zuletzt Ende der 80er Jahre, unterblieb dagegen in jüngerer Zeit aus haushaltspolitischen Gründen.[651] Tendenziell ist ein für alle Einkommensgruppen gleichmäßiger Inflationsausgleich bei einem progressiven Tarif schwerer zu erreichen als bei einem linearen Steuersatz.[652]

c') Der obere Tarifbereich: Die Steuerbelastungsgrenzen

Das GG enthält, ebenso wie die Verfassungen der deutschen Bundesländer, weder Obergrenzen für den ESt-Spitzensteuersatz noch für andere steuersatzrechtliche Vorschriften. Diesen Umstand sehen viele als Versäumnis an und fordern daher eine Kodifikation steuerlicher Belastungsgrenzen. Mit der Bezifferung konkreter Höchststeuersätze, nicht nur für die ESt, tut man sich allerdings schwer.[653] Konsequenterweise sind auch die Forderungen, die an eine verfassungsrechtliche Steuerlastbegrenzung gerichtet werden, unterschiedlich, eine konkrete Bezifferung ist jedoch trotz aller damit verbundenen Schwierigkeiten nötig.[654] Häufig wird hier auf die Vorbildfunktion, die ausländischen Steuerrechtsordnungen zukommen kann, verwiesen.[655]

Im folgenden sind die Gründe für derartige Forderungen, die verschiedenen Arten von Steuerbelastungsgrenzen sowie die Schwierigkeiten bei deren Konkretisierung und Durchsetzung zu betrachten.

a") Die Notwendigkeit von Steuerbelastungsgrenzen

Forderungen nach einer Begrenzung der staatlichen Steuereingriffe werden meist mit negativen wirtschaftspolitischen Folgen derselben begründet. Bei diesen handelt es sich um sinkende Leistungsanreize, Kapitalflucht, Steuerhinterziehung, Steuerumgehung und andere. Als Hauptargument wird angeführt, daß sich ein übermäßig besteuernder Staat insofern "ins eigene Fleisch schneide", als eine tragbare Belastung des Steuerzahlers fiskalisch ergiebiger sei, weil sie wirtschaftliches Wachstum fördere und somit letztlich zu steigenden Steuereinnahmen führe.

Besondere Bedeutung hinsichtlich der Begrenzung steuerlicher Belastung kommt dem ESt-

---

mit dem Rechtsstaatsprinzip vereinbar, wenn der Bürger den Umfang seiner steuerlichen Verpflichtung hinreichend deutlich aus der Norm entnehmen kann" (BVerfG, ZKF 1990, 206 f).

[649] BFHE 89, 422 ff, 434; BFHE 112, 546 ff, 556.

[650] Gemäß Art. 41ter V BV Schweiz sind die "Folgen der kalten Progression für die Steuern vom Einkommen der natürlichen Personen ... periodisch auszugleichen" (vgl. dazu *Waldhoff*, Vorgaben 1997, S. 199 ff). Eine ähnliche Regelung im GG fordert auch das *Karl-Bräuer-Institut* des Bundes der Steuerzahler (vgl. *Schemmel/Borell*, Verfassungsgrenzen 1992, S. 90; *Stern*, Einkommensteuertarif 1994, S. 39).

[651] Der "zeitweilige Verzicht auf eine Rückgabe von sog. heimlichen Steuererhöhungen" ist als "ein indirekter Solidarbeitrag zur Finanzierung des Aufbaus in den jungen Ländern" anzusehen (Begr. z. Entwurf StandOG, S. 25 ff, 26). Selbst die zuletzt durchgeführten Tarifänderungen hatten eher den Charakter von Neugestaltungen "ohne ausgeprägten Anpassungscharakter" (*Schöberle*, Einkommensteuertarif, DStR 1989, S. 567 ff, 570).

[652] *Flockermann*, Einkommensteuertarif, FS für *Klein* 1994, S. 393 ff, 402.

[653] Vgl. *Friauf*, Anforderungen, DStJG XII 1989, S. 3 ff, 7: Dem Juristen fällt es schwer, "grundsätzliche qualitative Aussagen über die Existenz von rechtlichen Grenzen in nachvollziehbarer Weise in exakte quantitative Maßstäbe für deren konkreten Verlauf umzusetzen".

[654] Vgl. *Friauf*, Anforderungen, DStJG XII 1989, S. 3 ff, 7.

[655] Vgl. etwa *U. H. Schneider*, Steuergrenzen, StuW 1994, S. 58.

Spitzensteuersatz zu. Ihm wird eine psychologische Signalwirkung attestiert;[656] bei Überschreiten einer gewissen Reizschwelle löst er Anpassungsreaktionen der Wirtschaftssubjekte aus.[657] Der mittlere Tarifbereich sowie die Steuerbemessungsgrundlage stehen hinsichtlich einer solchen Signifikanz offenbar zurück, obwohl sie einen mindestens ebensolchen Einfluß auf die steuerliche Belastung des Großteils der Bevölkerung haben. Die aktuelle finanzpolitische Forderung nach einer "aufkommensneutralen" Absenkung des Spitzensteuersatzes bei gleichzeitiger Verbreiterung der Steuerbemessungsgrundlage ist wohl im wesentlichen auf derartige Überlegungen zurückzuführen.

Daneben werden auch verfassungsrechtliche Bedenken geäußert. Eine hohe Steuerbelastung könne vor allem mit Art. 14 I GG (Eigentumsfreiheit) und Art. 12 I GG (Berufsfreiheit) in Konflikt treten. In extremen Fällen wird gar eine Gefährdung des gesamtwirtschaftlichen Gleichgewichts und damit ein Verstoß gegen Art. 109 II GG befürchtet. Das Erfordernis staatlicher Eingriffsbegrenzung als solcher ist unbestritten.[658] Dem Steuerzahler, so kann Art. 14 GG entnommen werden, muß das von ihm Erworbene grundsätzlich belassen werden. Zwar ist es über die Besteuerung dem Allgemeinwohl dienstbar zu machen, allerdings muß ein angemessener Ausgleich zwischen Individual- und Allgemeininteresse gefunden werden. Eine nähere Bestimmung von Steuerbelastungsgrenzen aus Art. 14 GG ist bis in die jüngste Zeit hinein nicht gelungen. Einen Fortschritt in dieser Hinsicht brachten die Einheitswert-Beschlüsse des BVerfG v. 22.6.1995.[659]

b") Die Arten von Steuerbelastungsgrenzen

In ausländischen Steuerrechtsordnungen finden sich vielfältige Beispiele für die verfassungsrechtliche Normierung von Steuerbelastungsgrenzen.[660] In einem ersten Schritt können materiell-rechtliche von verfahrensrechtlichen Beschränkungen getrennt werden. Während die erstgenannte Art inhaltliche Begrenzungen der Steuerbelastung enthält, soll die zweite Art durch abstimmungsrechtliche Vorschriften den Erlaß steuerlasterhöhender Rechtsetzungsakte tendenziell erschweren,[661] sei es durch abstimmungsrechtliche Erschwerung der Verabschiedung neuer Steuern, der Erhöhung bestehender Steuern oder der Abschaffung bestehender Steuervergünstigungen.[662] Die verfahrensrechtlichen Begrenzungen bleiben hier beiseite.

---

[656] Vgl. etwa *Flockermann*, Einkommensteuertarif, FS für *Klein* 1994, S. 393 ff, 403 ff; *Neumark*, Grundsätze 1970, S. 203 ff; ferner *Schmölders/Hansmeyer*, Steuerlehre 1980, S. 154 ff.

[657] Es ist "ein Erfahrungssatz, daß zu hohe Sätze nicht tatsächlich durchführbar sind. Die Wirtschaft reagiert gegen sie durch Selbsthilfe" (*Popitz*, Einkommensteuer, HwS III 1926, S. 400 ff, 425). Eine "psychologische Höchstgrenze" will *Popitz* (aaO, S. 426) bei etwa einem Drittel des Einkommens sehen; eine Begründung, warum es sich gerade um diese Größe handeln soll, gibt er indes nicht. Vgl. heute auch *Schemmel/Borell*, Verfassungsgrenzen 1992, S. 83; *Schmölders/Hansmeyer*, Steuerlehre 1980, S. 101 ff; zurückhaltend *Neumark*, Grundsätze 1970, S. 203 f: Selbst "Grenzsteuersätze von 80 % oder mehr" sind idR ohne nennenswerten Einfluß.

[658] Vgl. zum folgenden *Friauf*, Anforderungen, DStJG XII 1989, S. 3 ff.

[659] BVerfGE 93, 121 ff; BVerfGE 93, 165 ff; vgl. unten D II 5 a.

[660] Vgl. zum Folgenden überblicksartig Übersicht 4 im Anhang.

[661] Vgl. dazu *Vogel* (Verfassungsgrenzen, FS für *Maunz* 1981, S. 415 ff, 416 [US-Bundesstaat Arkansas], 424 f), der "qualifizierte Mehrheiten für steuererhöhende Gesetze" mit der Begründung für "systemfremd und ... vermutlich noch nicht einmal besonders wirksam" hält, daß eine Oppositionsmehrheit im Bundesrat, wie gegenwärtig, ohnehin ein Mitbestimmungsrecht bezüglich der wichtigsten Steuergesetze habe und sich trotzdem dem öffentlichen Meinungsdruck hinsichtlich bestimmter Gesetzgebungsfragen nicht entziehen könne.

[662] Für die USA vgl. beispielsweise Art. VII Part. I sec. 2 der Verfassung von Louisiana: "The levy of a new tax, an increase in an existing tax, or a repeal of an existing tax exemption shall require the enactment of a

In einem zweiten Schritt lassen sich materiell-rechtliche Begrenzungen auf der Einnahmenseite von solchen auf der Ausgabenseite trennen. Die letztgenannten bleiben hier wiederum außer Betracht.[663] Auf der Einnahmenseite lassen sich wiederum steuerbegrenzende Vorschriften, die auf der Tatbestandsseite eingreifen, von solchen unterscheiden, die die Rechtsfolgeseite (Steueraufkommen) betreffen.[664]

Der hier interessierende Hauptfall ist der des Höchststeuersatzes oder der Steuersatzbegrenzung. Es handelt sich dabei um die Festlegung einer Höchstgrenze für den Steuersatz ieS. Im Zusammenhang mit diesem interessiert stets auch die Begrenzung der Steuerbemessungsgrundlage. In diesem Sinne ergibt der Höchststeuersatz im Zusammenwirken mit einer Begrenzung der Steuerbemessungsgrundlage einen Grenzwert für den Steuersatz iwS. Eine isolierte Betrachtung des Steuersatzes ieS ist hier ungeeignet, denn eine wirksame Begrenzung der Steuerlast kann durch einen reinen Höchststeuersatz nicht erfolgen, solange es dem Gesetzgeber unbenommen ist, die Steuerbemessungsgrundlage beliebig zu verändern.[665]

Die Begrenzung des Steueraufkommens dagegen setzt an der "rechten Seite" der Gleichung, nämlich am Belastungsergebnis an, legt also ein Höchststeueraufkommen fest. In welcher Weise der Gesetzgeber dieses jedoch ausschöpft, bleibt ihm selbst überlassen. Anhand der momentan geführten steuerpolitischen Diskussion kann dieser Fall an dem nicht nur in Deutschland weit verbreiteten Vorschlag illustriert werden, eine Reduktion der Steuersätze durch eine weitgehende Streichung von Steuervergünstigungen und -schlupflöchern ("loopholes") möglichst "aufkommensneutral" zu bewirken. Die Behandlung derartiger Begrenzungen soll an dieser Stelle ebenso unterbleiben wie die von Regelungen, die eine Steuerlastbegrenzung allein in verbaler Form enthalten.[666]

a''') Der explizite Höchststeuersatz

a'''') Die Steuerzahlerrevolte von 1978

Die wohl spektakulärste Durchsetzung eines konkreten Höchststeuersatzes und umfassender weiterer Begrenzungen geht wohl auf die "kalifornische Steuerzahlerrevolte"[667] aus dem Jahre 1978 zurück.[668] Am 6. Juni 1978 stimmten die Wähler des US-Bundesstaats Kalifornien mit einer Mehrheit von 65 % für eine als "Proposition 13" registrierte Vorlage zur Verfassungsergänzung, die eine Absenkung des Steuersatz der "property tax" (kommunale "Grundsteuer") von damals etwa 2,5 % auf 1 % des "veranlagten Marktwerts" des Grundstücks festschrieb.

---

law by two-thirds of the elected members of each house of the legislature" (zit. nach *Waldhoff*, Vorgaben 1997, S. 377 ff).

[663] Vgl. hierzu jedoch *Vogel*, Verfassungsgrenzen, FS für *Maunz* 1981, S. 415 ff, 426 f (Ausgabenhöchstsätze, Höchststellenzahlen für den öffentlichen Dienst).

[664] Der Begriff des Tatbestandes wird hier im Sinne des gesetzlichen Mindestinhalts steuerrechtlicher Vorschriften gebraucht. Insofern zählt auch der Steuersatz dazu (vgl. dazu oben C II 3 b aa).

[665] Die beiden hier dargestellten Alternativen haben den Zweck, quasi auf der "linken Seite" der Gleichung, nämlich auf der Seite der beiden Faktoren Steuerbemessungsgrundlage und Steuersatz, begrenzend zu wirken. Es leuchtet unmittelbar ein, daß eine Begrenzung des einen Faktors, solange diese nicht bei Null liegt, durch die Erhöhung des anderen Faktors beliebig umgangen werden kann, ohne daß sich an der Belastung des Steuerzahlers das Geringste ändert. Aus diesem Grunde kann auch eine isolierte Limitierung der Steuerbemessungsgrundlage den Zweck, die Steuerbelastung zu begrenzen, nicht erfüllen.

[666] Beispiele für Vorschriften dieser Art finden sich etwa bei *Tipke*, Steuerrechtsordnung I 1993, S. 463; vgl. auch *Waldhoff*, Vorgaben 1997, S. 377.

[667] *Waldhoff*, Vorgaben 1997, S. 378; ausführlich schon *Folkers*, Begrenzungsmaßnahmen 1982, S. 15 ff.

[668] Vgl. zum folgenden *Vogel*, Verfassungsgrenzen, FS für *Maunz* 1981, S. 415 ff; heute auch *Tipke*, Steuerrechtsordnung I 1993, S. 461 ff (jeweils mwN).

Die property tax stellte seinerzeit die größte Einnahmequelle der kalifornischen Kommunen dar, ihr Aufkommen lag bei 11,5 Mrd. Dollar; das entsprach etwa 41 % des Gesamtsteueraufkommens in Staat und Gemeinden. Die Proposition 13 führte im Haushaltsjahr 1977/78 zu einem Aufkommensrückgang der property tax um rund 7 Mrd. Dollar, also um etwa 57 %. Der Staat Kalifornien mit seinen lokalen Untereinheiten verlor durch sie also auf einen Schlag rund 20 % seiner Einnahmen.[669] Aus diesem Grunde hatten namhafte Politiker und Beamte dieses Referendum abgelehnt.

Die Proposition 13 enthielt Beschränkungen der Gesetzgebungskompetenz von Staatsparlament und Gemeinden, die über die Festschreibung eines Höchststeuersatzes weit hinausgingen. Mit ihr ging eine Limitierung der Steuerbemessungsgrundlage der property tax einher, indem der "assessed market value" auf den Stand von 1975/76 festgeschrieben und mit der Möglichkeit eines jährlichen Inflationszuschlags um 2 % versehen wurde. Der Entwurf traf damit die notwendige Vorkehrung gegen die Möglichkeit des Steuergesetzgebers, die Steuersatzbegrenzung "auszuhebeln" und seinen steigenden Finanzbedarf stattdessen über eine Ausweitung der Steuerbemessungsgrundlage zu decken.[670] Darüber hinaus wurde die künftige Erschließung alternativer Steuerquellen über die Bindung an eine Zwei-Drittel-Mehrheit erschwert. Die Proposition 13 löste in den USA eine umfassende Diskussion über alternative Wege aus, verfassungsrechtliche Grenzen der Steuerbelastung zu schaffen.[671]

b'''') Die Verfassungen der Schweiz und der USA

Besonders in den USA und der Schweiz finden sich weitere Beispiele für steuersatzrechtliche Höchstgrenzen in Verfassungstexten.[672]

Die BV Schweiz enthält, dies bemerkenswerterweise im Gegensatz zu den Verfassungen der Kantone,[673] eine Reihe zahlenmäßiger Steuersatzbegrenzungen (Höchststeuersätze). Diese betreffen die Warenumsatz- und die direkte Bundessteuer, ferner die steuerliche Gesamtbelastung von Bier. Für die Warenumsatzsteuer wird in Art. 41ter III BV Schweiz die Höchstgrenze des Steuersatzes auf 6,2 % festgesetzt, Art. 41ter V Buchst. c BV Schweiz nennt die entsprechenden Höchstsätze für die direkte Bundessteuer. Diese betragen für das Einkommen natürlicher Personen 11,5 %, für den Reinertrag juristischer Personen 9,8 % und für deren Kapital und Reserven 0,825 %.[674] Nicht ganz deutlich wird indes, ob sich diese Obergrenzen für die direkte Bundessteuer bei einem progressiven Tarif nur auf den Durchschnittssteuersatz oder gar auf den Spitzengrenzsatz beziehen, wodurch im letzteren Fall der höchstzulässige Durchschnittssatz die in der Verfassung normierten Werte noch unterschreiten würde.[675]

---

[669] Katastrophale Auswirkungen hatte dies indes nicht, da die Anpassung der kommunalen Haushalte offenbar relativ problemlos erfolgte (vgl. *Vogel*, aaO, S. 416 f).

[670] Vgl. oben D II 3 b bb c' a".

[671] Vgl. dazu *Tipke*, Steuerrechtsordnung I 1993, S. 462.

[672] Vgl. zum folgenden insb. *Vogel*, Verfassungsgrenzen, FS für *Maunz* 1981, S. 415 ff, 416 ff (USA), *Tipke*, Steuerrechtsordnung I 1993, 463 (Schweiz), sowie neuerdings ausführlich *Waldhoff*, Vorgaben 1997, 196 ff (Schweiz), 371 ff (USA).

[673] *Waldhoff*, Vorgaben 1997, S. 293: Allein verbale Vorgaben!

[674] In Art. 41ter V BV Schweiz findet sich die verfassungsrechtliche Festlegung des Steuergesetzgebers auf die vorgenannten Steuerbemessungsgrundlagen (von *Waldhoff*, Vorgaben 1997, S. 195, "Steuergegenstände" genannt). Diese Regelung muß aber so verstanden werden, daß eine Festlegung auf einen bestimmten Kreis von Steuerbemessungsgrundlagen erfolgen sollte, nicht jedoch die Zementierung etwa eines bestimmten Einkommensbegriffs (aaO, S. 195 FN 75 f).

[675] Vgl. dazu unten D II 4 b bb. Letztlich soll wohl auf den Grenzsteuersatz abzustellen sein, auf den Steuersatz also, der aus dem Gesetz ablesbar ist (*Waldhoff*, aaO, S. 197 FN 81).

Die relative steuerliche Belastung von Bier im Verhältnis zum Bierpreis wird in Art. 41ter IV Buchst. b S.2 BV Schweiz auf dem Stand von Ende 1970 "eingefroren", darf also 17,7 % nicht überschreiten.[676] Hier handelt es sich, im Gegensatz zu den beiden vorgenannten Bestimmungen, um eine Begrenzung nicht der Steuersätze einzelner Steuern, sondern der Steuerlast, die sich aus einem Zusammenwirken mehrerer Steuern ergibt.

Eine Vielzahl von hierher gehörigen steuerbegrenzenden Verfassungsvorschriften (tax limitations) enthalten weiterhin die Verfassungen der US-amerikanischen Bundesstaaten.[677] Einige dieser Steuerlastbegrenzungen sind bereits sehr alt, andere sind erst im Anschluß an die oben behandelte Steuerzahlerrevolte entstanden.[678] Von den 50 Bundesstaaten haben 43 finanzverfassungsrechtliche Regelungen in ihre Verfassung aufgenommen.[679] Nicht all diese indes enthalten zahlenmäßige Höchststeuersätze. Eine Begrenzung des Steuersatzes für die Gesamtsteuerbelastung unter Einbeziehung kommunaler Steuergewalt enthält jedenfalls Art. XI sec. 214 der Verfassung von Alabama von 1901. Sie begrenzt die steuerliche Gesamtbelastung der Steuerzahler auf 6,5 ‰ (Promille) des Wertes des innerstaatlichen Vermögensbestandes.[680] Eine Begrenzung des Steuersatzes auf Steuern vom Einkommen enthält Art. V sec. 2 § 6 der Verfassung von North Carolina von 1971. Dieser darf nicht mehr als 10 % des Nettoeinkommens betragen.[681] Es finden sich jedoch noch andere Formen von Steuersatzbegrenzungen. In Illinois darf etwa der Satz einer Steuer auf das "Einkommen" von Körperschaften (corporations) denjenigen einer entsprechenden Steuer auf das Einkommen natürlicher Personen um nicht mehr als drei Fünftel übersteigen.[682] In Florida wiederum dürfen Grund-, Erbschaft- und Einkommensteuern einen Betrag nicht übersteigen, der von entsprechenden Steuern anderer Staaten abziehbar oder auf diese anrechenbar ist.[683]

Die genannten Beispiele für steuersatzrechtliche Begrenzungsnormen in ausländischen Verfassungen werfen die Frage auf, aus welchen Gründen sich derartige Regelungen bisher in Deutschland nicht haben durchsetzen können. Ein wohl entscheidender Grund hierfür dürfte im Fehlen direkt-demokratischer Institutionen (Volksentscheid) im deutschen GG liegen.[684] Darüber hinaus zeichnet sich besonders das US-amerikanische Rechtssystem durch eine kasuistische Common-Law-Tradition aus, die eine gewisse Detailfreudigkeit auch in den Verfassungstexten bedingt.[685] Dies gilt insb. für die finanzrechtlichen Vorschriften, die darüber hinaus einer hohen Änderungsfrequenz unterliegen. In Deutschland hingegen ist man zurück-

---

[676] *Waldhoff,* aaO, S. 197 FN 86. Unklar bleibt indes, warum bei Bier ein Warenumsatzsteuersatz von 8,2 % zulässig sein soll, obwohl dieser von Verfassungs wegen auf 6,2 % begrenzt ist (so aber aaO).

[677] Die BV USA v. 17.9.1787 selbst ist in dieser Hinsicht wenig ergiebig (*Waldhoff,* aaO, S. 372).

[678] Vgl. oben D II 3 b bb c' b'' a''' a''''. Vgl. hierzu das Beispiel des US-Bundesstaats Michigan bei *Vogel,* Verfassungsgrenzen, FS für *Maunz* 1981, S. 415 ff, 417.

[679] *Waldhoff,* Vorgaben 1997, S. 374 m. FN 49 ff.

[680] Zit. nach *Waldhoff* (aaO, S. 377), der in diesem Zusammenhang - m.E. falsch - von einer Begrenzung der "Vermögensbesteuerung" spricht. Die Verfassung von Alabama bezieht hier m.E. vielmehr die zulässige Belastung durch alle anfallenden Steuern auf den Wert des im Staatsgebiet belegenen Vermögensbestandes. Zu weiteren Beispielen vgl. aaO, S. 377 FN 80.

[681] Zit. nach *Waldhoff,* aaO, S. 377; vgl. schon *Vogel,* Verfassungsgrenzen, FS für *Maunz* 1981, S. 415 ff, 416.

[682] Zit. nach *Waldhoff,* aaO, S. 377 FN 81; vgl. schon *Vogel,* aaO, 416.

[683] Zit. nach *Waldhoff,* aaO, S. 378 FN 83. Weitere Beispiele finden sich bei *Vogel,* aaO, 416.

[684] So auch *Waldhoff,* aaO, S. 379.

[685] *Waldhoff,* aaO, S. 378.

haltender, wenn es darum geht, rein formelles Verfassungsrecht,[686] dem elementare Bedeutung fehlt, in den Text des GG aufzunehmen.

b''') Das Verbot der Erdrosselungssteuer

Eine Begrenzung der Höhe von Steuersätzen kann - neben expliziten Obergrenzen - dem generellen Verbot konfiskatorischer Besteuerung entnommen werden, einer Ausprägung des rechtsstaatlichen Übermaßverbots, welches freiheitsrechtlich aus Art. 12 und 14 GG abgeleitet wird.[687] Hiernach muß eine Steuer - gem. der Begriffsdefinition in Art. 3 I AO 1977 - zumindest im Nebenzweck der Einnahmeerzielung dienen. Geht ein Steuergesetz hingegen ersichtlich darauf aus, das wirtschaftliche Bestehen, als die Fortsetzung der Erwerbstätigkeit, durch die Festsetzung der steuerlichen Zahlungspflicht ernsthaft zu gefährden,[688] also den Betroffenen wirtschaftlich zu erdrosseln, indem es die "Erfüllung des Steuertatbestandes praktisch unmöglich zu machen" versucht,[689] so hat diese Steuer[690] den Charakter einer Erdrosselungssteuer und ist verfassungswidrig.[691]

Die Verfassungswidrigkeit der Erdrosselungssteuer kann sich somit zum einen aus Art. 12 GG ergeben.[692] Dies ist dann der Fall, wenn die Steuerlast den Betroffenen an der Ausübung seines Berufes hindert.[693] Gegen Art. 14 GG verstößt die Erdrosselungssteuer außerdem immer dann, wenn sie den Betroffenen übermäßig belastet und dadurch seine Vermögensverhältnisse grundlegend beeinträchtigt.[694]

Die Frage der Erdrosselungssteuer stellt sich stets bei solchen Steuern, deren Lenkungszweck den Fiskalzweck eindeutig überwiegt, und die aufgrund besonders hoher Steuersätze darüber hinaus dazu geeignet sind, die besteuerte Tätigkeit wirtschaftlich zumindest so stark zu belasten, daß es unter normalen Umständen zu einer Aufgabe derselben kommen muß.[695] Die

---

[686] Zu den Begriffen des formellen und des materiellen Verfassungsrechts vgl. jetzt *Bayer*, Steuerlehre 1997, Rdn 49 ("doppelter Verfassungsbegriff"), 54 (Schema).

[687] Vgl. *Tipke/Lang*, Steuerrecht 1996, § 4 Rdn 66.

[688] BVerfG, NJW 1992, S. 168 f, 169.

[689] BVerfGE 16, 147 ff, 161.

[690] Strenggenommen muß einer solchen Vorschrift die Steuereigenschaft wegen Verstoßes gegen Art. 3 I GG abgesprochen werden. Sie ist vielmehr als eine Verwaltungsfunktion mit Verbotscharakter zu klassifizieren (BVerfGE 38, 61 ff, 81).

[691] So schon PreußOVG, PreußVerwBl 38, 1916/17, S. 116; vgl. den Hinweis darauf, daß "alle Kommentatoren des GG" diese Auffassung vertreten, bei *Mußgnug*, Konfiskatorische Steuern, JZ 1991, S. 993 ff, 993 m. FN 3.

[692] Vgl. dazu etwa *Mußgnug*, aaO, S. 997: Schutz vor steuerrechtlichen Berufsverboten. Bei der Prüfung auf Vereinbarkeit mit Art. 12 GG ist zunächst die Schwere des Eingriffs zu ermitteln. Daraufhin ist zu prüfen, ob dieser durch die Schranken-Schranke in Form der sog. Drei-Stufen-Theorie gedeckt ist (vgl. speziell zum Steuerrecht jetzt *Bayer*, Steuerlehre 1997, Rdn 142).

[693] BVerfGE 87, 153 ff, 169.

[694] BVerfGE 38, 61 ff, 102.

[695] Vgl. dazu *Kruse*, in: *Tipke/Kruse*, AO, FGO, § 3 AO Rdn 13 (mwN). Als Beispiel für einen solchen Streitfall kann hier etwa die VgnSt in Form der AutomatenSt angeführt werden, die besonders das Aufstellen sog. Killerautomaten (Computerspiele, die das Töten von Menschen verherrlichen) zum Zweck des Jugendschutzes mit hohen Steuersätzen belegt (vgl. dazu BVerfGE 31, 8 ff, 22 f). Eine Erdrosselungssteuer liegt in einem solchen Fall allerdings nicht unbedingt vor; dies ist vielmehr erst dann der Fall, "wenn die Erhebung der Steuer insgesamt dazu führt, daß der gewählte Beruf nicht mehr zur Grundlage der Lebensführung dienen kann" (*Birk*, in: *Driehaus*, Kommunalabgabenrecht, § 3 Rdn 191 [mwN]). Dies wird allerdings in den wenigsten Fällen zutreffen, weshalb die entsprechende Tarifvorschrift auch die Voraussetzungen der Erdrosse-

Fälle allerdings, in denen das BVerfG einmal eine Steuer als erdrosselnd für verfassungswidrig erklärt hätte, sind äußerst überschaubar.[696] Als erste und bisher wohl einzige Steuerrechtsnorm hat es die Tarifvorschrift des § 32a I EStG mit der Begründung für eine verfassungswidrige Erdrosselungssteuer gehalten, dem Steuerpflichtigen müsse "ein Kernbestand des Erfolges eigener Betätigung im wirtschaftlichen Bereich in Gestalt der grundsätzlichen Privatnützlichkeit des Erworbenen und der grundsätzlichen Verfügungsbefugnis über die geschaffenen vermögenswerten Rechtspositionen erhalten" bleiben.[697] Ansonsten hat das Verbot der Erdrosselungssteuer in der bisherigen Rechtsprechung des BVerfG nur eine geringe Schutzwirkung entfaltet.[698]

Auch aus dem Verbot konfiskatorischer Besteuerung läßt sich also eine konkrete quantitative Steuergrenze schwerlich ableiten. Dazu ist die Abgrenzung zwischen zwar exorbitant hohen, bedrückend wirkenden Steuern und verfassungswidrigen Erdrosselungssteuern zu diffus.[699] Der ESt-Spitzensatz von 53 % wird - trotz der hinzutretenden weiteren Steuern - als verfassungsrechtlich unbedenklich angesehen.[700] Letztlich läßt sich auch unter Zuhilfenahme von Art. 14 GG für die Höhe des ESt-Spitzentarifs nichts anderes sagen, als daß es sich bei seiner Festlegung um eine "politische, keine Rechtsfrage" handelt.[701] Seine durch die Eigentumsgarantie gezogene äußerste Grenze findet er allein dort, wo er den Steuerpflichtigen übermäßig belastet und seine Vermögensverhältnisse grundlegend beeinträchtigt.[702] Daß dies indes so gut wie nie der Fall ist, soll daran liegen, daß in einer demokratischen Ordnung jeder noch so hohe Steuersatz grundsätzlich durch die Volksvertretung abgesegnet ist. Absolute Steuergrenzen gehören somit in vordemokratische Steuerrechtsordnungen.[703] Nach dieser formalen Betrachtungsweise dürfte allerdings die Erklärung der Tatsache schwerfallen, daß ein demokratisch gewähltes Parlament überhaupt verfassungswidrige Gesetze hervorbringen kann. Daß das Demokratieprinzip allein heute für unter Gerechtigkeitsgesichtspunkten einwandfreie Steuergesetze nicht mehr bürgt, ist weiter oben bereits erörtert worden.[704]

---

lungssteuer nicht erfüllen dürfte (vgl. hierzu auch BFHE 160, 61 ff, 68). Ähnliches gilt für die Besteuerung des Werkfernverkehrs durch einen erhöhten BefSt-Satz (BVerfGE 16, 147 ff, 177, und dazu *Mußgnug*, Konfiskatorische Steuern, JZ 1991, S. 993 ff, 997).

[696] Gegen das Übermaßverbot verstößt eine Steuer etwa auch dann nicht notwendigerweise, wenn ihr Steuersatz verdoppelt wird (vgl. BFHE 151, 285 ff, 289 [hamburgische HundeSt]). Andernfalls wäre auch die Anhebung des GrESt-Satzes von 2 auf 3,5 % vor diesem Hintergrund zumindest problematisch.

[697] BVerfGE 87, 153 ff, 169.

[698] Vgl. *Kruse*, in: *Tipke/Kruse*, AO, FGO, § 3 AO Rdn 13.

[699] Vgl. dazu *Mußgnug*, Konfiskatorische Steuern, JZ 1991, S. 993 ff, 993.

[700] Vgl. *P. Kirchhof*, Besteuerung und Eigentum, VVDStRL 39 1981, S. 213 ff, 272. Die Äußerung *Kirchhofs* bezog sich gar noch auf eine "Einkommensteuer", die sich im "Spitzensteuersatz einer Belastung von 56 %" des zu versteuernden Einkommens nähert".

[701] *Mußgnug*, Konfiskatorische Steuern, JZ 1991, S. 993 ff, 994.

[702] Vgl. die Übersicht über die diesbezügliche BVerfG-Rechtsprechung bei *Jachmann*, Belastungsgrenzen, StuW 1996, S. 97 ff, 100 FN 28. Dies dürfte jedoch besonders für die Steuerpflichtigen, bei denen ein sehr hoher Durchschnittssteuersatz zur Anwendung kommt, nicht der Fall sein. "Deshalb wahrt auch der Spitzentarif den nötigen Abstand von der Konfiskationsschwelle. Er greift nur auf Einkommen zu, die ihn verkraften können" (*Mußgnug*, Konfiskatorische Steuern, JZ 1991, S. 993 ff, 995).

[703] *Mußgnug*, aaO, S. 994 f.

[704] Vgl. oben C I 3.

c") Die Forderungen nach expliziten Steuerbelastungsgrenzen

Auch in Deutschland werden in jüngerer Zeit immer häufiger Forderungen nach einer Begrenzung der Steuerbelastung laut. Wie diese indes auszusehen habe und in welcher Form sie in die Verfassung zu inkorporieren sei, ist umstritten.

a'") Die Oberlastgrenze als Grundrecht

Schneider fordert ein eigenes "Grundrecht auf Steuergerechtigkeit", welches den folgenden Passus enthalten könne: "Die direkten Steuern dürfen ... % des Einkommens nicht übersteigen".[705] Er verfolgt damit den Zweck, erdrosselnde Steuern zu verhindern und dem Steuerrecht seinen Platz als Teil der Gerechtigkeitsordnung des GG zuzuweisen. Ob die von *Schneider* geforderte Steuergrenze allerdings ihren Zweck erreichen kann, ist zweifelhaft.[706] Die Kritikpunkte, die an ihr zu äußern sind, ergeben sich, wenn man den Charakter der Steuergrenze *Schneiders* anhand der oben entwickelten Kriterien näher untersucht.

·Am Wortlaut der *Schneiderschen* Formulierung fällt zunächst der Begriff der "direkten Steuern" auf. Dieser Begriff ist ein politischer und finanzwissenschaftlicher, seine Bedeutung in der Steuerrechtswissenschaft ist begrenzt.[707] Die Unterscheidung von direkten und indirekten Steuern fußt auf dem wirtschaftlichen Kriterium der Überwälzbarkeit der Steuerlast, d.h. auf dem Auseinanderfallen der Identitäten von Steuerschuldner und Steuerträger (Steuerdestinatar).[708] Der Begriff der "direkten Steuer", wie ihn *Schneider* verwendet, ist somit ungeeignet, eine Gruppe von Steuern, für die die Steuersatzbegrenzung gelten soll, unmißverständlich abzugrenzen;[709] von der Schwierigkeit der Einordnung etwaiger neuer Steuern sei hier ganz abgesehen.[710] Die erste Schwäche der *Schneiderschen* Forderung ist somit ihre Unbestimmtheit hinsichtlich des Kreises der Steuerarten, für die sie gelten soll. Das GG müßte somit gleichzeitig um einen geeignet zu definierenden Begriff der direkten Steuer ergänzt werden.

---

[705] *U. H. Schneider*, Steuergrenzen, StuW 1994, S. 58.

[706] Vgl. hierzu *Tipke*, Leistungsfähigkeitsprinzip, StuW 1994, S. 58 ff (Stellungnahme zu *U. H. Schneider*, Steuergrenzen, StuW 1994, S. 58!), und dazu *Mielke*, Spitzenbelastung, StuW 1994, S. 232 ff.

[707] Vgl. *Bayer*, Steuerlehre 1997, Rdn 1581 (mwN); unzutreffend wohl *Crezelius*, Steuerrecht II 1994, S. 10: "Die Unterscheidung von direkter und indirekter Besteuerung ist die juristisch (!) und in ihren wirtschaftlichen Auswirkungen bedeutsamste". Denn bei (formal-)juristischer Betrachtungsweise ist für die Unterscheidung von Steuern anhand des Kriteriums ihrer Überwälzbarkeit kein Platz. Der Tatbestand einer Steuer enthält keine Anhaltspunkte dafür, daß die Steuer von einem anderen als dem Steuerschuldner zu tragen ist. Die USt etwa, der "Prototyp der indirekten Steuer" (*Crezelius*, ebenda), hat als Steuerschuldner idR den Unternehmer (§ 13 II Nr.1 UStG), nicht etwa den Verbraucher. Das Begriffspaar "direkt/indirekt" kann somit für die juristische Einordnung einer Steuer gerade nicht taugen!

[708] Vgl. *Crezelius*, aaO, S. 10 ff; *Tipke/Lang*, Steuerrecht 1996, S. 197. *Bayer* (Steuerlehre 1997, Rdn 1585) hingegen argumentiert, über dieses wirtschaftliche Kriterium hinaus eigne sich eine juristische Einteilung anhand des Rechtfertigungsgrundes dazu, direkte (Gerechtigkeit) und indirekte (Einfachheit) Steuern voneinander zu trennen. Gleichwohl muß bezweifelt werden, ob der Rechtfertigungsgrund einer Steuer als Unterscheidungskriterium im konkreten Streitfall einen genügend präzisen Maßstab abgäbe, zumal dieser im Wortlaut des Gesetzes idR nicht enthalten und damit der Argumentation und Interpretation zugänglich ist.

[709] "Da die Überwälzung der indirekten Steuer vom Steuerschuldner auf den Steuerträger nur ein gesetzgeberischer Idealfall ist, der die Marktsituation nicht berücksichtigen kann, scheint die Unterscheidung fragwürdig zu sein".

[710] Zu der abnehmenden Bedeutung eines Steuererfindungsrechts vgl. jedoch *Bayer*, Steuerlehre 1997, Rdn 168.

Nimmt man im folgenden eine hinreichende Abgrenzung des Begriffs der direkten Steuer an, so ergeben sich dennoch weitere Schwächen. So praktikabel die Berechnung des Anteils der Gesamtsteuerschuld aus den direkten, meist veranlagten Steuern am Einkommen des Steuerzahlers auch sein mag, so offen ist der Einkommensbegriff für neue Manipulationen durch den Gesetzgeber. Eine Umgehung der Steuergrenze kann somit dadurch erfolgen, daß die Bezugsgröße "Einkommen" vergrößert wird, so daß der zulässige prozentuale Anteil an ihr seinerseits, absolut gesehen, steigt. Ein Einkommensbegriff, der sich wieder näher an die *Schanzsche* Reinvermögenszugangstheorie anlehnen würde,[711] wäre hierzu geeignet, aber wenig wünschenswert.[712] Diese "Hintertür" könnte allerdings dadurch geschlossen werden, daß man den Gesetzgeber für die Zwecke dieser Steuergrenze an den zum Zeitpunkt der Verfassungsergänzung bestehenden Einkommensbegriff bindet oder diesen gar vollständig festschreibt. Die erste Alternative hätte indes zur Folge, daß in späteren Jahren möglicherweise zwei verschiedene Einkommensgrößen zu berechnen wären, eine für die laufende Veranlagung der Steuerpflichtigen, die andere für Zwecke der Überprüfung der Direkte-Steuer-Belastung mit dem neu geschaffenen Grundrecht. Die zweite Alternative hätte den Nachteil, den geltenden Rechtszustand hinsichtlich des Einkommensbegriffs zu zementieren, weil seine Anpassung an wirtschaftliche Entwicklungen nur mehr durch eine Verfassungsänderung möglich wäre.[713]

Unterstellt man auch eine Lösbarkeit der vorgenannten Probleme, so besteht eine weitere entscheidende Schwäche des *Schneiderschen* Ansatzes in der Tatsache, daß es dem Gesetzgeber unbenommen ist, die Steuergrenze duch Ausweichen in die indirekten Steuern zu umgehen.[714] Eine solche Vorgehensweise böte sich darüber hinaus deshalb geradezu an, weil sich die indirekten Steuern im ganzen durch eine geringere Merklichkeit auszeichnen und ihre Erhöhung dadurch einen geringeren Steuerwiderstand provoziert.[715] Die Vorschriften des GG stehen einer solchen "Flucht" in die indirekten Steuern bisher nicht im Wege.[716] Um diese Umgehungsmöglichkeit zumindest zu begrenzen, wäre ein Verfassungszusatz zu fordern, der einen Mindestanteil der direkten Steuern am Gesamtsteueraufkommen normiert.

Zusammenfassend kann der Vorschlag *Schneiders* wohl als Ausdruck eines berechtigten Interesses an Steuergerechtigkeit und Steuerlastbegrenzung angesehen werden. Seine Realisie-

---

[711] Zu den beiden Einkommenstheorien von *Schanz* und *Fuisting* vgl. *Icking*, Einkommensteuerrecht 1993, passim.

[712] Einer Ausweitung der Bemessungsgrundlage stünden allerdings grundsätzlich dann keine Bedenken entgegen, wenn diese durch Streichung systemfremder Steuervergünstigungen zugunsten eines einfacheren und gerechteren Steuerrechts erfolgen würde (vgl. *Schemmel/Borell*, Verfassungsgrenzen 1992, S. 88).

[713] Eine solche Zementierung wäre, so jedenfalls *Schemmel/Borell* (aaO, S. 88), dann überflüssig, wenn das Leistungsfähigkeitsprinzip in die Verfassung aufgenommen würde, weil dieses die Steuerbemessungsgrundlage der ESt dann in wünschenswerter Weise bestimmen würde. Fraglich ist jedoch, ob ein derart unbestimmter Grundsatz geeignet ist, den Einkommensbegriff hinreichend klar zu umreißen. Außerdem hat das Leistungsfähigkeitsprinzip bereits heute nach der hM Verfassungsrang, ohne daß es dazu explizit in die Verfassung aufgenommen werden müßte. Dennoch ist der Einkommensbegriff alles andere als unumstritten.

[714] So auch *Tipke*, Leistungsfähigkeitsprinzip, StuW 1994, S. 58 ff, 61: "Begrenzt werden müßte jedoch die individuelle Gesamtsteuerlast".

[715] Vgl. hierzu *Schmölders*, Finanzpsychologie, HwStR I 1981, S. 501 ff, 506: Für das Belastungsempfinden des Steuerzahlers kommt es "nicht so sehr auf die objektive stl. Belastung, sondern mehr auf ihre 'Merklichkeit', die subjektiven Faktoren ihrer Wahrnehmung und die gefühlsmäßige 'Belästigung'" an.

[716] "Das GG enthält keine Vorschrift über das Maß, in dem die direkten Steuern am Gesamtsteueraufkommen beteiligt sein müssen" (*Bayer*, Steuerlehre 1997, Rdn 383).

rung dürfte indes in der Praxis wohl auf kaum zu überwindende Schwierigkeiten stoßen.[717]

b''') Die Ergänzung von Art. 105 GG

Das *Karl-Bräuer-Institut* des Bundes der Steuerzahler fordert eine Ergänzung des kompetenzrechtlichen Art. 105 GG um eine Art. 106 III S.4 Nr.2 GG entsprechende Begrenzungsformel folgenden Wortlauts: "Überlastungen der Steuerpflichtigen sind zu vermeiden".[718] Diese Formel soll sich auf den einzelnen Steuerzahler beziehen, weil die Schutzwirkung der Grundrechte dem Individuum gilt und gesamtwirtschaftliche oder globale Steuerlastquoten ungeeignet sind, weil sie im Einzelfall "Ausreißer" verschleiern können und leichter manipulierbar sind.[719] Die Begrenzung sei aus Art. 14 I GG abzuleiten, ein Weg, den der Gesetzgeber selbst bisher nicht beschritten habe. Das *Karl-Bräuer-Institut* sieht indes Probleme hinsichtlich einer genauen Quantifizierung der individuellen Steuergrenze. Hier entstehen wohl ähnliche Konkretisierungsprobleme wie bei Art. 14 GG.[720]

c''') Der Halbteilungsgrundsatz

Besonders *Kirchhof* und *Friauf* haben schon früh mit ihrer Forderung nach einer 50 %-Grenze, die sie aus Art. 14 GG ableiten wollen, auf sich aufmerksam gemacht.[721] Der Steuerpflichtige, so das Argument, habe ein verfassungsmäßiges Recht darauf, daß ihm sein selbst erworbenes Einkommen zu mehr als der Hälfte verbleibt. *Friauf* ist der Ansicht, die "verfassungsrechtliche Problemzone" beginne "spätestens dort, wo die 50 %-Marke der Gesamtbelastung des erzielten Einkommens in Sicht kommt". Er begründet dies auch mit der steuerpsychologischen Signalwirkung, die dem ESt-Spitzensteuersatz zukommt.[722] *Kirchhof* formuliert bezüglich des ESt-Tarifs: "Die verfassungsrechtlich zulässige Obergrenze einer Gesamtbelastung des Einkommens liegt in der Nähe einer hälftigen Teilung der individualnützigen Einnahmen zwischen privater und öffentlicher Hand". Diese Obergrenze sei aber "in der Regel zugunsten der Privatnützigkeit des Einkommens" zu unterschreiten.[723]

Dieser Vorschlag ist durch die Einheitswertbeschlüsse des BVerfG zur VSt und zur ErbSt v. 22.6.1995 eindrucksvoll bekräftigt worden.[724] *Vogel* sieht in seiner Anmerkung zu diesen Entscheidungen deren Kernaussagen hinsichtlich einer steuerlichen Belastungsgrenze aus Art. 14 GG zum einen darin, der Gesetzgeber habe die Gesamtbelastung durch eine Besteuerung des

---

[717] *Tipke* befürchtet insb. eine "Flut von Steuerprozessen" (*Tipke*, Leistungsfähigkeitsprinzip, StuW 1994, S. 58 ff, 62).

[718] *Schemmel/Borell*, Verfassungsgrenzen 1992, S. 84.

[719] Vgl. *Schemmel/Borell*, aaO, S. 83 ff, 84.

[720] Vgl. dazu oben D II 3 b bb c' b'''.

[721] *Paul Kirchhof* formulierte diesen Gedanken bereits 1981 als einer der ersten überhaupt (*P. Kirchhof*, Besteuerung und Eigentum, VVDStRL 39 1981, S. 213 ff, 272). Vgl. später auch *ders.*, Gutachten, 57. DJT 1988, S. F 82, und dazu *Lang, Klaus Vogel*, StuW 1996, S. 67 ff.

[722] *Friauf*, Anforderungen, DStJG XII 1989, S. 3 ff, 8 f. Es wird hier leider nicht unmißverständlich deutlich, ob sich *Friauf* bei der Festlegung der Steuergrenze auf die ESt oder auf das gesamte Steuersystem bezieht, denn er spricht einmal von der "Bemessung der Einkommensteuer" (aaO, S. 8 unten), auf die sich die 50 %-Marke offenbar beziehen soll. Auf der anderen Seite hingegen bezieht er die 50 %-Marke, insoweit sinnvoller, auf die "Gesamtbelastung des erzielten Einkommens" (aaO, S. 9 oben). Im Zusammenhang mit der psychologischen Signifikanz stellt er jedoch wiederum auf den Spitzensteuersatz, gemeint ist wohl: der ESt, ab (aaO, S. 9 FN 19); vgl. hierzu auch oben D II 3 b bb c' a".

[723] *P. Kirchhof*, Gutachten, 57. DJT 1988, S. F 82.

[724] BVerfGE 93, 121 f (VSt), und BVerfGE 93, 165 f (ErbSt), beide abgedr. in JZ 1996, S. 31 ff, vgl. auch oben B I 3, ausführlich unten D II 5 a.

Vermögenserwerbs, des Vermögensbestandes und der Vermögensverwendung so aufeinander abzustimmen, daß eine übermäßige Last vermieden wird.[725] Zweitens stelle das BVerfG insofern einen Halbteilungsgrundsatz bezüglich der Gesamtbelastung auf, als es fordert, diese habe bei typisierender Betrachtung in der Nähe einer hälftigen Teilung zwischen privater und öffentlicher Hand zu verbleiben.[726] Diesen Grundsatz leitet das BVerfG aus dem Wort "zugleich" in Art. 14 II S.2 GG ab.[727] Für *Vogel* ist der VSt-Beschluß des BVerfG damit mehr als ein solcher, steht vielmehr den "großen Entscheidungen des BVerfG", etwa dem Apotheken-Urteil, an Gewicht nicht nach.

Die Bedeutung dieser Beschlüsse wird von der herrschenden Meinung ähnlich hoch angesiedelt.[728] Sie wird darin gesehen, daß das BVerfG hier erstmals Art. 14 GG für die Bestimmung einer Steuerlastgrenze aktiviert hat, nachdem dies von weiten Teilen des Schrifttums bereits seit längerer Zeit gefordert worden war.[729] Eine konkrete Höchstgrenze für Steuersätze bestimmter Steuern nennen die Beschlüsse zwar nicht, kritisieren vielmehr, so *Vogel*, das "Schubladendenken besonders der Spezialisten für einzelne Steuern". Das BVerfG habe indes die ungleich wichtigere Frage der "Höhe der Gesamtsteuerlast in den Blick genommen und damit der Unersättlichkeit des Leviathans eine oberste verfassungsrechtliche Grenze gezogen".[730] Der Halbteilungsgrundsatz weise hohe programmatische Intensität auf, seine Herleitung durch *Kirchhof* und das BVerfG sei von seiner Bedeutung her mit der "Proposition 13" zu vergleichen.[731]

Eine Begrenzung des ESt-Spitzensteuersatzes auf einen Wert unter 50 % läßt sich aus den Einheitswertbeschlüssen des BVerfG also wohl nicht herauslesen.[732] Dies ist jedoch auch nicht zu fordern, denn der Spitzensteuersatz von derzeit 53 % bezeichnet nicht die (Durchschnitts-)Belastung des Einkommens des Steuerpflichtigen.[733] Die Bedeutung des Halbteilungsgrundsatzes liegt wohl mehr darin, zu gewährleisten, daß der ESt-Tarif so ausgestaltet ist, daß in der Mehrzahl der Fälle die steuerliche Gesamtbelastung die "magische 50 %-Grenze"[734] des Einkommens nicht überschreitet.

---

[725] *Vogel*, Anmerkung, JZ 1996, S. 43 ff, 44.

[726] Das BVerfG bezieht diese Aussage wörtlich zwar nur auf den Sollertrag des Vermögens, die Herleitung dieser Aussage aus Art. 14 GG läßt jedoch darauf schließen, daß für die Gesamtbelastung des Steuerpflichtigen nichts anderes gelten soll (*Vogel*, Anmerkung, JZ 1996, S. 43 ff, 44); vgl. auch *Lang, Klaus Vogel*, StuW 1996, S. 67 ff, 67. Für die ErbSt forderte schon *Leisner* (Grenzen 1970, S. 59 f) eine Begrenzung des Steuersatzes auf 50 %.

[727] *Lang, Klaus Vogel*, StuW 1996, S. 67 ff, 67. Diese Herleitung ist allerdings in der die Beschlüsse rezipierenden Literatur nicht nur auf Zustimmung gestoßen (aA etwa *Kanzler*, Umsetzung, StuW 1996, S. 215 ff, 224 [mwN in FN 131]).

[728] Eine Übersicht zu den Literaturstimmen, die sich mit den genannten Beschlüssen beschäftigen, findet sich bei *Tipke/Lang*, Steuerrecht 1996, § 4 Rdn 101 FN 73, Rdn 106 FN 77, Rdn 214 FN 30 sowie Rdn 223 FN 35.

[729] Vgl. *Tipke/Lang*, Steuerrecht 1996, § 4 Rdn 214 f (mwN).

[730] *Vogel*, Anmerkung, JZ 1996, S. 43 ff, 44.

[731] *Tipke/Lang*, Steuerrecht 1996, § 4 Rdn 226 m. FN 41.

[732] Vgl. *Jachmann*, Belastungsgrenzen, StuW 1996, S. 97 ff, 105; ferner *Bayer*, Steuerlehre 1997, Rdn 1462.

[733] Vgl. *Jachmann*, Belastungsgrenzen, StuW 1996, S. 97 ff, 105; ferner auch unten D II 4 b aa.

[734] *Stern*, Einkommensteuertarif 1994, S. 38.

d") Die Konkretisierung und Realisierung von Steuerbelastungsgrenzen

Momentan wird die Obergrenze für die Steuerbelastung gemeinhin bei etwa 50 % angesiedelt.[735] Möglich ist indes, daß sich diese Vorstellung in absehbarer Zeit wandelt.[736] Darüber hinaus, so das *Karl-Bräuer-Institut*,[737] könnten im Einzelfall verschiedene Belastungen zusammentreffen, die insgesamt vorübergehend die 50 %-Grenze geringfügig überschreiten und daher hinnehmbar erscheinen. Die grundgesetzliche Normierung eines strengen Höchststeuersatzes trage daher nur zu einer Zementierung des Rechts bei und sei daher besser dem Gesetzgeber zu überlassen. Fraglich ist bei dieser Sichtweise indes, wie eine Steuerlastbegrenzung erreicht werden soll, wenn die Festlegung von Höchstsätzen - wie bisher - dem Gesetzgeber überlassen bleibt. Außerdem kann eine 50 %-Grenze nach Ansicht von *Friauf* und *Kirchhof* bereits aus Art. 14 GG selbst abgeleitet werden.[738] Eine Verfassungsergänzung, zumal in einer solch vagen Form, wie sie das *Karl-Bräuer-Institut* fordert, ist hierzu nicht erforderlich. Wer allerdings nicht bereit ist, aus Art. 14 GG eine Steuerlastgrenze abzuleiten, der wird auch schwerlich eine ähnlich vage Verfassungsergänzung befürworten.

Ein schwer lösbares Problem stellt sich auch hinsichtlich der Abgaben, die in die Belastungsgrenze einzubeziehen sind. Ist bereits die Berechnung der Belastungswirkungen indirekter Steuern von einer gewissen Problematik, so gilt dies verstärkt für außersteuerliche Abgaben, nämlich für Sonderabgaben, Sozialversicherungsabgaben, Gebühren und Beiträge. Besonders Gebühren und Beiträge sind aufgrund ihrer Lenkungsfunktion geeignet, Belastungsgrenzen zu umgehen.[739] Eine Belastungsgrenze, die diese Abgabentypen nicht erfaßt, öffnet ihrer eigenen Umgehung Tür und Tor.

Weiterhin wäre eindeutig zu klären, auf welche Basisgröße die Belastungsgrenze zu beziehen ist. Hier bietet sich das Einkommen als Indikator wirtschaftlicher Leistungsfähigkeit an, und zwar das disponible Einkommen,[740] ersatzweise das zu versteuernde Einkommen iS des EStG, vermehrt um politisch motivierte Steuervergünstigungen und vermindert um das Existenzminimum.[741]

Für *Vogel* ist die Normierung eines verfassungsrechtlichen Höchstsatzes mit der Gefahr verbunden, der Gesetzgeber werde diese sogleich auszuschöpfen versuchen.[742] Wie er indes selbst anmerkt, besteht diese Gefahr nicht nur bei Höchstgrenzen, sondern generell, wenn nicht sogar ohne Höchstgrenzen noch in verschärfter Form. Eine Gefahr sieht *Vogel* vor allem in der Möglichkeit des Steuergesetzgebers, den Höchststeuersatz durch Erweiterung der Bemessungsgrundlage zu umgehen,[743] notfalls unter Zuhilfenahme neuer finanzwissenschaftli-

---

[735] Vgl. oben D II 3 b bb c' c'' c'''.

[736] So hatte etwa *Popitz* (Einkommensteuer, HwS III 1926, S. 400 ff, 426) seinerzeit eine - wenn auch psychologische - Höchstgrenze noch bei einem Drittel angesiedelt. Auch diese ist in der Folgezeit sich wandelnden Vorstellungen zum Opfer gefallen; vgl. etwa *Neumark*, Grundsätze 1970, S. 204 (65 %); weitere Nachweise bei *Moebus*, Progressive Einkommensteuer 1974, S. 100.

[737] Vgl. *Schemmel/Borell*, Verfassungsgrenzen 1992, S. 85 ff.

[738] Vgl. oben D II 3 b bb c' c'' c'''.

[739] Vgl. *Schemmel/Borell*, Verfassungsgrenzen 1992, S. 86 ff.

[740] Vgl. *Schemmel/Borell*, aaO, S. 87 ff; vgl. auch oben D II 3 b bb a' b''.

[741] Vgl. oben D II 3 b bb a'.

[742] Vgl. hierzu und zum folgenden *Vogel*, Verfassungsgrenzen, FS für *Maunz* 1981, S. 415 ff, 425 f.

[743] Vgl. auch oben D II 3 b bb c' b''.

cher Konzepte.[744] Eine Festschreibung der Steuerbemessungsgrundlage im Verfassungstext selbst hätte jedoch dessen Aufblähung zur Folge und würde zukünftige Anpassungen der Rechtslage erschweren.[745]

e") Zusammenfassung

Zusammenfassend kann gesagt werden, daß eine steuerlastbegrenzende Beschränkung des Gesetzgebers von allen Beteiligten als notwendig und sinnvoll erachtet wird, bei ihrer konkreten Bezifferung jedoch Schwierigkeiten auftreten.[746] Allgemeine (Besteuerungs-) Grundsätze sind hierbei keine Hilfe, allein Art. 14 GG verbietet Steuern, die erdrosselnd wirken. Die Höhe der Steuersätze ist im wesentlichen politisch zu entscheiden, auch extrem hohe Belastungen sind grundsätzlich demokratisch gerechtfertigt.

c) Die Begründung des Ausnahmetarifs

Im folgenden soll der wichtigste Ausnahmetarif des ESt-Tarifs dargestellt und kritisch betrachtet werden. Es handelt sich hierbei um die Tarifbegrenzung für gewerbliche Einkünfte (§ 32c EStG).[747]

Die Vorschrift des § 32c EStG ersetzt im Falle gewerblicher Einkünfte den Spitzengrenzsatz von 53 % durch einen solchen von 47 %.[748] Es handelt sich hierbei um eine Tarifnorm ieS, also um einen Ausnahmetarif.[749] Technisch erfolgt dies in der etwas umständlichen Form eines Tarifabschlags (Entlastungsbetrag gem. § 34c IV EStG).[750] Dieser wird berechnet, indem aus der ESt-Grundtabelle (gem. § 32a EStG) zunächst der reguläre Steuerbetrag abgelesen wird. Von diesem wird der Steuerbetrag abgezogen, der sich aus dem regulären Steuerbetrag für ein zu versteuerndes Einkommen von 100.224 DM zuzüglich 47 % des 100.224 DM übersteigenden Betrages ergibt.[751] Der ESt-Grenzsatz für Einkommen über 100.224 DM ist somit

---

[744] Vgl. *Vogel*, Verfassungsgrenzen, FS für *Maunz* 1981, S. 415 ff, 425 f m. FN 37 bis 39.

[745] Vgl. auch oben D II 3 b bb c' c'' a'''.

[746] Vgl. auch *Moebus*, Progressive Einkommensteuer 1974, S. 100 (mwN); zur ErbSt bereits *Leisner*, Grenzen 1970, S. 83.

[747] Der in Medien und Öffentlichkeit mittlerweile gebräuchliche Komplementärbegriff zu den gewerblichen Einkünften ist der der "privaten Einkünfte". Diese - zugegebenermaßen griffige - Wortschöpfung ist irreführend, verkennt sie doch, daß private Einkünfte im eigentlichen Wortsinne der ESt überhaupt nicht unterliegen, sondern allein solche, die aus einer Erwerbstätigkeit resultieren. Der Mensch als Privatperson ist für die Einkommensbesteuerung vielmehr uninteressant (vgl. *Bayer*, Erwerbstätigkeit, BB 1988, S. 1ff, 141 ff, 213 ff).

[748] Unter gewerblichen Einkünften sind hier gem. § 32c II EStG im wesentlichen Gewinne aus Gewerbebetrieb iSv § 2 I, II iVm § 15 f EStG zu verstehen, die die Ausgangsgröße bilden für die Berechnung des Gewerbeertrags nach § 7 f GewStG. Die von § 32c EStG in Bezug genommene Größe ist also im großen und ganzen mit der Bemessungsgrundlage der GewESt identisch (so auch *Tipke/Lang*, Steuerrecht 1996, § 4 Rdn 747). Dies ist im Hinblick darauf kritisiert worden, daß die ESt als PersonalSt mit der GewSt als ObjektSt nicht kompatibel sei (vgl. *M. Wendt*, in: *Herrmann/Heuer/Raupach*, EStG und KStG, § 32c EStG Rdn 5).

[749] *M. Wendt*, ebenda.

[750] Falsch ist insofern die Formulierung, "von der tariflichen Einkommensteuer" sei "ein Entlastungsbetrag ... abzuziehen" (so die Formulierung in § 32c I EStG), denn die tarifliche ESt ergibt sich gerade erst nach Abzug des Entlastungsbetrages (vgl. *M. Wendt*, ebenda [mwN]).

[751] Bsp.: Ein zu versteuerndes "Privat"-Einkommen von 500.00 DM führt zu einem regulären Steuerbetrag nach § 32a EStG iHv 242.129 DM. Man errechnet diesen, indem man in der Grundtabelle den Steuerbetrag für 120.041 DM abliest, nämlich 40.751 DM. Zu diesem addiert man 53 % des 120.041 DM übersteigenden Betrages, also 201.378 DM. Sucht man nach dem Steuerbetrag für ein zu versteuerndes "gewerbliches" Ein-

bei 47 % "gekappt".[752]

Der Gesetzgeber hat für die Schaffung[753] dieses ursprünglich als Provisorium gedachten, mittlerweile aber zum Dauerrecht[754] gewordenen "gespaltenen Tarifs" im wesentlichen zwei Gründe angeführt:[755] Zum einen wollte man die Doppelbesteuerung der gewerblichen Einkünfte mit ESt und GewSt abmildern,[756] zum anderen die übermäßige Spreizung zwischen dem ESt-Spitzensatz und dem KSt-Satz verhindern.[757] Kritiker sehen in dieser Maßnahme allerdings eher eine verfassungswidrige Halbheit, weil es an der politischen Kraft zu einer Abschaffung der GewSt und zu einer umfassenden Unternehmensteuer-Reform gefehlt habe.[758]

Die Vorschrift des § 32c EStG wird - sei es als Fiskalzweck- oder als Lenkungsnorm[759] - von vielen Autoren als Verletzung des Gleichheitssatzes gerügt.[760] Dies bezieht sich zum einen auf eine Ungleichbehandlung verschiedener Einkunftsarten,[761] zum anderen bewirkt § 32c EStG darüber hinaus unter gewissen Bedingungen eine Ungleichbehandlung innerhalb der gewerblichen Einkünfte selbst. Fälle letzterer Art können auftreten, wenn Einkünfte aus Gewerbebetrieb betrachtet werden, die zwar im Sinne des EStG solche sind, nach dem GewStG aber der Kürzung gem. § 9 GewStG unterliegen.[762] Die Bemessungsgrundlagen gem. § 2 I, II iVm 15 ff ESt und gem. § 7 ff GewStG weichen somit voneinander ab.

Weiterhin wird die berechtigte Frage aufgeworfen, warum § 32c EStG sich des Instruments der Kappung bedient und damit allein solchen Steuerpflichtigen zugutekommt, die mit ihrem Einkommen den Spitzensteuersatz von 47 % erreichen. Ein kleineres, ertragsschwaches Un-

---

kommen gem. § 32c EStG, so kann man der umständlichen Vorgehensweise in § 32c IV EStG folgen oder analog zu oben wie folgt rechnen: Man liest in der Grundtabelle den Steuerbetrag für 100.224 DM ab, nämlich 30.870 DM. Zu diesem addiert man 47 % des 100.224 DM übersteigenden Betrages, also 187.895 DM. Man erhält somit einen Steuerbetrag nach § 32c EStG iHv 218.765, ohne den Entlastungsbetrag gem. § 32c IV EStG (iHv 242.129 DM ./. 218.765 DM = 23.364 DM) zuerst berechnet haben zu müssen. Der Durchschnittssteuersatz nach § 32a EStG beträgt für ein zu versteuerndes Einkommen von 500.000 DM somit 48,43 %, für solches nach § 32c EStG dagegen nur 43,75 %.

[752] M. Wendt, in: Herrmann/Heuer/Raupach, EStG und KStG, § 32c EStG Rdn 1.

[753] Durch das Standortsicherungsgesetz (StandOG), welches auch die KSt-Sätze auf den derzeit gültigen Stand senkte (vgl. dazu unten D II 4 a).

[754] Vgl. M. Wendt, Dauer(un)recht, FR 1997, S. 298 ff, 300 f.

[755] Vgl. dazu Entwurf StandOG, S. 25.

[756] Vgl. äußerst kritisch, teils polemisch M. Wendt, Dauer(un)recht, FR 1997, S. 298 ff, 300.

[757] Zum letzteren Argument vgl. unten D II 4 b bb.

[758] Vgl. M. Wendt , Dauer(un)recht, FR 1997, S. 298 ff, 298; Crezelius, Steuerrecht II 1994, S. 225.

[759] M. Wendt, in: Herrmann/Heuer/Raupach, EStG und KStG, § 32c EStG Rdn 7.

[760] Vgl. Nachweise bei Tipke/Lang, Steuerrecht 1996, § 4 Rdn 748 FN 7; M. Wendt, Dauer(un)recht, FR 1997, S. 298 ff, 298 FN 12; aA Crezelius, Steuerrecht II 1994, S. 225, der, wie dies auch hier geschieht, zwischen Verfassungswidrigkeit und systematischen Ungereimtheiten trennt.

[761] Tipke/Lang (Steuerrecht 1996, § 4 Rdn 748) sprechen diesbezüglich von einem Rückfall in die "Schedulenbesteuerung" (weitere Nachweise dazu bei M. Wendt, in: Herrmann/Heuer/Raupach, EStG und KStG, § 32c EStG Rdn 5). Ob ein solcher indes automatisch gegen den Gleichheitssatz oder aber "nur" gegen die traditionsreiche Steuersystematik der synthetischen Gesamteinkommensteuer verstößt, soll hier dahinstehen.

[762] Vgl. dazu FG Baden-Württemberg, FR 1997, S. 308, und dazu M. Wendt, Dauer(un)recht, FR 1997, S. 298 ff. Der Fall hatte die Frage aufgeworfen, ob die Tatsache, daß Ausschüttungen von Kapitalgesellschaften gem. § 32c II S.2 EStG von der Tarifbegrenzung ausgenommen sind, einen Verstoß gegen den Gleichheitssatz darstelle. Diese Frage hat demnächst der BFH zu entscheiden (Az. X R 171/96).

ternehmen habe, so das Argument,[763] die Entlastung von der GewSt viel nötiger als ein profitables. Eine - auch diesem Erfordernis genügende - GewSt-Entlastung wäre mit einer vom Grenzsteuersatz unabhängigen Anrechnung der GewSt auf die ESt-Schuld (entsprechend § 35 EStG) viel besser zu erreichen gewesen.[764]

Schließlich wird kritisiert, eine Förderung des Standortes Deutschland dürfe sich nicht nur auf die Stärkung der gewerblichen Wirtschaft konzentrieren, auch Freiberufler und Land- und Forstwirte seien imstande zu investieren.[765]

4. Die Körperschaftsteuer

a) Die Darstellung des Körperschaftsteuersatzes

Der Steuersatz der KSt ist der typische Fall eines Proportionalsatzes ieS.[766] Das KStG kennt zunächst einen Regel- oder Thesaurierungssteuersatz, der einbehaltene, d.h. in die Rücklagen eingestellte Einkommensteile einer sog. Tarifbelastung in Höhe von gegenwärtig 45 % (§ 23 I KStG) des zu versteuernden Einkommens der Körperschaft unterwirft. Für Einkommensteile, die nicht thesauriert, sondern an die Anteilseigner ausgeschüttet werden, ermäßigt sich dieser Satz gem. §§ 23 V, 27 ff KStG auf eine Ausschüttungsbelastung von gegenwärtig 30 % (§ 27 I KStG).

Die endgültige KSt-Schuld der Körperschaft und die endgültige ESt-Belastung der ausgeschütteten Einkommensteile bei den Anteilseignern wird aufgrund der Vorschriften über das sog. körperschaftsteuerliche Anrechnungsverfahren bestimmt.[767] Die Erklärung für diese verschiedenen Steuersätze liegt somit darin, daß sie in Verbindung mit dem kst-lichen Anrechnungsverfahren eine Doppelbelastung ein- und desselben Einkommens mit ESt und KSt verhindern sollen.[768]

Für Körperschaften iS der §§ 1 I Nr.3 bis 6, 2 Nr.1 KStG,[769] bei denen Gewinnausschüttungen idR nicht vorkommen oder zumindest nicht zu einer KSt-Entlastung führen,[770] gilt ein ermäßigter KSt-Satz von 42 % (§ 23 II EStG).

---

[763] M. Wendt, Dauer(un)recht, FR 1997, S. 298 ff, 300.

[764] M. Wendt, in: Herrmann/Heuer/Raupach, EStG und KStG, § 32c EStG Rdn 5.

[765] M. Wendt, Dauer(un)recht, FR 1997, S. 298 ff, 300.

[766] Vgl. Bayer, Steuerlehre 1997, Rdn 1486 f: Das Körperschaftsteuerrecht: Der Proportionalsatz. Dies bedeutet indes nicht, daß das KStG für alle denkbaren Sachverhalte stets ein- und denselben Steuersatz zur Anwendung brächte. Proportional bedeutet in diesem Zusammenhang lediglich, daß eventuelle Differenzierungen des Steuersatzes ihren Grund nicht im Vorliegen unterschiedlich hoher Steuerbemessungsgrundlagen haben (vgl. dazu oben A).

[767] Vgl. dazu etwa Tipke/Lang, Steuerrecht 1996, § 11 Rdn 140 f: Anrechnungsverfahren.

[768] Vgl. hierzu ausführlich Tipke/Lang, aaO, § 11 Rdn 1 f (mwN).

[769] Bei den Körperschaften nach § 1 I Nr.3 bis 6 KStG handelt es sich im wesentlichen um solche, die nicht den Charakter von Kapitalgesellschaften haben. Die Körperschaften i.S. des § 2 Nr.1 KStG sind unbeschränkt steuerpflichtige, also steuerausländische Körperschaften.

[770] Vgl. Tipke/Lang, Steuerrecht 1996, § 11 Rdn 132. Mögliche Gewinnausschüttungen der betreffenden Körperschaften führen zu keiner KSt-Entlastung, weil sie bei den Anteilseignern nicht zu est-pflichtigen Kapitalerträgen gemäß § 20 I Nr.1 oder 2 EStG führen. Musterbeispiel für eine solche Körperschaft ist etwa der rechtsfähige Idealverein, der durch die Vornahme einer Kapitalausschüttung an seine Mitglieder idR gegen seine satzungsmäßigen Zwecke verstieße (vgl. hierzu Bayer, Steuerlehre 1997, Rdn 1492, 1315 [mwN]).

b) Die Beurteilung des Körperschaftsteuersatzes

aa) Die Proportionalität

Obwohl die KSt neben der ESt diejenige Steuer ist, die den Grundsatz der Besteuerung nach der wirtschaftlichen Leistungsfähigkeit in ihrem Tatbestand am deutlichsten zum Ausdruck bringt,[771] hat der Steuersatz der KSt - im Gegensatz zum ESt-Tarif - keinen progressiven, sondern einen proportionalen Charakter. Die steuersatzrechtliche Vorschrift ist gar neben dem Steuersubjekt der einzige Grund für die Artverschiedenheit dieser beiden Steuern.[772] Die Tatsache, daß zwei einander so ähnliche[773] Steuerarten sich dennoch in Bezug auf ihre Steuertarife unterscheiden, wird unterschiedlich begründet.

Zunächst liegt die Frage nahe, ob sich die unterschiedlichen steuersatzrechtlichen Vorschriften von ESt und KSt nicht durch die Verschiedenheit der Steuersubjekte begründen ließe. Tatsächlich ist die Geltung des Leistungsfähigkeitsprinzips für andere als natürliche Personen nicht unbestritten,[774] weil nur Menschen die Fähigkeit zugesprochen werden kann, sich durch eine Steuer "belastet" zu fühlen, eine Steuerzahlung als ein Opfer zu empfinden.[775] Nach diesem Opferkonzept sei also allein eine proportionale KSt zu rechtfertigen.[776] Eine zu formale Betrachtungsweise verkennt jedoch den Umstand, daß letztlich alle von juristischen Personen erwirtschafteten Einkommen natürlichen Personen zufließen, ein juristisches Gebilde nicht mehr ist als eine Fiktion. Der Unterschied zwischen ESt-Tarif und KSt-Satz ist aber letztlich dennoch insofern gerechtfertigt, als der KSt-Satz der gleichmäßigen Belastung der Einkommen dient, seien diese von der natürlichen Person "direkt" oder auf dem Umweg über eine juristische Person erwirtschaftet worden.[777]

Gegen einen progressiven KSt-Tarif wird weiterhin argumentiert, ein solcher würde gegen den Grundsatz der Wettbewerbsneutralität der Besteuerung verstoßen.[778] Weiterhin wird eine Differenzierung des KSt-Satzes nach der absoluten Höhe des Einkommens als unangebracht angesehen, weil nicht dieses an sich die Leistungsfähigkeit der Körperschaft ausdrücke, sondern in Relation zum Grund- oder Stammkapital der Körperschaft gesehen werden müsse.[779] Als Argument gegen einen progressiven KSt-Tarif wird auch der Grundsatz der Einfachheit der Besteuerung ins Feld geführt.[780] Ein progressiver KSt-Tarif sei dazu angetan, die kst-li-

---

[771] Vgl. *Bayer*, Grundbegriffe 1992, Rdn 113 ff, 115.

[772] *Bayer*, Einkommensteuerrecht, JA 1979, S. 140 ff, 196 ff, 203.

[773] Vgl. aber *Tipke*, Steuerrechtsordnung II 1993, S. 736: "Steuern, mit denen natürliche Personen belastet werden, und Unternehmensteuern (sind) niemals vergleichbar".

[774] "Es ist sehr die Frage, ob die Leistungsfähigkeit neben der ESt und der VSt auch die KSt zu rechtfertigen vermag" (*Bayer*, Grundbegriffe 1992, Rdn 139 [mwN]).

[775] Vgl. hierzu - teils kritisch - *Tipke*, Steuerrechtsordnung II 1993, S. 732 ff. Darüber hinaus ist Art. 3 I GG als Menschenrecht wohl nicht problemlos auch auf juristische Personen anwendbar. Zwar wird dies für inländische juristische Personen durch Art. 19 III GG gewährleistet, eine Geltung des Leistungsfähigkeitsprinzips zwar für inländische, nicht aber für ausländische juristische Personen ist indes schwer begründbar (*ders./Lang*, Steuerrecht 1996, § 4 Rdn 90).

[776] "Da das Leistungsfähigkeitsprinzip für den ... Körperschaftsgewinn nicht anwendbar ist, kommt nur ein einheitlicher Steuersatz in Frage" (*Haller*, Steuern 1981, S. 357).

[777] Vgl. *Tipke/Lang*, Steuerrecht 1996, § 4 Rdn 90 ff.

[778] *K. H. Ossenbühl*, Gerechte Steuerlast 1972, S. 125.

[779] Vgl. Entwurf 3. StReformG, S. 330.

[780] Vgl. dazu oben C III.

chen Tarifvorschriften noch weiter als schon bisher zu verkomplizieren.[781] Die fiskalische Ergiebigkeit eines Progressionstarifs bei der KSt wird auch vor dem Hintergrund bezweifelt, daß einem verstärkten Progressionseffekt dadurch ausgewichen werden könne, daß bestehende Großunternehmen in mehrere selbstständige KSt-Subjekte aufgespalten werden.[782]

bb) Die absolute Höhe

Verschiedentlich wird gefordert, der KSt-Thesaurierungssatz habe sich aus Gründen der Rechtsformneutralität der Besteuerung am Spitzensteuersatz der ESt zu orientieren.[783] Gleichwohl unterschreitet er diesen momentan um acht Prozentpunkte, den - in dieser Hinsicht wohl relevanteren[784] - gekappten ESt-Tarif auf gewerbliche Einkünfte (§ 32c EStG) um immerhin noch zwei Prozentpunkte. Hierzu ist allerdings zu bemerken, daß der ESt-Spitzensatz, anders als der KSt-Satz, ein Grenzsteuersatz ist, der gerade nicht die Durchschnittsbelastung des Einkommens widerspiegelt. Tatsächlich wird erst bei einem Einkommen von rund 285.550 DM eine ESt-Durchschnittsbelastung von 45 % erreicht,[785] eine solche von 53 % ergibt sich gar erst im Unendlichen.[786]

Derartige Beispielrechnungen zeigen, daß die strenge Rechtsformneutralität der Besteuerung im Verhältnis des ESt-Tarifs zum KSt-Satz tatsächlich nur bedingt gewahrt ist. Dies ist jedoch erst im Bereich zu versteuernder Einkommensbeträge von weit über 300.000 DM auf einen zu hohem ESt-Satz zurückzuführen. Unterhalb dieser Größe ist es vielmehr der KSt-Thesaurierungssatz, der seinerseits die ESt-Belastung übersteigt. Die Beispiele zeigen aber auch, daß die Vergleichbarkeit der beiden Tarifvorschriften aufgrund ihres so unterschiedlichen Charakters stark eingeschränkt ist.[787]

---

[781] "Von einem progressiven (erg.: KSt-) Tarif ist ... aus Gründen der Praktikabilität abzuraten" (*Tipke*, Steuerrechtsordnung II 1993, S. 743; vgl. auch Regierungsentwurf eines Dritten Steuerreformgesetzes (BT-Drucks. 7/1470), S. 330.

[782] *Tipke*, Steuerrechtsordnung II 1993, S. 743.

[783] Vgl. *Tipke/Lang*, Steuerrecht 1996, § 11 Rdn 130. Konsequenterweise waren beide für einen längeren Zeitraum gleich hoch, beliefen sich nämlich auf jeweils 56 %. Der ESt-Tarif hatte diese Höhe im Zeitraum von 1975 bis 1989, der KSt-Thesaurierungssatz von der Einführung des Anrechnungsverfahrens (1977) an bis 1990.

[784] Die überwiegende Mehrzahl der kst-pflichtigen Körperschaften hat die Eigenschaft von Gewerbebetrieben kraft Rechtsform (§ 8 II KStG). Aus diesem Grunde kann wohl vereinfachend angenommen werden, die maßgebliche Vergleichsgruppe für den Vergleich von Steuersätzen seien die gewerblich tätigen Unternehmer der § 2 I Nr.2, § 15 EStG (aA *Tipke/Lang*, Steuerrecht 1996, § 9 Rdn 748).

[785] Eigene Berechnung aufgrund der ESt-Grundtabelle 1996/1997.

[786] So liegt bei einem zu versteuernden Einkommen von 50 Mio. DM der ESt-Durchschnittssteuersatz bei rund 52,95 %, bei einem solchen von 100 Mio. DM bei rund 52,98 %.

[787] BVerfGE 13, 331 ff, 352: "Körperschaftsteuer und Einkommensteuer sind schwer vergleichbar; da die Körperschaftsteuer ... nach festen Sätzen, die Einkommensteuer hingegen ... nach progressiv gestaffelten Tarifen erhoben wird; vgl. auch BFHE 115, 458 ff, 463.

5. Die Vermögensteuer

a) Eine Vorbemerkung

Das BVerfG hat in seinem VSt-Beschluß vom 22.6.1995[788] die steuersatzrechtliche Vorschrift des § 10 VStG wegen Verstoßes gegen Art. 3 I GG für verfassungswidrig erklärt.[789] Die Verfassungswidrigkeit sieht das BVerfG allerdings nicht in dem Steuersatz ieS (in Höhe von zuletzt 1 % für natürliche Personen) schlechthin, sondern in der Belastungswirkung, die der Steuersatz iwS in bestimmten Einzelfällen entfaltet.[790] Hätte sich das BVerfG in diesem Fall eine formaljuristische Betrachtungsweise zueigen gemacht,[791] so hätte es in dem proportionalen VSt-Satz als solchem kaum einen Verstoß gegen den Gleichheitssatz sehen können.

b) Der Vermögensteuersatz

Der VSt-Satz ist ein weiteres Musterbeispiel für einen Proportionalsatz ieS.[792] Er betrug gem. § 10 VStG zuletzt für natürliche Personen 1 %, für Körperschaften 0,6 %. Eine Halbierung des Steuersatzes auf 0,5 % findet gem. § 10 Nr.1 S.2 VStG in den Fällen statt, in denen im steuerpflichtigen Vermögen land- und forstwirtschaftliches Vermögen, Betriebsvermögen und Wertpapiere (Produktivvermögen) enthalten sind.

Die Differenzierung des Steuersatzes nach dem Steuersubjekt belastet das Privatvermögen stärker als das Produktivvermögen. Sie ist erstmals zum 1.1.1995 eingeführt worden.[793] Diese "maßvolle Steuererhöhung bei der Vermögensteuer" (von immerhin 100 %[!]) ist nach dem Bekunden des Gesetzgebers aus fiskalischer Not heraus geboren.[794] Aus dem Leistungsfähigkeitsprinzip, mit dem die VSt überwiegend gerechtfertigt wird,[795] ist diese Differenzierung hingegen wohl nicht abzuleiten.[796]

---

[788] BVerfGE 93, 121 ff.

[789] Dieser Beschluß hatte allerdings nicht die formale Abschaffung der VSt zur Folge (vgl. ausführlich *Bayer*, Steuerlehre 1997, Rdn 1029). Vielmehr ist das VStG weiterhin in Kraft, wird nur von den Finanzbehörden seit dem 1.1.1997 außer Anwendung gelassen (vgl. für NW Anlage zum Erlaß über die Aufhebung der Festsetzungen von VSt). Obwohl die VSt also derzeit nicht mehr erhoben wird, ist der VSt-Satz hier aus systematischen Gründen in die Betrachtung einzubeziehen.

[790] Das BVerfG nahm Anstoß an der Tatsache, daß der Besteuerung einheitswertgebundenen Vermögens keine gegenwartsnahen Werte zugrunde gelegt seien, während das übrige Vermögen, insb. das Kapitalvermögen, mit zeitnahen Werten besteuert würde (BVerfGE 93, 121 ff, 143 f; BVerfGE 93, 165 ff, 176 f). Wie dieser Mangel zu beheben sei, hat das BVerfG indes offengelassen. "Faktisch müssen ... der Vermögensteuer ... auf Grundbesitz künftig zeitnahe Werte zugrundegelegt werden. Ob dies aber Ertrags- oder Verkehrswerte sein sollen, hat das BVerfG nicht gesagt" (*Vogel*, Anmerkung, JZ 1996, S. 43 ff, 45).

[791] Vgl. oben B I 3.

[792] *Bayer*, Grundbegriffe 1992, Rdn 106.

[793] Durch Art. 25 FKPG. Vgl. dazu *Rid*, Vermögensteuersatz, DStR 1995, S. 477 ff, 477.

[794] Entwurf FKPG, S. 2, 4.

[795] So etwa *Bayer*, Grundbegriffe 1992, Rdn 116; aus finanzwissenschaftlicher Sicht auch *Zimmermann/Henke*, Finanzwissenschaft 1994, S. 107 ff. Erst seit den 70er Jahren gibt es für natürliche und nichtnatürliche Personen unterschiedliche Steuersätze, anfangs jedoch in einer der heutigen Rechtslage genau entgegengesetzten Form (vgl. dazu *Rid*, in: *Gürsching/Stenger*, BewG, VStG, § 10 VStG Rdn 3.2): Bis Ende 1994 war der Steuersatz für natürliche Personen niedriger.

[796] Vgl. hierzu auch oben D II 4 b aa.

6. Die Erbschaftsteuer

Seit dem 1.1.1997 gilt der ErbSt-Tarif des § 19 I ErbStG in der Form, den er durch die im ErbSt-Beschluß des BVerfG vom 22.6.1995[797] geforderte Neuregelung erhalten hat.[798]

a) Die Darstellung des Erbschaftsteuertarifs

Der ErbSt-Tarif hat - wie schon vor 1997[799] - den Charakter eines Progressionstarifs, genauer: eines Stufensatztarifs,[800] wobei die Progression, anders als bei der ESt, nicht allein von der Höhe der Steuerbemessungsgrundlage, sondern darüber hinaus vom persönlichen Verhältnis des Erwerbers zum Erblasser[801] abhängt. Denn zum einen differenziert der ErbSt-Tarif seine Steuersätze nach dem Wert des steuerpflichtigen Erwerbs (§ 19 I iVm § 10 I ErbStG), zum anderen nach der Zugehörigkeit des Erben zu einer der drei Steuerklassen des § 15 I ErbStG, die auf den Verwandtschaftsgrad abstellen.[802]

Der ErbSt-Tarif hat den Charakter eines Stufensatztarifs, nicht - wie der ESt-Tarif - den eines Formeltarifs, indem er die Steuerbemessungsgrundlage in sieben Stufen unterteilt und diesen steigende Steuersätze zuordnet. Auch er unterliegt dem Problem der Kalten Progression.[803] Anders als bei einem üblichen Stufensatztarif genügt allerdings die Höhe der Steuerbemessungsgrundlage allein noch nicht, um den im Einzelfall anzuwendenden Steuersatz zu ermitteln. Hierzu ist vielmehr Kenntnis darüber nötig, ob der Erwerber als naher Verwandter der Steuerklasse I, als entfernterer Verwandter der Steuerklasse II oder als Nichtverwandter der Steuerklasse III angehört (§ 15 I ErbStG). Der Steuersatz ist umso höher, je entfernter der Verwandtschaftsgrad zwischen Erwerber und Erblasser ist. Der Erwerb von 100.000 DM durch den Ehegatten (Steuerklasse I) löst so etwa einen Steuersatz von 7 %, ein Erwerb in

---

[797] BVerfGE 93, 165 ff.

[798] Die Neuregelung erfolgte in Art. 2 Nr.10 JStG 1997. Zu einer Darstellung des neuen Tarifs vgl. jetzt *Bayer*, Steuerlehre 1997, Rdn 1482 ff.

[799] Zu einem Vergleich zwischen alter und neuer Rechtslage vgl. die Kommentierungen insb. zu §§ 15, 16 und 19 ErbStG bei *Kapp/Ebeling*, ErbStG; zur Auswirkung insb. der Steuersatzänderungen vgl. auch *Bareis/Elser*, Erbschaftsteuerrecht, DStR 1997, S. 557 ff, 558 f.

[800] Vgl. oben B II 1 a.

[801] Dasselbe gilt nach § 15 I ErbStG für den Schenker, der hier indes im folgenden nicht mehr einzeln genannt wird. Besonders das SchenkungSt-Recht bietet vielfältige Möglichkeiten, einer Steuerbelastung in hohen Progressionsbereichen durch entsprechende Sachverhaltsgestaltungen auszuweichen. Dazu zählt etwa die sog. "Kettenschenkung", bei der der dem Beschenkten nur entfernt verwandte Schenker sich und dem ersteren noch eine oder mehrere näher verwandte Personen "zwischenschaltet", um die Schenkung in einer niedrigeren Steuerklasse zu versteuern. Hier sind indes die Grenzen des § 42 AO 1977 zu beachten (vgl. *Kapp/Ebeling*, ErbStG, § 7 Rdn 393 ff, und dazu BFH, BStBl II 1994, S. 128 ff).

[802] Der ErbSt-Tarif wird darum oft als "doppelt progressiv" bezeichnet (vgl. etwa *Tipke/Lang*, Steuerrecht 1996, § 12 Rdn 164). Diese Bezeichnung ist ebenso unglücklich wie die Aussage, die ErbSt sei eine auf zwei Bemessungsgrundlagen beruhende Steuer (*Bräuer*, Steuertarif 1927, S. 118). Die ErbSt-Sätze steigen zunächst mit wachsender Höhe des Erbanfalls an und bewirken damit eine Progression. Der Verwandtschaftsgrad wirkt nun als zweite Einflußgröße zwar auf diese Progression ein, hat indes selbst nicht den Charakter einer Steuerbemessungsgrundlage. Denn nicht auf den (qualitativen) Verwandtschaftgrad wird der Steuersatz angewandt, um den Steuerbetrag zu erhalten (vgl. die Definition des Steuersatzes oben A), sondern auf den Wert des steuerpflichtigen Erwerbs (vgl. §§ 10 I, 19 I ErbStG). Es ist somit wohl sinnvoller, hier von einem Progressionstarif zu sprechen, der seinen Progressionsgrad von zwei unterschiedlichen Einflußgrößen, einer quantitativen und einer qualitativen, abhängig macht (vgl. auch oben B I 2).

[803] *Bareis/Elser*, Erbschaftsteuerrecht, DStR 1997, S. 557 ff, 558; *Felix*, Erbschaftsteuer, DStR 1996, S. 889 ff, 895; vgl. auch oben D II 3 b bb b' b'').

derselben Höhe durch einen Nichtverwandten (Steuerklasse III) einen solchen von 17 % aus.[804] In der Spitze beträgt der Steuersatz bei Ehegatten 30 %, bei Nichtverwandten bereits 50 %.[805]

Auch im Bereich der ErbSt gilt, daß eine ausschließliche Betrachtung der Tarifvorschrift keine fundierten Aussagen über die Belastungswirkungen zuläßt. Daher sind im folgenden zumindest ansatzweise auch Freibeträge in die Beurteilung einzubeziehen.[806]

b) Die Beurteilung des Erbschaftsteuertarifs

aa) Die Progression

Anhand des oben entwickelten Grundsatzes der horizontalen Gleichbehandlung kann auch die ErbSt daraufhin untersucht werden, ob sie eine dem Leistungsfähigkeitsgrundsatz genügende Steuer ist.[807] Tatsächlich werden Erbanfall und Schenkung gemeinhin als geeignete Indikatoren individueller wirtschaftlicher Leistungsfähigkeit angesehen.[808] Beruht auch der progressive ErbSt-Tarif somit auf dem Leistungsfähigkeitsprinzip,[809] so müßten gleich hohe Erbanfälle bei verschiedenen Personen zu gleich hohen Steuerbeträgen führen. Daß dies indes nicht immer der Fall sein muß, liegt an der "doppelt progressiven" Gestalt des ErbSt-Tarifs.[810] Dieser differenziert zum einen nach der Höhe des steuerpflichtigen Erwerbs und zum anderen nach dem Verwandtschaftsverhältnis, in dem der Erbe zum Erblasser steht. Ein Erbanfall in

---

[804] Eine häufig kritisierte Folge dieser Einteilung in Steuerklassen besteht darin, daß etwa eine Witwe nach einer einjährigen Ehe als Angehörige der Steuerklasse I in den Genuß des niedrigeren Steuersatzes kommt, die langjährige Lebensgefährtin hingegen als Angehörige der Steuerklasse III den jeweils höheren Steuersatz zahlen muß (vgl. *Kapp/Ebeling*, ErbStG, § 16 Rdn 7). Dies stellt keinen Verstoß gegen Art. 3 I GG dar. Vgl. dazu hinsichtlich der vor 1997 bestehenden Rechtslage FG Düsseldorf, EFG 1992, Nr. 360; weitere Nachweise bei *Tipke/Lang*, Steuerrecht 1996, § 12 Rdn 162 FN 65.

[805] Der Spitzensteuersatz von 50 % bei der ErbSt ist, im Gegensatz zu dem der ESt, tatsächlich ein solcher, denn er drückt die durchschnittliche Gesamtbelastung aus (wenn man von Freibeträgen absieht), ist also kein Grenzsteuersatz. Er gilt somit nicht nur für den 50 Mio. DM übersteigenden Betrag des Erwerbs (vgl. § 19 I ErbStG), sondern für den gesamten Erwerb. Die Spitzenbelastung von 50 % ist eine deutlich sichtbare Folge des ErbSt-Beschlusses v. 22.6.1995, in dem das BVerfG den sog. Halbteilungsgrundsatz aufgestellt hat (*Kapp/Ebeling*, ErbStG, § 19 Rdn 1; vgl. auch oben D II 3 b bb c' c'' c'''). Nach diesem sind Steuersätze über 50 % idR verfassungswidrig. Der seinerzeit geltende ErbSt-Tarif kannte Steuersätze zwischen 3 und 70 % (vgl. dazu *Tipke/Lang*, Steuerrecht 1996, § 12 Rdn 163 ff).

[806] So auch *Bareis/Elser*, Erbschaftsteuerrecht, DStR 1997, S. 557 ff, 557: "Will man Aussagen über 'Gewinner' und 'Verlierer' der Erbschaftsteuerreform treffen, so sind folgende Parameter zu betrachten: Bewertungsänderung, Freibetragsänderung, Steuerklassenänderung, Steuersatzänderung". Auf Fragen der Bewertung sowie eine nähere Betrachtung der Steuerklassen ist hier indes zu verzichten.

[807] Bejahend *Bayer*, Steuerlehre 1997, Rdn 1066: "Das ErbSt-Recht findet seine innere Rechtfertigung in erster Linie in dem Prinzip der Besteuerung nach der Leistungsfähigkeit"; vgl. schon *Leisner*, Grenzen 1970, S. 26 ff.

[808] Vgl. *Bach*, Leistungsfähigkeitsprinzip, StuW 1991, S. 116 ff, 122: "Eine aktuelle Bedürfnisbefriedigung vermitteln auch Erbschaft und Schenkung". *Bach* sieht hier allerdings allein die ErbSt in Form einer Nachlaßsteuer als mit dem Leistungsfähigkeitsprinzip gerechtfertigt an. Der Nachlaß sei ein "Akt quasi-konsumptiver Lebenseinkommens- bzw. Vermögensverwendung" (aaO). Gleichwohl dürfte aber auch eine Erbanfallsteuer mit dem Leistungsfähigkeitsprinzip zu rechtfertigen sein, spiegelt doch ein durch Erbanfall erworbenes Vermögen wirtschaftliche Leistungsfähigkeit ebenso wider wie jedes andere Vermögen auch. Vgl. dazu auch BFHE 176, 417 ff, 418, und dazu *Bayer*, Steuerlehre 1997, Rdn 1066 (mwN); *Tipke*, Steuerrechtsordnung II 1993, S. 746 (mwN in FN 3).

[809] So *Bayer*, Steuerlehre 1997, Rdn 1461.

[810] Vgl. dazu auch oben B I 2.

bestimmter Höhe führt somit bei zwei verschiedenen Personen zu einer unterschiedlichen Steuerschuld, wenn diese Personen in einem unterschiedlichen Verwandtschaftsverhältnis zum Erblasser stehen. Soll die durch den Erbanfall vermittelte Leistungsfähigkeit allein für die Bemessung der Steuer ausschlaggebend sein, so müßten gleich hohe Bereicherungen auch bei unterschiedlichen Personen zu einer gleich hohen Steuerschuld führen (horizontale Gleichbehandlung). Wenn dies bei der ErbSt nicht der Fall ist, so mag dies zwar aufgrund geeigneter Differenzierungsgründe[811] dem Gleichheitssatz des Art. 3 I GG nicht widersprechen, von einer reinen Verwirklichung des Leistungsfähigkeitsprinzips kann indes nicht mehr die Rede sein.

Denn von einem gerechten ErbSt-Tarif wird eine innere Ordnung, eine klare Struktur, verlangt.[812] Um eine solche Struktur sichtbar zu machen, hat *Felix* die Analyse des Tarifs nach der sog. Differenzierungsmethode empfohlen.[813] Hierbei werden die Steuersatzunterschiede zwischen den Wertstufen des Tarifs einerseits und den Steuerklassen andererseits in einer Tabelle aufgelistet und auf Regelmäßigkeiten untersucht. Der ErbSt-Tarif 1974, Vorläufer des derzeit geltenden Tarifs,[814] genügte diesen Anforderungen nicht, war in sich "insgesamt nicht homogen" und "erkennbar willkürlich".[815] Eine Steuer, die mit dem Leistungsfähigkeitsprinzip gerechtfertigt wird, dürfe einen solchen Tarif nicht aufweisen.[816] Als alleiniger Rechtfertigungsgrund für die ErbSt kommt das Leistungsfähigkeitsprinzip in seiner reinen Form somit nicht in Betracht.

Der ErbSt-Tarif spiegelt vielmehr das sog. Verwandtschafts- oder Familienprinzip wider.[817] Im Sinne des Subsidiaritätsprinzips soll der Erwerb durch nahe Verwandte begünstigt werden, denn Familien, die durch Vermögensbildung für sich selber sorgen, fallen dem Staat nicht zur Last. Entfernte Verwandte oder gar Nichtverwandte hingegen, die mit einer Erbschaft nur im Ausnahmefall rechnen dürfen, sind diesbezüglich nicht schutzwürdig. Dementsprechend ist es durchaus angebracht, mit *Meincke* den Steuertarif der Steuerklasse I als Normaltarif anzusehen, welchem gegenüber die Tarife der Steuerklassen I und II als ermäßigte oder begünstigte Ausnahmetarife gelten können.[818] Nach allgemeiner Ansicht kommt im progressiven Verlauf des ErbSt-Tarifs darüber hinaus eine allgemeine sozialpolitische Umverteilungsfunktion zum Ausdruck.[819]

Der Progressionsverlauf des ErbSt-Tarifs trägt dem Grundsatz der Kontinuität der Belastungssteigerung[820] durch den Einbau eines sog. Härteausgleichs (§ 19 III ErbStG) Rechnung. Dabei handelt es sich um eine Anwendungsform der *Bräuerschen* Grenzberichtigungen.[821]

---

[811] Vgl. dazu das Folgende.

[812] Vgl. dazu *Felix*, Erbschaftsteuer, DStR 1996, S. 889 ff, 891.

[813] Ebenda.

[814] Die endgültigen Zahlen desselben lagen *Felix* zur Zeit der Veröffentlichung seines Beitrages (ebenda) leider noch nicht vor.

[815] Ebenda.

[816] Ebenda.

[817] *Tipke*, Steuerrechtsordnung II 1993, S. 762 (mwN); vgl. schon BFHE 83, 33 ff, 35: Der ErbSt-Tarif begünstigt "aus Gründen familien- und erbrechtlicher Natur den Erwerb naher Verwandter".

[818] *Meincke*, ErbStG, § 19 Rdn 1: Der Normaltarif, Rdn 2: Die begünstigten Tarife.

[819] Vgl. etwa *Tipke/Lang*, Steuerrecht 1996, § 4 Rdn 198.

[820] Vgl. oben D II 3 b bb b' a".

[821] Vgl. oben B II 1 a. Gleichwohl hatte *Bräuer* im Grundsatz lediglich gefordert, daß der Steuerpflichtige durch Überschreiten der Wertgrenze nicht schlechter gestellt werden darf. § 19 III ErbStG geht insofern einen

Die Vorschrift hat den Zweck, beim Übergang von einer Stufe der Steuerbemessungsgrundlage auf die nächste zu verhindern, daß der verbleibende Betrag nach Zahlung der ErbSt in
der höheren Stufe niedriger ist als in der vorangegangenen, obwohl die Steuerbemessungsgrundlage "vor ErbSt" im ersten Fall höher ist als im zweiten.[822]

Auch das ErbSt-Recht kennt einen der Regelung des § 32b EStG entsprechenden Progressionsvorbehalt (§ 19 II ErbStG). Dieser erfüllt ebenfalls die Funktion, die Entstehung von Pro-
gressionsvorteilen   aufgrund   der   Anwendung   von   Doppelbesteuerungsabkommen
(Freistellungsmethode) zu verhindern.[823]

bb) Die persönlichen Freibeträge

Das ErbStG kennt eine Reihe persönlicher Freibeträge (§ 16 ErbStG).[824] Diese fallen umso
höher aus, je enger der Verwandtschaftsgrad zwischen Erwerber und Erblasser ist. So genießt
etwa der Ehegatte des Erblassers heute einen Freibetrag von 600.000 DM, sein Kind immerhin noch einen solchen von 400.000 DM,[825] für Nichtverwandte ist lediglich ein Erwerb bis
zu einer Höhe von 10.000 DM steuerfrei.[826] Sieht man diese Freibeträge - wie sich dies insb.
vor dem Hintergrund der Art und Weise ihrer Staffelung anbietet - als Ausdruck des o.g. Fa-
milienprinzips an, so stellen sie sich wohl als Minderungen der Steuerbemessungsgrundlage
dar, denn das innerhalb der Familie Vererbte ist dem Steuerzugriff stärker entzogen als das
unter vergleichsweise Fremden Vererbte. Es bildet damit nur eingeschränkt einen Bestandteil
der dem Fiskus zugänglichen Steuerbemessungsgrundlage. Die Freibeträge sind somit keine
Bestandteile des Steuersatzes iwS.

Sieht man das ErbSt-Recht hingegen als durch das allgemeine Leistungsfähigkeitsprinzip begründet an, so besteht kein Anlaß, die Steuerbemessungsgrundlage von Familienangehörigen
von vornherein anders zu definieren als die von Nichtverwandten. Die vorgenannten persönlichen Freibeträge erscheinen in diesem Licht als Entscheidungen des Gesetzgebers über die
Steuerwürdigkeit von Teilen der Bemessungsgrundlage und damit als Bestandteile des Steuertarifs iwS. Alles in allem gelingt die steuertatbestandsrechtliche Charakterisierung der Freibeträge nicht in eindeutiger Weise.[827]

Schritt weiter, als er verlangt, dem Steuerpflichtigen müsse von seinem Erwerb gar noch ein Teil (die Hälfte
bzw. ein Viertel) verbleiben (vgl. dazu *Kapp/Ebeling*, ErbStG, § 19 Rdn 11 f). Zum oftmals überraschenden
Umfang der Härteausgleichszonen bereits nach der alten Rechtslage vgl. *Nickolay*, Tarifverlauf, DStR 1977,
S. 277 ff, 279 f.

[822] Bsp.: Ohne die Regelung des § 19 III ErbStG würde ein steuerpflichtiger Erwerb iHv 500.000 DM in der
Steuerklasse III eine Steuerschuld von 115.000 DM (23 %) auslösen, dem Erwerber verbliebe ein Betrag von
385.000 DM. Bei einem steuerpflichtigen Erwerb von 500.100 DM hingegen betrüge die Steuerschuld bereits 145.029 DM (29 %), der verbleibende Rest würde auf 355.071 DM schrumpfen. Ein Mehrerwerb von
nur 100 DM hätte also einen Steuermehrbetrag von 29.929 DM zur Folge, was einem Grenzsteuersatz von
29.929 % (!) entspräche. Durch Anwendung des § 19 III Buchst.a ErbStG vermindert sich der Steuermehrbetrag auf nur 50 DM, immerhin aber noch ein Grenzsteuersatz von 50 %.

[823] *Kapp/Ebeling*, ErbStG, § 19 Rdn 6.

[824] Zum Begriff des persönlichen Freibetrags vgl. *Lang*, Steuervergünstigungen 1974, S. 106 f: Freibeträge, "die
nur bestimmten Steuerrechtspersonen zustehen".

[825] Darüber hinaus stehen Ehegatten und Kindern gemäß § 17 ErbStG besondere Versorgungsfreibeträge zu.

[826] So ist etwa derzeit die Anwendung des Steuersatzes von 7 % für Erwerbe bis 100.000 DM bei unbeschränk-
ter Steuerpflicht in der Steuerklasse I faktisch ausgeschlossen, weil aufgrund von § 15 I Nr.1 bis 3 ErbStG
alle der Steuerklasse I zugehörigen Erwerber in den Genuß von Freibeträgen iHv mindestens 100.000 DM
kommen.

[827] So auch *Bareis/Elser*, Erbschaftsteuerrecht, DStR 1997, S. 557 ff, 557 FN 5: "Statt als tarifliche Maßnahme
könnte der Freibetrag auch zur Bemessungsgrundlage gezählt werden".

Daneben enthält das ErbStG in seinem § 27 eine Staffel von Steuerermäßigungen, die den Fällen Rechnung tragen sollen, in denen ein Vermögen innerhalb der Familie (Steuerklasse I) in kurzen Zeitabständen mehrmals vererbt wird. Die Vorschrift gewährt in diesen Fällen Steuerschuldermäßigungen,[828] die in fallender Reihe danach gestaffelt sind, wie lange der letzte, Erwerb zurückliegt. Die Vorschrift soll eine zeitnahe Doppelbesteuerung des Erwerbs verhindern.[829] Sie gilt nach dem Gesetzeswortlaut ausschließlich für Erwerbe von Todes wegen.[830]

Zu einer faktischen Erhöhung der genannten Freibeträge tragen schließlich zwei der Verwaltungsvereinfachung dienende Vorschriften bei:[831] Die Kleinstbetragsgrenze des § 22 ErbStG, die den Charakter einer Freigrenze hat, läßt Steuerbeträge bis 50 DM außer Ansatz.[832] Die Abrundungsvorschrift des § 10 I S.4 ErbStG bestimmt, daß der steuerpflichtige Erwerb vor Anwendung der Tarifvorschrift auf volle 100 DM abzurunden ist. Beide Vorschriften haben nicht den Charakter von Steuervergünstigungen.[833]

7. Die örtlichen Aufwand- und Verbrauchsteuern

Gem. § 1 I, 3 I des Kommunalabgabengesetzes für das Land Nordrhein-Westfalen (KAG NW) sind die Gemeinden des Landes NW zur Erhebung örtlicher Verbrauch- und Aufwandsteuern, der sog. Kleinen Gemeindesteuern, berechtigt,[834] sofern deren Steuergegenstände nicht mit denen bundesgesetzlich geregelter Steuern gleichartig sind.[835] Durch die KAG übertragen die Länder die ihnen aufgrund von Art. 105 IIa GG verliehene Gesetzgebungskompetenz auf die Gemeinden.

Die Gemeindesteuern insgesamt werden teils mit dem Äquivalenzprinzip begründet,[836] besonders die örtlichen Aufwandsteuern werden aber meist mit dem Leistungsfähigkeitsprinzip gerechtfertigt.[837] An dieser Stelle sollen vor allem die steuersatzrechtlichen Vorschriften der HundeSt, der JagdSt sowie der ZwSt betrachtet werden. Auch für diese kommunalen Steuersatzvorschriften gilt der allgemeine Gleichheitssatz, nach dem Gleiches nicht willkürlich ungleich und Ungleiches nicht willkürlich gleich behandelt werden darf. Differenzierungen im Bereich der Steuersätze können danach grundsätzlich mit einem Nebenzweck der Steuer ge-

---

[828] Im steuersatzrechtliche Vorschriften im strengen Sinne handelt es sich hierbei nicht, denn es werden Minderungen der bereits berechneten Steuerschuld vorgenommen.

[829] *Kapp/Ebeling*, ErbStG, § 27 Rdn 1.

[830] So *Kapp/Ebeling*, aaO, § 27 Rdn 3 ff; aA *Troll*, in: *Troll*, ErbStG, § 27 Rdn 2.

[831] Vgl. dazu *Vogt*, Erbschaftsteuerfreibetrag, DStR 1994, 17 f, 18.

[832] Dies bedeutet bei einem Steuersatz von 7 % immerhin eine Erhöhung des Freibetrages um etwa 714 DM.

[833] *Lang*, Steuervergünstigungen 1974, S. 106: Es handelt sich hier vielmehr um "bloße Abrundungen ..., die den berechneten Steuergegenstand (?) lediglich verwaltungsökonomisch vergröbern".

[834] Dies entspricht der kommunalen Selbstverwaltungsgarantie des Art. 28 II S.1 GG.

[835] Entsprechende Vorschriften enthalten auch die KAG der übrigen Bundesländer.

[836] Vgl. etwa *Bayer*, Grundbegriffe 1992, Bogen 3 links unten; jetzt auch *ders.*, Steuerlehre 1997, Rdn 130: "Das Äquivalenzprinzip gilt ... als das tragende Prinzip des gemeindlichen Steuerwesens".

[837] Vgl. *Bayer*, Grundbegriffe 1992, Rdn 123. Vgl. zum Begriff der Aufwandsteuer schon BVerfGE 16, 64 ff, 74: "Aufwandsteuern sind Steuern auf die in der Einkommensverwendung für den persönlichen Lebensbedarf zum Ausdruck kommende wirtschaftliche Leistungsfähigkeit".

rechtfertigt werden.[838] Auch hierdurch unterscheiden sich die örtlichen Aufwandsteuern von den Entgeltsabgaben (Gebühren und Beiträge), für die das Äquivalenzprinzip (Entgeltlichkeit) gilt, nach welchem Differenzierungen nach der Leistungsfähigkeit nicht zulässig sind.[839]

a) Die Hundesteuer

aa) Der Regelsteuersatz

Die HundeSt wird in allen Bundesländern durch die Gemeinden erhoben. Die Bemessungsgrundlage ist idR der einzelne Hund,[840] unabhängig von Größe, Wert und Geschlecht. Es handelt sich hier somit um einen physikalischen Steuermaßstab. Damit hat der Steuersatz der HundeSt, der sich als jährlicher absoluter Geldbetrag pro Hund darstellt, den Charakter eines pro-rata-Steuersatzes.[841]

Für die absolute Höhe des HundeSt-Satzes gilt, daß sie in größeren Städten und Gemeinden über der in kleineren Orten liegt; ein noch vertretbarer Steuersatz soll nach einem Urteil des FG Hamburg bei etwa 240 DM pro Jahr liegen.[842] Aus gesundheitspolitischen Gründen,[843] idR zum Zweck der Eindämmung der Hundehaltung,[844] sind wohl noch weit höhere Steuersätze unbedenklich.[845]

bb) Die Ausnahmesteuersätze

Differenzierungen des HundeSt-Satzes finden anhand verschiedener Kriterien statt.[846] Soll die HundeSt allerdings allein Ausdruck des Leistungsfähigkeitsprinzips sein,[847] so sollte der Normgeber Steuersatzdifferenzierungen allein an solchen Umständen festmachen, die auf eine

---

[838] Vgl. oben D I.

[839] *Bauernfeind*, in: *Driehaus*, Kommunalabgabenrecht, § 2 Rdn 53.

[840] Es soll an dieser Stelle nicht auf die Frage eingegangen werden, ob eine Besteuerung ausschließlich der Hundehaltung bei Steuerfreiheit der Haltung anderer Haustiere gegen Art. 3 I GG verstößt; vgl. dazu *Birk*, in: *Driehaus*, Kommunalabgabenrecht, § 3 Rdn 133 f.

[841] Vgl. oben B I 2.

[842] FG Hamburg, KStZ 1985, S. 197 ff.

[843] *Bayer*, Steuerlehre 1997, Rdn 965: "Die HundeSt als Prohibitivsteuer".

[844] Mit erhöhten HundeSt-Sätzen soll die absolute Zahl der in einer Gemeinde gehaltenen Hunde in Grenzen gehalten werden, weil mit dieser oftmals verstärkte Verunreinigungen und Gefährdungen einhergehen (*Birk*, in: *Driehaus*, Kommunalabgabenrecht, § 3 Rdn 133). Der Zielerreichungsgrad dieser Maßnahme wird jedoch verschiedentlich bezweifelt (vgl. *Bayer*, Gemeindesteuern, HdbKommWissPrax VI 1985, S. 156 ff, 201).

[845] Als Voraussetzung für diese Unbedenklichkeit gilt die Bereitstellung von Steuerbefreiungen oder Steuervergünstigungen für die Halter von Gebrauchshunden (Wachhunde, Blindenhunde, Sanitätshunde, Jagdhunde, Hundezucht u.a.); vgl. *Birk*, in: *Driehaus*, Kommunalabgabenrecht, § 3 Rdn 141.

[846] Vgl. zum Überblick *Birk*, aaO, § 3 Rdn 140 ff.

[847] So schon OVG Münster, KStZ 1975, S. 176; vgl. auch BFHE 151, 285 ff, 288, und dazu *Bayer*, Steuerlehre 1997, Rdn 965: "Das HundeSt-Recht erklärt sich in erster Linie daraus, daß im Halten eines Hundes ein gewisses Maß an wirtschaftlicher Leistungsfähigkeit zum Ausdruck kommt". Das Äquivalenzprinzip ist dagegen bei der HundeSt wohl nur bedingt anwendbar. "Insbesondere ist die HundeSt keine Hundekotbeseitigungsgebühr" (FG Hamburg, KStZ 1985, S. 197 ff, 198; aA *Tipke*, Steuerrechtsordnung II 1993, S. 1014 [Äquivalent für Straßenreinigung]); zumindest wird von den Gemeinden idR nicht verlangt, der Berechnung des HundeSt-Satzes den ihnen durch Hundehaltung entstehenden Aufwand zugrunde zu legen (*Birk*, in: *Driehaus*, Kommunalabgabenrecht, § 3 Rdn 140). *Tipke* (Steuerrechtsordnung II 1993, S. 1014) sieht in der HundeSt "hauptzwecklich eine ordnungspolitische Lenkungsteuer". Mit dem Leistungsfähigkeitsprinzip stehe sie in keinerlei Verbindung, denn wer "einen Hund hält, ist ... nicht leistungsfähiger als jemand (sic!) der keinen Hund hält" (aaO, S. 1014 FN 15).

gegenüber dem Normalfall gesteigerte Leistungsfähigkeit des Hundehalters hindeuten (Prinzip der horizontalen Gleichbehandlung).[848]

Geht man davon aus, daß im Regelfall der HundeSt-Tatbestand durch das Halten eines einzelnen Hundes verwirklicht wird, so kann man den Fall der Mehrfachhundehaltung wohl bereits als Ausnahme qualifizieren. Die meisten HundeSt-Satzungen bzw. HundeSt-Gesetze sehen für den zweiten und eventuelle weitere Hunde steigende Steuersätze vor.[849] Diese Höherbesteuerung der Mehrfachhundehaltung stellt im Grunde nichts anderes als eine Progression dar. Will man diese am Leistungsfähigkeitsprinzip messen, so lassen sich wohl ähnliche Positionen vertreten, wie sie jeweils von den Befürwortern und Gegnern der Progression des ESt-Tarifs eingenommen werden: Läßt man zunächst gelten, daß in der Haltung zweier Hunde eine signifikant höhere Leistungsfähigkeit zum Ausdruck kommt,[850] und weiterhin, daß eine höhere Leistungsfähigkeit steigende Steuersätze rechtfertigt, so kann die Progression der HundeSt als Ausdruck des Leistungsfähigkeitsprinzips angesehen und mit diesem gerechtfertigt werden.[851] Andernfalls müßten für die steigende Belastung der Mehrfachhundehaltung noch weitere Rechtfertigungsgründe gefunden werden.

Neben der Progression hinsichtlich der Zahl der Hunde sind auch höhere Steuersätze für sog. "Kampfhunde" verbreitet.[852] Dies sind Hunde bestimmter Rassen, die sich durch besonders aggressive Verhaltensweisen auszeichnen.[853] Eine Erhöhung der Steuersätze um das Zwanzig-

---

[848] Vgl. auch oben D II 3 b aa a'. Hiervon zu trennen ist die Frage, ob Differenzierungen des Steuersatzes vor dem allgemeinen Gleichheitssatz bestehen können. Denn die Differenzierungskriterien, die eine steuerliche Ungleichbehandlung verschiedener HundeSt-Sachverhalte rechtfertigen mögen, müssen vor diesem Hintergrund nicht dieselben sein wie diejenigen, die für die Lösung der Frage heranzuziehen sind, ob der HundeSt-Satz das Leistungsfähigkeitsprinzip in konsequenter Weise widerspiegelt.

[849] Dies ist zulässig; vgl. hierzu Nachweise bei *Birk*, in: *Driehaus*, Kommunalabgabenrecht, § 3 Rdn 140.

[850] Es ist indes zumindest fraglich, ob dies tatsächlich der Fall ist: Bereits für die Anschaffung und artgerechte Haltung eines einzelnen Hundes muß der Halter eine Reihe von Ausgaben tätigen. Sicherlich bringt ein zweiter Hund die Notwendigkeit weiterer Aufwendungen mit sich; diese dürften jedoch die zuerst entstandenen insofern unterschreiten, als einige der für Unterbringung und Transport des ersten Hundes entstandenen Aufwendungen (etwa für eine Umzäunung des Grundstücks, einen Zwinger, ein Trenngitter im Auto) sich bei der Anschaffung eines zweiten oder dritten Hundes nicht wiederholen ("economies of scale"). Das Halten zweier Hunde drückt sicherlich gegenüber dem Halten nur eines Hundes auf Seiten des Hundehalters eine weniger starke Differenz in der Leistungsfähigkeit aus, als diese etwa zwischen zwei Personen besteht, von denen der eine ein Einkommen von 50.000 DM und der andere ein solches von 100.000 DM hat.

[851] Vgl. für die Progression des ESt-Tarifs oben D II 3 b aa.

[852] Diese Differenzierung stößt bei geeigneter Definition des Kampfhundbegriffs (vgl. dazu das Folgende) auf keinerlei Bedenken, sei es hinsichtlich des Tatbestandsmäßigkeits- oder genauer: des Bestimmtheitsgrundsatzes, sei es bezüglich des Gleichheitssatzes (BFHE 151, 285 ff, und dazu *Mohl/Backes*, Kampfhunde, KStZ 1991, S. 66 ff, 68).

[853] Die Definition des Begriffs "Kampfhund" stößt auf gewisse Schwierigkeiten, weil sie an das unbestimmte Kriterium der abstrakten Gefährlichkeit anknüpft. Äußerlich unmittelbar feststellbare Umstände wie die Zugehörigkeit eines Hundes zu einer bestimmten Rasse sind als abschließende Abgrenzung des Begriffs nur bedingt geeignet, weil auch (immer wieder neue) Mischformen sowie Hunde unterschiedlichster Rassen das genannte Kriterium erfüllen können. *Mohl/Backes* (Kampfhunde, KStZ 1991, S. 66 ff, 68) schlagen folgende Definition vor, die beide Kriterien in sich vereinigt: "Kampfhunde sind solche Hunde, bei denen nach ihrer besonderen Veranlagung, Erziehung und/oder Charaktereigenschaft die erhöhte Gefahr einer Verletzung von Personen besteht. Kamphunde ... sind insbesondere Bull-Terrier ... (erg.: es folgt eine längere Auflistung)". Ferner soll diese Definition durch periodische Anpassung der Positivliste erweiterbar sein. Die Kombination von abstrakter Definition und unwiderlegbarer Vermutung (Katalog) kann wohl als geeignetste Methode angesehen werden, die Diskrimination üblicher "Kampfhunderassen" gegenüber aggressiven Einzeltieren von idR friedliebender Rassenzugehörigkeit zu verhindern.

fache wird mancherorts erwogen.[854] Die Begründung für diesen erhöhten Steuersatz liegt in der gesteigerten Gefährlichkeit dieser Tiere, deren übermäßige Verbreitung verhindert werden soll.[855] Der erhöhte Steuersatz für Kampfhunde hat also ebenfalls ordnungspolitischen Charakter.[856]

Mit dem Leistungsfähigkeitsprinzip wäre es nicht vereinbar, wenn neben dem Privathund auch der Gebrauchs- oder Berufshund dem vollen HundeSt-Satz unterläge. Denn derjenige, der einen Hund überwiegend zu Berufszwecken hält, treibt insofern keinen Privataufwand oder gar Luxus.[857] Aus diesem Grunde ist das Halten von Gebrauchshunden Gegenstand verschiedener Steuerermäßigungen.

b) Die Jagdsteuer

Die JagdSt ist eine Aufwandsteuer,[858] die von den Kreisen oder kreisfreien Städten auf der Grundlage von Satzungen erhoben wird. Ihr Gegenstand ist die Ausübung des Jagdrechts, welches als Ausdruck besonderer wirtschaftlicher Leistungsfähigkeit gesehen wird.[859] Steuerbemessungsgrundlage ist der Jagdwert, d.h. die (fiktiv) zu zahlende Pacht. Der Steuersatz hat den Charakter eines meist proportionalen Prozentsatzes.[860] In Rheinland-Pfalz ist der JagdSt-Satz auf höchstens 20 % begrenzt (§ 4 II KAG RP), in Baden-Württemberg (§ 7 II S.2 KAG BW) und in Sachsen (§ 8 II S.2 KAG Schs.) auf 15 %. In anderen Ländern gibt es derartige Obergrenzen nicht.[861]

Eine Besonderheit ergibt sich bei der JagdSt in Baden-Württemberg und in Sachsen daraus, daß für steuerausländische Jagdinhaber ein weitaus höherer Steuersatz (bis zu 60 %) zur Anwendung kommen darf. Nach Ansicht des Verwaltungsgerichtshofs Mannheim verstößt dies

---

[854] *Mohl/Backes*, aaO, S. 66. In dieser Ausgestaltung wird die "Kampfhunde"-Steuer wohl als fiskalisches Verbot zu bewerten sein, die ihren Zweck bei einem Steueraufkommen von Null am besten erfüllt. Ob ein derart hoher Steuersatz dazu führt, daß die HundeSt als Erdrosselungssteuer verfassungswidrig ist (vgl. dazu oben D II 3 b bb c' b'' b'''), steht dahin. Eine Verdoppelung des hamburgischen HundeSt-Satzes ist indes vom BFH als verfassungsrechtlich unbedenklich eingestuft worden (BFHE 151, 285 ff, 289).

[855] *Mohl/Backes*, aaO, S. 66. An der Wirksamkeit dieser Maßnahme äußert *Tipke* (Steuerrechtsordnung II 1993, S. 1014) Zweifel. Außerdem argumentiert er, Kampfhunde blieben "auch dann noch gefährlich, wenn für sie eine Steuer gezahlt ... wird". Daß dieses Argument gegen fast jede Art von Lenkungszwecknorm eingewandt werden kann, scheint *Tipke* zu verkennen. Auch Nikotin, auch Autoabgase bleiben trotz der Zahlung von Tabak- und KfzSt weiterhin schädlich.

[856] Dieser höhere Steuersatz stellt einen der seltenen Fälle dar, in denen das Gegenstück zu einem Regelsteuersatz, also einer steuersatzrechtlichen Regelvorschrift, nicht in einem gegenüber diesem ermäßigten, sondern erhöhten Ausnahmesteuersatz liegt (vgl. oben B I 4). Dasselbe gilt für den JagdSt-Satz für steuerausländische Jagdinhaber (vgl. dazu unten D II 7 b).

[857] Vgl. *Bayer*, Steuerlehre 1997, Rdn 968 (mwN).

[858] Vgl. *Birk*, in: *Driehaus*, Kommunalabgabenrecht, § 3 156 ff, 166.

[859] Vgl. *Bayer*, Steuerlehre 1997, Rdn 984; aA wiederum *Tipke*, Steuerrechtsordnung II 1993, S. 1013: "Die Ausübung des Jagdrechts repräsentiert keine höhere steuerlicher (sic!) Leistungsfähigkeit als andere Arten der Einkommensverwendung (!)". Wenn *Tipke* ernsthaft meint, der Pächter einer Jagd dokumentiere damit dieselbe wirtschaftliche Leistungsfähigkeit wie derjenige, der sein Einkommen dazu verwendet, für seine Familie die nötigsten Lebensmittel zu erwerben (vgl. aber aaO, S. 941: "Der Sozialhilfeempfänger, der sich Brot kauft, stellt ... keine steuerliche Leistungsfähigkeit unter Beweis") so ist ihm hierin sicherlich nicht zuzustimmen.

[860] Vgl. oben B I 2.

[861] Richterrechtliche Höchstgrenzen, zumindest solche, die die bisher genannten Höchstwerte unterschreiten würden, sind nicht bekannt (*Bayer*, Gemeindesteuern, HdbKommWissPrax VI 1985, S. 156 ff, 207).

nicht gegen das Diskriminierungsverbot,[862] weil nicht nach der Staatsangehörigkeit, sondern nach dem ständigen Wohnsitz differenziert wird.[863] Man ist der Ansicht, daß Außenwohner ihren Verpflichtungen hinsichtlich angemessener Hege und Pflege des Waldes tendenziell weniger gut nachkommen können als Jagdrechtsinhaber, die in der Nähe der Jagd ansässig sind.[864]

Die JagdSt wird mit dem Leistungsfähigkeitsprinzip gerechtfertigt. Sofern sie differenzierende Steuersätze kennt, sollte diese Differenzierung unterschiedliche Grade wirtschaftlicher Leistungsfähigkeit widerspiegeln. Dies ist im Falle der Unterscheidung steuerinländischer von steuerausländischen Jagdrechtsinhabern nicht der Fall, denn ein Wohnsitz oder ständiger Aufenthalt außerhalb der Bundesrepublik Deutschland signalisiert nicht notwendigerweise eine höhere Leistungsfähigkeit.[865] Von dieser eher steuersystematischen Überlegung ist wiederum die verfassungsrechtliche Frage zu trennen, ob die JagdSt aufgrund dieser Differenzierung gegen Art. 3 I GG verstößt. Dies ist dann nicht der Fall, wenn für die unterschiedlichen Steuersätze ein sachgerechter Differenzierungsgrund gefunden werden kann. Ein solcher besteht jedoch in dem Kriterium des Wohnsitzes oder gewöhnlichen Aufenthalts wohl nicht.[866]

c) Die Zweitwohnungsteuer

Eine Aufwandsteuer in einer sehr reinen Form ist die von *Bayer* konzipierte ZwSt.[867] Sie belastet ausschließlich den Privataufwand natürlicher Personen und widerspiegelt damit das Leistungsfähigkeitsprinzip besonders deutlich.[868] Die Steuerbemessungsgrundlage besteht in der Höhe des jährlichen Mietaufwandes, der Steuersatz ist ein Prozentsatz oder ein fester Geldbetrag, der meist zwischen 8 und 20 % liegt.[869] Pauschalierungen und Staffelungen sind zulässig,[870] nicht jedoch Differenzierungen nach einheimischen und "fremden" Zweitwohnungsinhabern.[871] Von Fall zu Fall dürfen Zweitwohnungsinhaber mit mehr als zwei Kindern mit einer Steuerermäßigung rechnen.[872]

---

[862] VGH BW, ESVGH 24, 230 ff, 232: "Eine unterschiedliche jagdsteuerliche Behandlung von In- und Ausländern ... stellt ... keinen Verstoß gegen den Gleichheitssatz dar".

[863] "Wohnsitzprinzip, nicht: Nationalitätsprinzip" (*Bayer*, Steuerlehre 1997, Rdn 988).

[864] Hinter dieser Begründung könnte man indes auch die Absicht vermuten, einer Überfremdung der Jagdausübung durch Ausländer entgegenzuwirken.

[865] Ähnlich *Birk*, in: *Driehaus*, Kommunalabgabenrecht, § 3 Rdn 166.

[866] *Birk*, aaO, § 3 Rdn 166: "Die Differenzierung ist willkürlich, weil (auf die Jagdsteuer bezogen) sachfremde Gesichtspunkte die Steuerhöhe bestimmen".

[867] Vgl. dazu *Birk*, aaO, § 3 Rdn 211: "Bayer, der 'Vater' der Zweitwohnungsteuer".

[868] BVerfGE 65, 325 ff, 348, und dazu *Bayer*, Steuerlehre 1997, Rdn 972.

[869] "Der Steuersatz beträgt fast schon herkömmlich 8 v. H." (*Bayer/Elmenhorst*, Fremdenabgabenrecht, KStZ 1995, S. 141 ff, 171).

[870] VGH Mannheim, BWGZ 1993, S. 308.

[871] BVerfGE 65, 325 ff, 357 f. Insofern ist also im Bereich der ZwSt - im Gegensatz zur JagdSt (vgl. oben D II 7 b) - die Differenzierung nach dem Wohnsitz oder gewöhnlichen Aufenthalt unzulässig!

[872] *Bayer/Elmenhorst*, Fremdenabgabenrecht, KStZ 1995, S. 141 ff, 171. Dies ist grundsätzlich mit dem Gleichheitssatz vereinbar; vgl. BVerfGE 65, 325 ff, 357.

III. Der Grundsatz der Besteuerung nach der Äquivalenz

1. Die Bedeutung des Äquivalenzprinzips

Das Äquivalenzprinzip geht auf Wurzeln zurück, die älter sind als die des Leistungsfähigkeitsprinzips.[873] In Gestalt der Interessen- oder Assekuranztheorie des 17. Jahrh. wurde es damit gerechtfertigt, daß der Staat dem Einzelnen allgemeinen Schutz bietet, insb. durch Verteidigung nach außen und Gewährleistung des Eigentumsrechts nach innen. Die Steuer sollte eine Art Gegenleistung für diese staatlichen Leistungen bilden, dem Staat eine Art von Kostenersatz gewähren. Schon im ausgehenden 18. Jahrh. mußte das Äquivalenzprinzip mehr und mehr dem Leistungsfähigkeitsprinzip weichen. Für *Adam Smith* standen noch beide Grundsätze dahingehend in einem gewissen Zusammenhang, daß die Bürger zur Steuer im Verhältnis zum Einkommen, das sie unter dem Schutze des Staates genießen, herangezogen werden.[874] In der französischen Erklärung der Menschen- und Bürgerrechte vom 3.11.1789 vollzieht sich indes schon die Wende hin zum Leistungsfähigkeitsprinzip.[875]

Der Steuerbegriff des § 3 I AO 1977 erteilt dem Äquivalenzprinzip dadurch eine prinzipielle Absage, daß Steuern nach ihm keine Gegenleistung für eine besondere Leistung sind. Das Äquivalenzprinzip ist somit heute auch vorwiegend im Bereich der Entgeltsabgaben, also im Gebühren- und Beitragsrecht, zuhause. Für die Rechtfertigung von Steuern läßt es sich fast nur auf dem Gebiet der Gemeindesteuern,[876] also der Realsteuern und der örtlich radizierten Verbrauch- und Aufwandsteuern, heranziehen, obwohl auch KfzSt und MinölSt von Fall zu Fall mit ihm begründet werden.[877]

Das Verhältnis von Äquivalenz- und Leistungsfähigkeitsprinzip ist nicht eindeutig. *Tipke/Lang* stehen auf dem Standpunkt, dem Leistungsfähigkeitsprinzip als dem "obersten Vergleichsmaßstab steuerlicher Lastengleichheit"[878] käme auf dem Gebiete der Fiskalsteuern unter Gerechtigkeitsgesichtspunkten der Vorrang vor allen anderen materialen Besteuerungsgrundsätzen zu. Eine Abweichung von ihm ließe sich nur für Sozialzwecksteuern rechtfertigen, selbst dies nur unter engen Voraussetzungen.[879] Obwohl nach *Tipke/Lang* das Äquivalenzprinzip als alleinige Rechtfertigung abzulehnen sei, habe es immer noch auf dem Gebiet der Steuern seine Bedeutung, die einen Sondernutzen oder Sonderschaden abgelten. Es dürfe jedoch nicht dazu führen, daß Individuen, die nicht leistungsfähig sind, besteuert würden.[880] Demgegenüber hält *Bayer* beide Grundsätze, Äquivalenzprinzip und Leistungsfähigkeitsprinzip, für gleichberechtigt.[881]

---

[873] Vgl. zu Folgenden ausführlich *Birk*, Leistungsfähigkeitsprinzip 1983, S. 21 ff; *Schmidt*, Steuerprogression 1960, S. 4 ff.

[874] Vgl. *Mann*, Ideale 1937, S. 147 ff.

[875] Vgl. dazu oben D II.

[876] Vgl. *Bayer*, Grundbegriffe 1992, Rdn 33: "Im geltenden Recht beschränkt sich der Anwendungsbereich des Äquivalenzprinzips im großen und ganzen auf das kommunale Steuerrecht".

[877] Vgl. *Tipke*, Steuerrechtsordnung I 1993, S. 477.

[878] *Tipke/Lang*, aaO, § 4 Rdn 81.

[879] *Tipke/Lang*, aaO, § 4 Rdn 85.

[880] *Tipke/Lang*, aaO, § 4 Rdn 87.

[881] *Bayer*, Steuerlehre 1997, Rdn 134.

2. Das Äquivalenzprinzip als Maßstab für Steuersätze

Interpretiert man das Äquivalenzprinzip in einem Satz als: "Jeder zahle Steuern wie er vom Staat Leistungen erhält", so lassen sich daraus noch keineswegs eindeutige Rückschlüsse auf Höhe und Gestaltung der steuersatzrechtlichen Regelungen ziehen. Es gibt offenbar mehrere Möglichkeiten, den Wert der staatlicherseits erbrachten Leistung und damit die Höhe der Steuer zu bemessen.[882]

Wie gezeigt werden kann, ist eine Analogie zu Marktpreisen aus verschiedensten Gründen, die größtenteils mit dem Charakter der zur Verfügung gestellten Güter zusammenhängen, kaum herzustellen. Als Ersatzmaßstäbe kämen allein die dem Staat durch den Einzelnen entstandenen Kosten sowie der von ihm empfangene Nutzen in Betracht. Beide können danach unterteilt werden, ob der Staat durch die Steuererhebung die Kosten aller (totale Äquivalenz) oder nur einiger (partielle Äquivalenz) Leistungen finanzieren will. Weiterhin ist zu unterscheiden, ob die Kosten nur einzelnen Gruppen von Wirtschaftssubjekten (gruppenmäßige Äquivalenz) oder dem einzelnen Steuerpflichtigen (individuelle Äquivalenz) angelastet werden sollen. Im einzelnen ergeben sich jedoch so schwerwiegende Probleme bei der Beantwortung der Frage, wem in welchem Ausmaß äquivalenzmäßig abzurechnende Leistungen zugute kommen, daß die Resultate unter Gerechtigkeitsaspekten stark zu wünschen übrig lassen.

3. Die Realsteuerhebesätze

Die Realsteuern, nämlich GrSt und GewSt, werden meist mit dem Äquivalenzprinzip gerechtfertigt.[883] Allerdings wird dagegen oftmals eingewandt, die den Gemeinden durch Gewerbebetriebe, Grundbesitz und land- und forstwirtschaftliche Betriebe entstehenden Kosten seien zum Großteil bereits durch Beiträge und Gebühren abgedeckt. Nach dem in den Gemeindeordnungen (GO) verankerten Subsidiaritätsprinzip dürfen die Gemeinden auf die Realsteuern nur dann zurückgreifen, wenn die übrigen Einnahmequellen zur Deckung des Finanzbedarfs nicht ausreichen.[884] Dies dürfte indes fast nie der Fall sein, so daß das Subsidiaritätsprinzip im Einzelfall kaum zu einer Begrenzung der Realsteuerhebesätze heranzuziehen sein dürfte.[885]

Die Hebesätze der Realsteuern sind nicht in den Realsteuergesetzen enthalten, sondern werden von den Gemeinden durch die Haushaltssatzung oder durch eigene Hebesatzsatzungen festgelegt.[886]

a) Die Grundsteuer

Die GrSt ist eine zweigeteilte Steuer:[887] Steuergegenstand der sog. GrSt A ist der Betrieb der Land- und Forstwirtschaft (§ 2 Nr.1 GrStG), derjenige der GrSt B ist das Eigentum an einem Grundstück (§ 2 Nr.2 GrStG). Beide Teilsteuern haben eine je eigene Steuerbemessungsgrundlage in Form eines je eigenen Steuermeßbetrags (§§ 13 bis 15 GrStG). Die Hebesätze

---

[882] Zum folgenden vgl. *Krause-Junk*, Steuern IV, HdWW VII 1977, S. 332 ff, 334 ff.

[883] *Bayer*, Steuerlehre 1997, Rdn 782; vgl. für die GewSt auch BFHE 176, 138 ff, 140.

[884] Vgl. etwa § 76 II GO NW.

[885] Vgl. *Troll*, GrStG, § 25 Rdn 4. Für die Realsteuern gelten insoweit dieselben Grundsätze wie für die übrigen Steuern auch.

[886] Vgl. oben B I 1; vgl. jetzt auch *Bayer*, Steuerlehre 1997, Rdn 1493 ff.

[887] Vgl. dazu *Troll*, GrStG, § 25 Rdn 8.

(§ 25 IV GrStG) haben jeweils den Charakter von proportionalen Prozentsätzen. Sie betrugen im Durchschnitt im Jahre 1995 für die GrSt A 266 % und für die GrSt B 351 %.[888]

Die Rechtfertigung der GrSt mit dem Äquivalenzprinzip ist umstritten.[889] Auch für die Bemessung des GrSt-Hebesatzes eignet es sich kaum als Maßstab, lassen sich doch die Leistungen einer Gemeinde weder gegenüber den Grundbesitzern als solchen (Gruppenäquivalenz) noch gegenüber einzelnen Grundbesitzern (Individualäquivalenz) beziffern.[890] Den Gemeinden wird ein weiter Ermessensspielraum eingeräumt, bei der Festsetzung der GrSt-Hebesätze nach ihren finanziellen Bedürfnissen zu verfahren.[891] Dies führt zu einem Hebesatzgefälle, da die Gemeinden nicht an Hebesätze anderer Gemeinden oder an den Landesdurchschnitt gebunden sind.[892]

Wie auch bei der GewSt gab es bis Ende 1973 die Möglichkeit, bestimmte Gruppen von Grundstücken mit einem höheren Hebesatz zu belasten (§ 3 EinfGRealStG).[893]

b) Die Gewerbesteuer

Die äquivalenztheoretische Rechtfertigung der GewSt ist weniger umstritten als die der GrSt.[894] Für die Bemessung eines konkreten Hebesatzes kann es indes in diesem Fall - wie bei der GrSt auch - wenig beitragen.[895] *Flämig* führt aus, daß dem umfangreichen Aufkommen, das die GewSt mittlerweile zu den Gemeindehaushalten beiträgt, kaum besondere, allein von Gewerbebetrieben verursachte Lasten in gleicher Höhe gegenüberstehen dürften.[896] Darüber hinaus, so *Tipke*, habe noch keine Gemeinde jemals eine Hebesatzerhöhung damit begründet, das bisherige GewSt-Aufkommen habe den Gemeindeleistungen zugunsten der Gewerbebetriebe nicht entsprochen.[897]

Die Hebesatzautonomie der Gemeinden (§ 16 I GewStG) führt zu einer Unterschiedlichkeit der GewSt-Hebesätze innerhalb der Bundesrepublik Deutschland (Hebesatzgefälle). Dies begegnet Kritik hinsichtlich der Einheitlichkeit des Steuerrechts. Der Hebesatz ist letztlich ein Instrument kommunaler Wirtschaftsförderung.[898] Für die Ausübung des Hebesatzrechts in den einzelnen Gemeinden sollen der gemeindliche Finanzbedarf und die Steuerkraft der in ihr ansässigen Gewerbebetriebe (Leistungsfähigkeit!) ausschlaggebend sein.[899] Die GewSt wäre nach dieser Auffassung eine typische Fiskalsteuer, deren Belastung nach der Leistungsfähigkeit der Zensiten gerecht zu verteilen wäre.

---

[888] Vgl. *Bayer*, Steuerlehre 1997, Rdn 1495.

[889] Vgl. umfangreiche Nachweise bei *Tipke*, Steuerrechtsordnung II 1993, S. 809 f m. FN 2.

[890] Vgl. *Tipke*, Steuerrechtsordnung II 1993, S. 817 ff.

[891] *Troll*, GrStG, § 25 Rdn 4.

[892] BVerfG, KStZ 1967, S. 65.

[893] Vgl. dazu das Folgende.

[894] Vgl. dazu etwa die Nachweise bei *Tipke*, Steuerrechtsordnung II 1993, S. 823 ff, 836 f. Für *Tipke* selbst jedoch hat die "Äquivalenz-Rhetorik ... mit der Gewerbesteuer-Realität so gut wie nichts zu tun" (aaO, S. 838).

[895] Vgl. BVerfGE 46, 224 ff, 236 f.

[896] *Flämig*, Gewerbesteuer, DStJG XII 1989, S. 33 ff, 57.

[897] *Tipke*, Steuerrechtsordnung II 1993, S. 837.

[898] *Bayer*, Steuerlehre 1997, Rdn 1495.

[899] So *Stäuber*, in: *Lenski/Steinberg*, GewStG, § 16 Rdn 2. Der Äquivalenzgedanke scheint demnach bei der Festlegung der Hebesätze in der Praxis keine nennenswerte Rolle zu spielen.

Differenzierungen des Steuersatzes für unterschiedliche Unternehmen sind nicht zulässig (§ 16 IV S.1 GewStG). Sofern mit dieser Vorschrift eine unterschiedslose Besteuerung verschiedener Unternehmensformen erreicht werden soll, so wird diese durch die Einräumung verschieden hoher Freibeträge gem. § 12 I S.3 GewStG (für natürliche Personen und Personengesellschaften 48.000 DM, für juristische Personen 7.500 DM) jedoch konterkariert.

Einer strengen Geltung des Äquivalenzprinzips steht weiterhin der Umstand entgegen, daß die Gemeinde ihre Hebesatzentscheidungen nicht strikt von der Ausschöpfung des Entgeltsabgabenaufkommens (Subsidiaritätsprinzip) abhängig machen müssen.[900] Auch die Abschaffung der Mehrbelastung gem. § 3 EinfGRealStG ab 1974, nach der Gewerbebetriebe, denen besondere gemeindliche Einrichtungen in hohem Maße zugute kamen, höher belastet werden konnten, paßt in dieses Bild.[901]

---

[900] BVerwG, DÖV 1993, 1093 f.

[901] Vgl. dazu *Stäuber*, in: *Lenski/Steinberg*, GewStG, § 16 Rdn 6.

Ergebnisse

Die in der vorliegenden Arbeit angestellten Überlegungen lassen sich in Form der folgenden vierzehn Thesen zusammenfassen:

1. Der Steuersatz ist diejenige Größe, die eine bestimmte Höhe der Steuerbemessungsgrundlage mit der Höhe der Steuerschuld verknüpft. Der Steuertarif variiert die Höhe der Steuersätze bei steigender Steuerbemessungsgrundlage. Der Oberbegriff für beide ist die steuersatzrechtliche Vorschrift. Das Ausland und die Steuergeschichte kennen weitere, ähnliche Begriffe.

2. Der Gesetzgeber hat bei der Ausgestaltung jeder steuersatzrechtlichen Vorschrift vier grundlegende Weichenstellungen vorzunehmen. Besondere Schwierigkeiten bereitet die Abgrenzung steuersatzrechtlicher Maßnahmen von solchen, die nur die Bemessungsgrundlage berühren. Der Steuersatz kann somit einmal offen verändert werden (Steuersatz ieS), zum anderen können steuersatzrechtliche Differenzierungen auch versteckt über die Steuerbemessungsgrundlage greifen (Steuersatz iwS).

3. Der Progressionstarif ieS steht für die Steuerwissenschaften aus mehreren Gründen im Zentrum des Interesses. Er tritt als Stufentarif oder als Formeltarif auf. Der Proportionalsatz ieS dagegen ist in der Praxis häufig, theoretisch jedoch eher uninteressant. Für den Regressionstarif schließlich fehlt derzeit jedes Beispiel.

4. Der Gesetzmäßigkeitsgrundsatz besagt, daß die Entscheidung über die Steuerbelastung des Bürgers dem Parlament vorzubehalten ist. Steuersätze ieS und Steuersätze iwS dürfen somit nur in förmlichen Steuergesetzen und gemeindlichen Steuersatzungen enthalten sein. Die Steuerrechtsordnung kannte und kennt indes eine Reihe von Fällen, in denen eine Verletzung dieses Grundsatzes zumindest denkbar ist, weil sich in ihnen die Höhe der Steuerbelastung aus anderen als den zulässigen Normen ergibt.

5. Für steuersatzrechtliche Vorschriften existiert ein in zweifacher Hinsicht differenziertes Rückwirkungsverbot. Wirkt eine maßvolle Erhöhung des Steuersatzes lediglich bis zum Beginn des Veranlagungszeitraums zurück, so ist dies idR zulässig. Eine Rückwirkung darüber hinaus ist dagegen idR unzulässig, kann jedoch unter bestimmten Voraussetzungen gerechtfertigt werden.

6. Der Tatbestandsmäßigkeitsgrundsatz besagt nach der Auffassung der Steuertatbestandslehre, daß ein Steuergesetz in seinem vierteiligen Tatbestand neben Steuersubjekt, Steuergegenstand und Steuermaßstab stets auch einen Steuersatz enthalten muß. Der positive Mindestinhalt eines Steuergesetzes muß es also erlauben, die geschuldete Steuer nach Grund und Höhe zu berechnen.

7. Jede Steuerrechtsnorm besteht aus Tatbestand und Rechtsfolge. Der Tatbestandsmäßigkeitsgrundsatz erlaubt indes keine eindeutige Aussage darüber, welcher Seite der Steuerrechtsnorm der Steuersatz angehört. Vieles spricht indes dafür, daß bei streng rechtstheoretischer Betrachtung und unter Zuhilfenahme der Strafrechtsdogmatik der Steuersatz trotz seines abstrakt-generellen Charakters nicht als subsumtionsfähiges Tatbestandsmerkmal angesehen werden kann, weil es für ihn auf der Ebene des Lebenssachverhalts kein Pendant gibt. Diese allein unter theoretischen Aspekten interessierende Frage kann allerdings für die Praxis dahinstehen.

8. Der Einfachheitsgrundsatz verlangt steuersatzrechtliche Vorschriften, die keinen unnöti-
    gen Verwaltungsaufwand verursachen. Insofern ist der Proportionalsatz vorzuziehen,
    ohne daß der Progressionstarif dadurch gänzlich unzulässig wäre.

9. Der Leistungsfähigkeitsgrundsatz ist als steuerrechtliche Ausprägung des Gleichheits-
    satzes das fundamentale Gerechtigkeitsprinzip im Steuerrecht. Auch wenn eine Reihe von
    Steuern in ihm ihre Rechtfertigung finden, läßt seine inhaltliche Unbestimmtheit die
    Herleitung der Progression ebensowenig zu wie die eines bestimmten Tarifverlaufs. Die
    konkrete Ausgestaltung des ESt-Tarifs ist somit eine politische Entscheidung, die heute
    weltweit zugunsten des Progressionsprinzips ausfällt. Die Progression der ESt wird intui-
    tiv als gerecht empfunden. Die Tatsache, daß der Tarif für die ESt ebenso zentral ist wie
    die ESt ihrerseits für das gesamte Steuersystem, bewirkt, daß weite Teile des Steuerrechts
    wissenschaftlich fundierten Entscheidungen entzogen und politischer Willkür geöffnet
    sind.

10. Der Höhentatbestand der ESt hat für eine Steuerfreistellung des Existenzminimums zu-
    mindest in Höhe des Sozialhilfesatzes zu sorgen. Bei der tariftechnischen Verwirklichung
    dieser Forderung läßt das BVerfG dem Gesetzgeber im wesentlichen freie Hand. Aus sy-
    stematischen Gründen ist indes ein außertariflicher Freibetrag einer Freigrenze, einer ta-
    riflichen Nullzone und auch einem Steuerabsetzbetrag vorzuziehen. Die absolute Höhe
    der jeweils geltenden est-lichen Grundfreibeträge wurde und wird stets als ungenügend
    angesehen.

11. Für den mittleren Bereich des ESt-Tarifs ist das Leistungsfähigkeitsprinzip noch weniger
    aussagekräftig als für die Extrembereiche, obwohl hier das Gros der Fälle angesiedelt ist.
    Der Gesetzgeber soll jedenfalls die Progression des ESt-Tarifs gleichmäßig ausgestalten
    und außerdem für einen Ausgleich der inflationsbedingten Kalten Progression sorgen.

12. Explizite verfassungsrechtliche Obergrenzen für Steuersätze gibt es in Deutschland - im
    Gegensatz zu anderen Staaten wie etwa der Schweiz und den USA - bisher nicht. Dem
    Grundgesetz lassen sich absolute Schranken nur bedingt entnehmen. Das Verbot der Er-
    drosselungssteuer greift kaum einmal ein, und eine Begrenzung der Steuerlast auf 50 %
    des Einkommens (Halbteilungsgrundsatz) stößt auf viele ungelöste Einzelprobleme. Den-
    noch werden zunehmend Steuerbelastungsgrenzen gefordert, um drohende Anpassungs-
    reaktionen der Wirtschaft zu verhindern.

13. Die steuersatzrechtlichen Vorschriften der meisten übrigen direkten Steuern drücken das
    Leistungsfähigkeitsprinzip alles in allem eher undeutlich aus. Sie sind durchsetzt mit po-
    litisch motivierten Ausnahmeregelungen. Offene Verstöße gegen den Gleichheitssatz oder
    die Freiheitsgrundrechte finden sich indes im geltenden Steuersatzrecht kaum.

14 Das Äquivalenzprinzip tritt dem Leistungsfähigkeitsprinzip als inhaltlicher Nebengrund-
    satz an die Seite. Anders als im Recht der Entgeltsabgaben sind die Steuersätze der auf
    ihm beruhenden Steuern allerdings nicht streng an das Verhältnis von Leistung und Ge-
    genleistung gebunden. Besonders die Hebesätze der Realsteuern tragen mehr oder weni-
    ger die Züge allgemeiner Einnahmequellen, sind daneben aber auch wirtschaftspolitische
    Instrumente.

Anhang

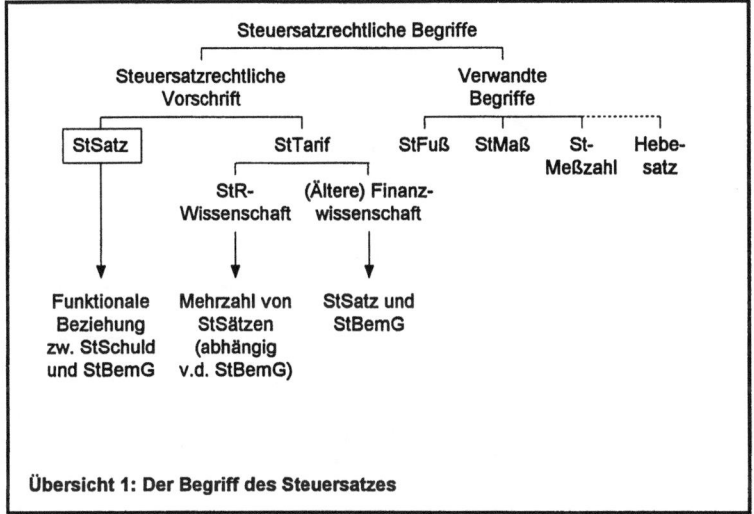

Übersicht 1: Der Begriff des Steuersatzes

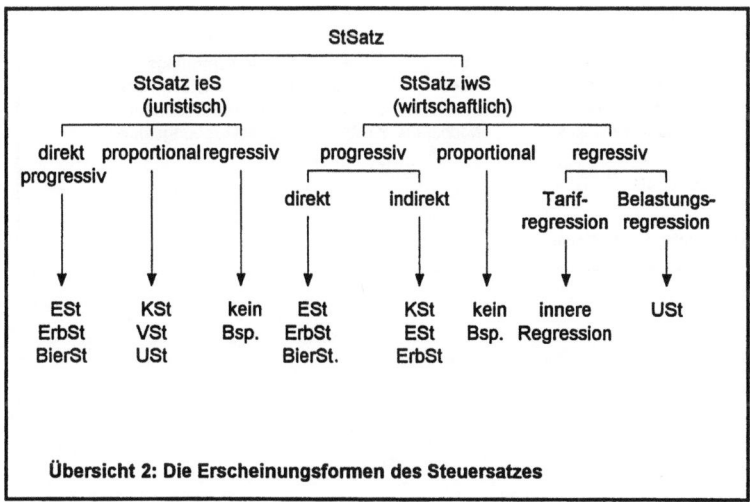

Übersicht 2: Die Erscheinungsformen des Steuersatzes

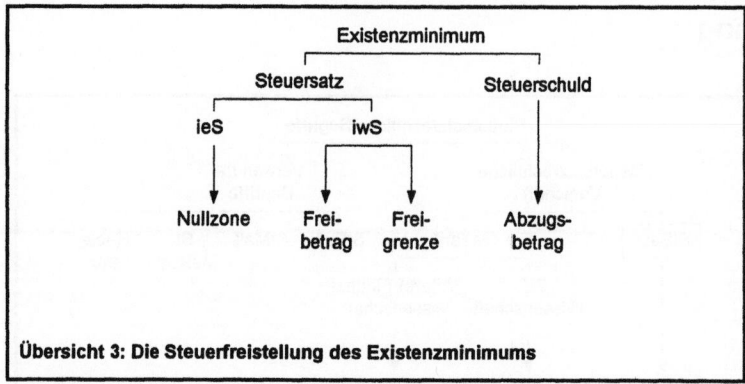

Übersicht 3: Die Steuerfreistellung des Existenzminimums

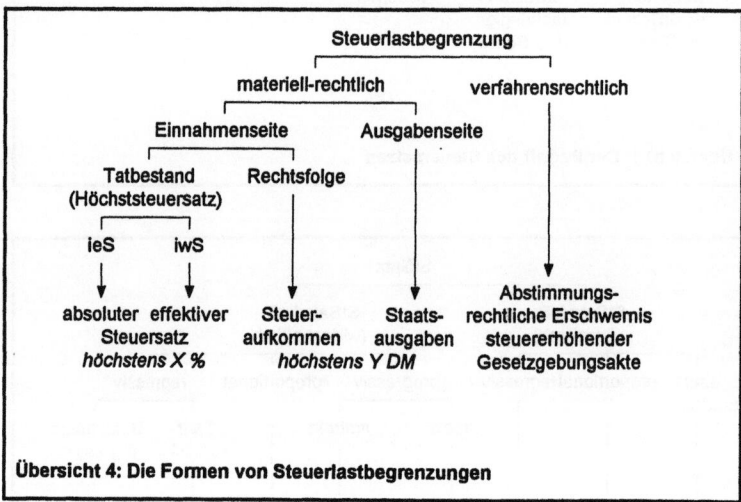

Übersicht 4: Die Formen von Steuerlastbegrenzungen

Literaturverzeichnis

Die unterstrichenen Angaben bezeichnen die Zitierweise in den Fußnoten.

I. Monographien, Aufsätze und Beiträge zu Sammelwerken

Aprath, Werner   Zur Lehre vom steuerlichen Tatbestand, in: *Gerhard Thoma* (Hrsg.), Gegenwartsfragen des Steuerrechts - Festschrift für *Armin Spitaler*, Köln 1958, S. 126 bis 134 [zit.: *Aprath, Tatbestand, FS für Spitaler 1958, S. 126 ff*]

Arndt, Hans-Wolfgang   Praktikabilität und Effizienz, Köln 1983 [zit.: *Arndt, Praktikabilität 1983*]

Ders.   Grundzüge des Allgemeinen Steuerrechts, München 1988 [zit.: *Arndt, Grundzüge 1988*]

*Ders./Zierlinger, Sieg-   Steuerrecht, Heidelberg 1991
fried*   [zit.: *Arndt/Zierlinger, Steuerrecht 1991*]

*Arnim, Hans Her-   Inflation - Auswirkungen und Voraussetzungen für ihre Dämpfung,
bert v./Borell, Rolf*   Schriftenreihe des *Karl-Bräuer-Instituts* des Bundes der Steuerzahler, H. 23, Wiesbaden 1972 [zit.: *v. Arnim/Borell, Inflation 1972*]

Bach, Stefan   Die Perspektiven des Leistungsfähigkeitsprinzips im gegenwärtigen Steuerrecht, in: Steuer und Wirtschaft 1991, S. 116 bis 135 [zit.: *Bach, Leistungsfähigkeitsprinzip, StuW 1991, S. 116 ff*]

Balke, Michael   Besteuerung von Spielbanken - Ertragsteuerliche Behandlung von Vergütungen i.S. des § 15 Abs. 1 Nr. 2 EStG, die ein Gesellschafter einer Spielbank in der Rechtsform einer GmbH & Co. KG erhält, in: Der Betrieb 1997, S. 753 bis 754 [zit.: *Balke, Spielbanken, DB 1997, S. 753 f*]

Ball, Kurt   Einführung in das Steuerrecht, 3. Auflage, Mannheim/Berlin/Leipzig 1925 [zit.: *Ball, Steuerrecht 1925*]

Bals, Bernhard   Ziele der Einkommensteuer-Reform, in: Betriebs-Berater 1974, S. 454 bis 458 [zit.: *Bals, Einkommensteuer-Reform, BB 1974, S. 454 ff*]

*Bareis, Peter/Elser,   Analyse des neuen Erbschaftsteuerrechts, in: Deutsches Steuerrecht
Thomas*   1997, S. 557 bis 562 [zit.: *Bareis/Elser, Erbschaftsteuerrecht, DStR 1997, S. 557 ff*]

Bayer, Hermann-Wilfried   Das System des Steuerrechts, in: Betriebs-Berater 1975, S. 569 bis 577 [zit.: *Bayer, System, BB 1975, S. 569 ff*]

Ders.   Die allgemeinen Grundsätze des Einkommensteuerrechts, in: Juristische Arbeitsblätter 1979, S. 140 bis 148 und 196 bis 204
[zit.: *Bayer, Einkommensteuerrecht, JA 1979, S. 140 ff, 196 ff*]

Ders.   Stichwort "Tatbestandsmäßigkeit", in: *Georg Strickrodt/Günter Wöhe/Christian Flämig* et al. (Hrsg.), Handwörterbuch des Steuerrechts Bd. II, 2. Auflage, München/Bonn 1981, S. 1404 bis 1408
[zit.: *Bayer, Tatbestandsmäßigkeit, HwStR II 1981, S. 1404 ff*]

Ders.   Der Stufenbau des Steuertatbestandes, in: Finanz-Rundschau 1985, S. 337 bis 344
[zit.: *Bayer, Stufenbau, FR 1985, S. 337 ff*]

Ders.   Die Kleinen Gemeindesteuern, in: *Günter Püttner* (Hrsg.), Handbuch der kommunalen Wissenschaft und Praxis Bd. 6, 2. Auflage, Berlin/Heidelberg 1985, S. 156 bis 245
[zit.: *Bayer, Gemeindesteuern, HdbKommWissPrax VI 1985, S. 156 ff*]

Ders.   Die Erwerbstätigkeit - der Steuergegenstand des Einkommensteuerrechts - Zugleich ein Beitrag zur Lehre vom Stufenbau des Steuertatbestandes, in: Betriebs-Berater 1988, S. 1 bis 4, 141 bis 147 und 213 bis 218
[zit.: *Bayer, Erwerbstätigkeit, BB 1988, S. 1 ff, 141 ff, 213 ff*]

Ders.   100 Jahre modernes preußisch-deutsches Einkommensteuerrecht: 24.6.1891 - 24.6.1991, in: Finanz-Rundschau 1991, S. 333 bis 341
[zit.: *Bayer, 100 Jahre, FR 1991, S. 333 ff*]

Ders.   Der Mensch, sein Leben, sein Einkommen und das Einkommensteuerrecht - Thomas Oppermann zum 60. Geburtstag, in: Betriebs-Berater 1991, S. 421 bis 427 und 517 bis 526
[zit.: *Bayer, Der Mensch, BB 1991, S. 421 ff, 517 ff*]

Ders.   Grundbegriffe des Steuerrechts - Eine Einführung für Studenten der Rechts- und Wirtschaftswissenschaften, 4. Auflage, Neuwied/Kriftel/Berlin 1992
[zit.: *Bayer, Grundbegriffe 1992*]

Ders.   Steuerlehre, Berlin/New York 1997
(in Vorbereitung, erscheint Herbst 1997)
[zit.: *Bayer, Steuerlehre 1997*]

Ders./
Elmenhorst, Richard   Das System des gemeindlichen Fremdenabgabenrechts - Kurabgabe, Fremdenverkehrsabgabe, Zweitwohnungsteuer -, in: Kommunale Steuer-Zeitschrift 1995, S. 141 bis 173
[zit.: *Bayer/Elmenhorst, Fremdenabgabenrecht, KStZ 1995, S. 141 ff*]

Ders./Ernst, Susanne   Die Zeitlichkeit des Steuergesetzes - Fünfzig Jahre Steuerrecht im Betriebs-Berater, in: Betriebs-Berater 1996, S. 21 bis 31
[zit.: *Bayer/Ernst, Zeitlichkeit, BB 1996, S. 21 ff*]

Ders./ Müller, Friedrich *Paul*	Das Einkommen – der Steuergegenstand des Einkommensteuerrechts? - Einige Bemerkungen zu einem grundlegenden Mißverständnis -, in: Betriebs-Berater 1978, S. 1 bis 5 [zit.: *Bayer/Müller*, Einkommen, BB 1978, S. 1 ff]
Ders./ Sprave, Hans- *Volker*	Der Kleinaktionär und die Einkommensteuer, in: Betriebs-Berater 1992, S. 1825 bis 1832 [zit.: *Bayer/Sprave*, Kleinaktionär, BB 1992, S. 1825 ff]
Becker, Enno	*Albert Hensels* Steuerrecht. Zur Darstellung des Steuerrechts, in: Steuer und Wirtschaft 1924, Sp. 1485 bis 1532. [zit.: *Becker*, *Albert Hensels* Steuerrecht, StuW 1924, Sp. 1485 ff]
Becker, Helmut	Steuerprogression und Steuergerechtigkeit, in: *Paul Kirchhof/Klaus Offerhaus/Horst Schöberle* (Hrsg.), Steuerrecht, Verfassungsrecht, Finanzpolitik - Festschrift für *Franz Klein*, Köln 1994, S. 379 bis 392 [zit.: *Becker*, Steuerprogression, FS für *Klein* 1994, S. 379 ff]
Benöhr, Hans-Peter	Judenverfolgung, Judensteuern und Judenrecht im Mittelalter und in der Neuzeit, in: Juristische Schulung 1989, S. 8 bis 13 [zit.: *Benöhr*, Judenverfolgung, JuS 1989, S. 8 ff]
Bickel, Wilhelm	Stichwort "Steuertariflehre", in: *Erwin v. Beckerath* et al. (Hrsg.), Handwörterbuch der Sozialwissenschaften - zugleich Neuauflage des Handwörterbuchs der Staatswissenschaften (HwS), Bd. 10, 3. Auflage, Stuttgart/Tübingen/Göttingen 1959, S. 164 bis 170 [zit.: *Bickel*, Steuertariflehre, HSW X 1959, S. 164 ff]
Biergans, Enno	Einkommensteuer - Systematische Darstellung und Kommentar, 6. Auflage, München/Wien 1992 [zit.: *Biergans*, Einkommensteuer 1992]
Ders./Wasmer, Claudius	Zum Tatbestand der Besteuerung und zum Leistungsfähigkeitsbegriff in der Einkommensteuer, in: Finanz-Rundschau 1985, S. 57 bis 63 [zit.: *Biergans/Wasmer*, Tatbestand, FR 1985, S. 57 ff]
Birk, Dieter	Das Leistungsfähigkeitsprinzip als Maßstab der Steuernormen - Ein Beitrag zu den Grundfragen des Verhältnisses Steuerrecht und Verfassungsrecht, Köln 1983 [zit.: *Birk*, Leistungsfähigkeitsprinzip 1983]
Ders.	Gleichheit und Gleichmäßigkeit der Besteuerung - Zum Stellenwert zweier Grundprinzipien in der Steuerreform 1990, in: Steuer und Wirtschaft 1989, S. 212 bis 218 [zit.: *Birk*, Gleichheit, StuW 1989, S. 212 ff]
Ders.	Steuerrecht I. Allgemeines Steuerrecht, 2. Auflage, München 1994 [zit.: *Birk*, Steuerrecht I 1994]
Birtel, Thomas	Die Zeit im Einkommensteuerrecht, Berlin 1985 [zit.: *Birtel*, Zeit 1985]

Ders./Richter, Ute   Kunst und Einkommensteuer - Erkenntnisse aus der Anwendung
                            der Theorie vom Stufenbau des Steuertatbestandes, in: Deutsches
                            Steuerrecht 1993, Beih. zu H. 27, S. 1 bis 8
                            [zit.: *Birtel/Richter*, Kunst, DStR 1993 (Beih. zu H. 27), S. 1 ff]

Blankart, Charles B.   Öffentliche Finanzen in der Demokratie - Eine Einführung in die
                            Finanzwissenschaft, 2. Auflage, München 1994
                            [zit.: *Blankart*, Finanzen 1994]

Blumenstein,   System des Steuerrechts, 5. Auflage, Zürich 1995
Ernst/Locher, Peter   [zit.: *Blumenstein/Locher*, Steuerrecht 1995]

Borell, Rolf/Schemmel,   Steuern in Deutschland - Zu den Aufgaben der Steuerpolitik nach
Lothar   der Einigung, Schriftenreihe des *Karl-Bräuer-Instituts* des Bundes
                            der Steuerzahler, H. 72, Wiesbaden 1992
                            [zit.: *Borell/Schemmel*, Steuern 1991]

Bös, Dieter/Genser,   Steuertariflehre, in: *Willi Albers/Karl Erich Born/Ernst Dürr* et al.
Bernd   (Hrsg.), Handwörterbuch der Wirtschaftswissenschaft - zugleich
                            Neuauflage des Handwörterbuchs der Sozialwissenschaften
                            (HSW), Bd. 7, Stuttgart/New York/Tübingen/Göttingen/Zürich
                            1977, S. 412 bis 427
                            [zit.: *Bös/Genser*, Steuertariflehre, HdWW VII 1977, S. 412 ff]

Brandenberg, Hermann   Meine Meinung: Über Subventionsabbau, Zonenrandförderung und
Bernwart   Gesetzmäßigkeit der Verwaltung, in: Finanz-Rundschau 1988, S.
                            543
                            [zit.: *Brandenberg*, Subventionsabbau, FR 1988, S. 543]

Bräuer, Karl   Steuertarife, in: *Ludwig Elster/Adolf Weber/Friedrich Wieser*
                            (Hrsg.), Handwörterbuch der Staatswissenschaften Bd. 7, 4. Auf-
                            lage, Jena 1926, S. 1102 bis 1124.
                            [zit.: *Bräuer*, Steuertarife, HwS VII 1926, S. 1102 ff]

Ders.   Umrisse und Untersuchungen zu einer Lehre vom Steuertarif, Jena
                            1927
                            [zit.: *Bräuer*, Steuertarif 1927]

Brell, Karl-Heinz   Zur Problematik der progressiven Einkommensbesteuerung, Frank-
                            furt 1957
                            [zit.: *Brell*, Problematik 1957]

Brinkmann, Johannes A.   Tatbestandsmäßigkeit der Besteuerung und formeller Gesetzesbe-
                            griff, Köln 1982
                            [zit.: *Brinkmann*, Tatbestandsmäßigkeit 1982]

Bühler, Ottmar   Lehrbuch des Steuerrechts in zwei selbständigen Bänden - I. Bd.:
                            Allgemeines Steuerrecht, Berlin 1927
                            [zit.: *Bühler*, Steuerrecht 1927]

Ders./Strickrodt, Georg   Steuerrecht - Grundriß in zwei Bänden, Bd. II: Einzel-Steuerrecht,
                            3. Auflage, Wiesbaden 1958
                            [zit.: *Bühler/Strickrodt*, Steuerrecht II 1958]

Dies.	Steuerrecht - Grundriß in zwei Bänden, Bd. I: Allgemeines Steuerrecht, 3. Auflage, Wiesbaden 1960 [zit.: *Bühler/Strickrodt, Steuerrecht I 1960*]
Bundesministerium der Finanzen (Hrsg.)	Unsere Steuern von A-Z, 18. Auflage, Bonn 1997 [zit.: *BMF, Unsere Steuern 1997*]
Crezelius, Georg	Steuerrecht II. Die einzelnen Steuerarten - Ein Studienbuch, 2. Auflage, München 1994 [zit.: *Crezelius, Steuerrecht II 1994*]
Crisolli, Julius	Lehrbuch des Steuerrechts, 1. Teil: Allgemeines Steuerrecht, Berlin 1933. [zit.: *Crisolli, Steuerrecht 1933*]
Depiereux, Stefan	Dürfen Gemeinden Satzungen über Hebesätze erlassen?, in: Betriebs-Berater 1983, S. 436 bis 438. [zit.: *Depiereux, Hebesätze, BB 1983, S. 436 ff*]
Dölfel, Gerhard/Forster, Ernst/Bilsdorfer, Peter	Steuerrecht für Juristen: eine Einführung in das System, 3. Auflage, Berlin 1993 [zit.: *Dölfel/Forster/Bilsdorfer, Steuerrecht 1993*]
Drewes, Franz	Die steuerrechtliche Herkunft des Grundsatzes der gesetzmäßigen Verwaltung, Kiel 1958 [zit.: *Drewes, Gesetzmäßige Verwaltung 1958*]
Dziadkowski, Dieter	50 Jahre "demokratischer" Einkommensteuertarif in Deutschland, in: Betriebs-Berater 1996, S. 1193 bis 1203 [zit.: *Dziadkowski, Einkommensteuertarif, BB 1996, S. 1193 ff*]
Eckhardt, Walter/Labus, Otto	Steuerrecht, Stuttgart/Düsseldorf 1959 [zit.: *Eckhardt/Labus, Steuerrecht 1959*]
Engisch, Karl	Einführung in das juristische Denken, 8. Auflage, Stuttgart/Berlin/Köln 1983 [zit.: *Engisch, Juristisches Denken 1983*]
Fechner, Richard	Grundriß des Steuerrechts, 3. Auflage, Berlin/Frankfurt a.M. 1960 [zit.: *Fechner, Steuerrecht 1960*]
Felix, Günther	Steuersätze der Erbschaftsteuer und Gleichheitsgebot, in: Deutsches Steuerrecht 1996, S. 889 bis 896 [zit.: *Felix, Erbschaftsteuer, DStR 1996, S. 889 ff*]
Flämig, Christian	Stichwort "Vereinbarung", in: *Georg Strickrodt/Günter Wöhe/Christian Flämig* et al. (Hrsg.), Handwörterbuch des Steuerrechts Bd. II, 2. Auflage, München/Bonn 1981, S. 1501 bis 1503 [zit.: *Flämig, Vereinbarung, HwStR II 1981, S. 1501 ff*]
Ders.	Die Ausgestaltung der Gewerbesteuer als verfassungsrechtliches Problem, in: *Karl Heinrich Friauf* (Hrsg.), Steuerrecht und Verfassungsrecht, Veröffentlichungen der Deutschen Steuerjuristischen Gesellschaft e.V. Bd. 12, Köln 1989, S. 33 bis 59 [zit.: *Flämig, Gewerbesteuer, DStJG XII 1989, S. 33 ff*]

Flockermann, Paul G.   Gedanken zum Einkommensteuertarif, in: *Paul Kirchhof/Klaus Offerhaus/Horst Schöberle* (Hrsg.), Steuerrecht, Verfassungsrecht, Finanzpolitik - Festschrift für *Franz Klein*, Köln 1994, S. 393 bis 407
[zit.: *Flockermann*, Einkommensteuertarif, FS für *Klein* 1994, S. 393 ff]

Folkers, Cay   Die Wirkungen der fiskalischen Begrenzungsmaßnahmen in den USA auf die öffentlichen Finanzwirtschaften und die private Wirtschaftstätigkeit, Stuttgart 1982
[zit.: *Folkers*, Begrenzungsmaßnahmen 1982]

Friauf, Karl Heinrich   Eigentumsgarantie und Steuerrecht, in: Die Öffentliche Verwaltung 1980, S. 480 bis 488
[zit.: *Friauf*, Eigentumsgarantie, DÖV 1980, S. 480 ff]

Ders.   Verfassungsrechtliche Anforderungen an die Gesetzgebung über die Steuern vom Einkommen und vom Ertrag, in: *Karl Heinrich Friauf* (Hrsg.), Steuerrecht und Verfassungsrecht, Veröffentlichungen der Deutschen Steuerjuristischen Gesellschaft e.V. Bd. 12, Köln 1989, S. 3 bis 32
[zit.: *Friauf*, Anforderungen, DStJG XII 1989, S. 3 ff]

Gerloff, Wilhelm   Die öffentliche Finanzwirtschaft Bd. I: Allgemeiner Teil, 2. Auflage, Frankfurt a.M. 1948
[zit.: *Gerloff*, Finanzwirtschaft I 1948]

Hahn, Hartmut   Die Grundsätze der Gesetzmäßigkeit der Besteuerung und der Tatbestandsmäßigkeit der Besteuerung in rechtsvergleichender Sicht, Berlin 1984
[zit.: *Hahn*, Grundsätze 1984]

Ders.   Zur Rückwirkung im Steuerrecht - Zugleich eine Kritik am Beschluß des Bundesverfassungsgerichts vom 14. Mai 1986, Schriftenreihe des Instituts "Finanzen und Steuern", Nr. 269, Bonn 1987.
[zit.: *Hahn*, Rückwirkung 1987]

Haller, Heinz   Die sogenannte Mengenstaffel im Biersteuergesetz - Zur Problematik partieller steuerlicher Hilfen, Tübingen 1962
[zit.: *Haller*, Mengenstaffel 1962]

Ders.   Probleme der progressiven Besteuerung, Tübingen 1970
[zit.: *Haller*, Probleme 1970]

Ders.   Die Steuern - Grundlinien eines rationalen Systems öffentlicher Abgaben, 3. Auflage, Tübingen 1981
[zit.: *Haller*, Steuern 1981]

Ders.   Zur Freistellung des "Existenzminimums" bei der Einkommensbesteuerung, in: *Paul Kirchhof/Klaus Offerhaus/Horst Schöberle* (Hrsg.), Steuerrecht, Verfassungsrecht, Finanzpolitik - Festschrift für *Franz Klein*, Köln 1994, S. 409 bis 417
[zit.: *Haller*, Existenzminimum, FS für *Klein* 1994, S. 409 ff]

Heckel, Max v.	Quotitätssteuern, in: *Ludwig Elster/Adolf Weber/Friedrich Wieser* (Hrsg.), Handwörterbuch der Staatswissenschaften Bd. 6, 3. Auflage, Jena 1910, S. 1282 bis 1283. [zit.: <u>*Heckel,* Quotitätssteuern, HwS VI 1910, S. 1282 f</u>]
Hensel, Albert	Steuerrecht, Berlin 1924 [zit.: <u>*Hensel,* Steuerrecht 1924</u>]
Ders.	Die Abänderung des Steuertatbestandes durch freies Ermessen und der Grundsatz der Gleichheit vor dem Gesetz, in: Vierteljahresschrift für Steuer- und Finanzrecht 1927, S. 39 bis 131 [zit.: <u>*Hensel,* Abänderung, VjSchrStuFR 1927, S. 39 ff</u>]
Ders.	Steuerrecht, 3. Auflage, Berlin 1933 [zit.: <u>*Hensel,* Steuerrecht 1933</u>]
Herzog, Roman	Leitlinien und Entwicklungstendenzen der Rechtsprechung des Bundesverfassungsgerichts in Steuerfragen, in: Steuerberater-Jahrbuch 1985/86, S. 27 bis 45 [zit.: <u>*Herzog,* Leitlinien, StbJb 1985/86, S. 27 ff</u>]
Höhn, Ernst	Steuerrecht: ein Grundriss des schweizerischen Steuerrechts für Unterricht und Selbststudium, 7. Auflage, Bern/Stuttgart/Wien 1993 [zit.: <u>*Höhn,* Steuerrecht 1993</u>]
Icking, Jan	Deutsches Einkommensteuerrecht zwischen Quellen- und Reinvermögenszugangstheorie, Wiesbaden 1993 [zit.: <u>*Icking,* Einkommensteuerrecht 1993</u>]
Jachmann, Monika	Sozialstaatliche Steuergesetzgebung im Spannungsverhältnis zwischen Gleichheit und Freiheit: Belastungsgrenzen im Steuersystem, in: Steuer und Wirtschaft 1996, S. 97 bis 106 [zit.: <u>*Jachmann,* Belastungsgrenzen, StuW 1996, S. 97 ff</u>]
Jaenke, Günter	Rechtssicherheit im Steuerrecht, in: *Günther Felix* (Hrsg.), Vom Rechtsschutz im Steuerrecht, Düsseldorf 1960, S. 43 bis 91. [zit.: <u>*Jaenke,* Rechtssicherheit, Rechtsschutz 1960, S. 43 ff</u>]
Jellinek, Walter	Verwaltungsrecht, 3. Auflage, Offenburg 1948 [zit.: <u>*Jellinek,* Verwaltungsrecht 1948</u>]
Jüptner, Roland	Leistungsfähigkeit und Veranlassung, Heidelberg 1989 [zit.: <u>*Jüptner,* Leistungsfähigkeit 1989</u>]
Kanzler, Hans-Joachim	Die Umsetzung verfassungsgerichtlicher Entscheidungen durch den Steuergesetzgeber, in: Steuer und Wirtschaft 1996, S. 215 bis 226 [zit.: <u>*Kanzler,* Umsetzung, StuW 1996, S. 215 ff</u>]
Kipke, Werner	Beiträge zur Lehre vom Steuertarif, Jena 1931. [zit.: <u>*Kipke,* Steuertarif 1931</u>]
Kirchhof, Ferdinand	Grundriß des Abgabenrechts: Steuern, Gebühren, Beiträge, EG- und Sonderabgaben, Heidelberg 1991 [zit.: <u>*F. Kirchhof,* Abgabenrecht 1991</u>]

Kirchhof, Paul   Besteuerung und Eigentum, in: Veröffentlichungen der Vereini-
                                gung der Deutschen Staatsrechtslehrer Bd. 39, 1981, S. 213 bis 285
                                [zit.: *P. Kirchhof,* Besteuerung und Eigentum, VVDStRL 39 1981,
                                S. 213 ff]

Ders.   Stichwort "Gewohnheitsrecht", in: *Georg Strickrodt/Günter
                                Wöhe/Christian Flämig* et al. (Hrsg.), Handwörterbuch des Steuer-
                                rechts Bd. I, 2. Auflage, München/Bonn 1981, S. 686.
                                [zit.: *P. Kirchhof,* Gewohnheitsrecht, HwStR I 1981, S. 686]

Ders.   Empfiehlt es sich, das Einkommensteuerrecht zur Beseitigung von
                                Ungleichbehandlungen und zur Vereinfachung neu zu ordnen? -
                                Gutachten F für den 57. Deutschen Juristentag, München 1988
                                [zit.: *P. Kirchhof,* Gutachten, 57. DJT 1988]

Ders.   Staatliche Einnahmen, in: *Josef Isensee/Paul Kirchhof* (Hrsg.),
                                Handbuch des Staatsrechts der Bundesrepublik Deutschland Bd.
                                IV, Heidelberg 1990, S. 87 bis 233
                                [zit.: *P. Kirchhof,* Staatliche Einnahmen, HStR IV 1990, S. 87 ff]

Klett, Kathrin   Progressive Einkommensteuer und Leistungsfähigkeitsgrundsatz in
                                der Schweiz - 100 Jahre nach *Georg Schanz,* in: *Joachim Lang*
                                (Hrsg.), Die Steuerrechtsordnung in der Diskussion - Festschrift für
                                Klaus Tipke zum 70. Geburtstag, Köln 1995, S. 599 bis 616
                                [zit.: *Klett,* Leistungsfähigkeitsgrundsatz, FS für *Tipke* 1995, S. 599
                                ff]

Koch, Karl   Stichwort "Steuersatz", in: *Georg Strickrodt/Günter
                                Wöhe/Christian Flämig* et al. (Hrsg.), Handwörterbuch des Steuer-
                                rechts Bd. II, 2. Auflage, München/Bonn 1981, S. 1342
                                [zit.: *Koch,* Steuersatz, HwStR II 1981, S. 1342]

Koller, Andreas   Abgrenzung von Einkunftstatbeständen im Einkommensteuerrecht,
                                München/Wien 1993
                                [zit.: *Koller,* Einkunftstatbestände 1993]

Kolms, Heinz   Finanzwissenschaft II - Erwerbseinkünfte, Gebühren und Beiträge,
                                Allgemeine Steuerlehre, 4. Auflage, Berlin/New York 1974
                                [zit.: *Kolms,* Finanzwissenschaft II 1974]

Krause-Junk, Gerold   Steuern IV: Verteilungslehren, in: *Willi Albers/Karl Erich
                                Born/Ernst Dürr* et al. (Hrsg.), Handwörterbuch der Wirtschafts-
                                wissenschaft - zugleich Neuauflage des Handwörterbuchs der Sozi-
                                alwissenschaften (HSW), Bd. 7, Stuttgart/New
                                York/Tübingen/Göttingen/Zürich 1977, S. 332 bis 356
                                [zit.: *Krause-Junk,* Steuern IV, HdWW VII 1977, S. 332 ff]

Kruse, Heinrich Wilhelm   Gesetzmäßige Verwaltung, tatbestandsmäßige Besteuerung, in:
                                Günther Felix (Hrsg.), Vom Rechtsschutz im Steuerrecht, Düssel-
                                dorf 1960, S. 93 bis 129
                                [zit.: *Kruse,* Gesetzmäßige Verwaltung, Rechtsschutz 1960, S. 93
                                ff]

Ders.   Lehrbuch des Steuerrechts Bd. I: Allgemeiner Teil, München 1991 [zit.: *Kruse, Steuerrecht 1991*]

Ders.   Zum Entstehen und Erlöschen von Steueransprüchen, in: *Joachim Lang* (Hrsg.), Die Steuerrechtsordnung in der Diskussion - Festschrift für *Klaus Tipke* zum 70. Geburtstag, Köln 1995, S. 277 bis 293 [zit.: *Kruse, Steueransprüche, FS für Tipke 1995, S. 277 ff*]

Lang, Joachim   Systematisierung der Steuervergünstigungen - Ein Beitrag zur Lehre vom Steuertatbestand, Berlin 1974 [zit.: *Lang, Steuervergünstigungen 1974*]

Ders.   Die Bemessungsgrundlage der Einkommensteuer - Rechtssystematische Grundlagen steuerlicher Leistungsfähigkeit im deutschen Einkommensteuerrecht, Köln 1988 [zit.: *Lang, Bemessungsgrundlage 1988*]

Ders.   Verfassungsrechtliche Gewährleistung des Familienexistenzminimums im Steuer- und Kindergeldrecht - Zu den Beschlüssen des Bundesverfassungsgerichts vom 29. 5. 1990 und vom 12. 6. 1990, in: Steuer und Wirtschaft 1990, S. 331 bis 348 [zit.: *Lang, Familienexistenzminimum, StuW 1990, S. 331 ff*]

Ders.   Entwurf eines Steuergesetzbuchs im Auftrage der Bundesrepublik Deutschland, vertreten durch den Bundesminister der Finanzen, Bonn 1993 [zit.: *Lang, Entwurf 1993*]

Ders.   Klaus Vogel 65 Jahre, in: Steuer und Wirtschaft 1996, S. 67 bis 69 [zit.: *Lang, Klaus Vogel, StuW 1996, S. 67 ff*]

Larenz, Karl   Methodenlehre der Rechtswissenschaft, 6. Auflage, Berlin/Heidelberg/New York/London/Paris/Tokyo/Hong Kong/Barcelona/Budapest 1991 [zit.: *Larenz, Methodenlehre 1991*]

Laux, Hans   Die Einkommensteuertarife 1996, 1997 und 1999, in: Betriebs-Berater 1996, S. 567 bis 569 [zit.: *Laux, Einkommensteuertarife, BB 1996, S. 567 ff*]

Lehner, Moris   Die Entscheidung des Bundesverfassungsgerichts zur Verfassungswidrigkeit des Grundfreibetrages in den Jahren 1978 bis 1984, 1986, 1988 und 1991, in: Deutsches Steuerrecht 1992, S. 1641 bis 1644 [zit.: *Lehner, Entscheidung, DStR 1992, S. 1641 ff*]

Ders.   Einkommensteuerrecht und Sozialhilferecht - Bausteine zu einem Verfassungsrecht des sozialen Steuerstaates, Tübingen 1993 [zit.: *Lehner, Einkommensteuerrecht 1993*]

Ders.   Wirtschaftliche Betrachtungsweise und Besteuerung nach der wirt-
                                 schaftlichen Leistungsfähigkeit. Zur Möglichkeit einer teleologi-
                                 schen Auslegung der Fiskalzwecknorm, in: *Joachim Lang* (Hrsg.),
                                 Die Steuerrechtsordnung in der Diskussion - Festschrift für *Klaus
                                 Tipke* zum 70. Geburtstag, Köln 1995, S. 237 bis 249
                                 [zit.: *Lehner, Leistungsfähigkeit, FS für Tipke 1995, S. 237 ff*]

Leisner, Walter   Verfassungsrechtliche Grenzen der Erbschaftsbesteuerung, Berlin
                                 1970
                                 [zit.: *Leisner, Grenzen 1970*]

Lietmeyer, Volker   Aufbau des Einkommensteuertarifs, in: Steuer und Wirtschaft
                                 1984, S. 133 bis 140.
                                 [zit.: *Lietmeyer, Einkommensteuertarif, StuW 1984, S. 133 ff*]

Littmann, Konrad   Ein Valet dem Leistungsfähigkeitsprinzip, in: *Heinz Haller/Lore
                                 Kullmer/Carl S. Shoup* et al. *(Hrsg)*, Theorie und Praxis des fi-
                                 nanzpolitischen Interventionismus - *Fritz Neumark* zum 70. Ge-
                                 burtstag, Tübingen 1970, S. 113 bis 134
                                 [zit.: *Littmann, Valet, FS für Neumark 1970, S. 113 ff*]

Mann, Fritz Karl   Steuerpolitische Ideale - Vergleichende Studien zur Geschichte der
                                 ökonomischen und politischen Ideen und ihres Wirkens in der öf-
                                 fentlichen Meinung 1600 - 1935, Jena 1937
                                 [zit.: *Mann, Ideale 1937*]

Mayer, Otto   Deutsches Verwaltungsrecht Bd. 1, 3. Auflage, Berlin 1923
                                 [zit.: *Mayer, Verwaltungsrecht I 1923*]

Meilicke, Heinz   Steuerrecht - Allgemeiner Teil, Berlin/Frankfurt a.M. 1965
                                 [zit.: *Meilicke, Steuerrecht 1965*]

Mennel,   Steuern in Europa, Amerika und Asien, Herne/Berlin 1997 (Stand:
Annemarie/Förster, Jutta   Mai 1997)
(Hrsg.)   [zit.: *Mennel/Förster, Steuern in Europa 1997*]

Merk, Wilhelm   Steuerschuldrecht, Tübingen 1926
                                 [zit.: *Merk, Steuerschuldrecht 1926*]

Meyer, Hans   Das neue öffentliche Vertragsrecht und die Leistungsstörungen,
                                 NJW 1977, S. 1705 bis 1713
                                 [zit.: *Meyer, Vertragsrecht, NJW 1977, S. 1705 ff*]

Mielke, Axel   Spitzenbelastung: "Gegenwärtig nicht das Problem"? - Erwiderung
                                 zu dem Beitrag von Prof. em. Dr. Klaus Tipke, StuW 1994, Heft 1,
                                 S. 58-62, in: Steuer und Wirtschaft 1994, S. 232 bis 237
                                 [zit.: *Mielke, Spitzenbelastung, StuW 1994, S. 232 ff*]

Mirbt, Hermann   Grundriß des deutschen und preußischen Steuerrechts, Leip-
                                 zig/Erlangen 1926.
                                 [zit.: *Mirbt, Steuerrecht 1926*]

Ders.   Beiträge zur Lehre vom Steuerschuldverhältnis, in: Finanzarchiv
                                 1927, Bd. 1, S. 1 bis 56
                                 [zit.: *Mirbt, Steuerschuldverhältnis, FA 1927, S. 1 ff*]

Moebus, Ulrich Die verfassungsrechtliche Begründung der progressiven Einkommensteuer und ihre systemgerechte Durchführung, Bern/Frankfurt a.M. 1974
[zit.: *Moebus, Progressive Einkommensteuer 1974*]

Mohl, Helmut/Backes, Jürgen Erhöhte Hundesteuer für "Kampfhunde"?, in: Kommunale Steuer-Zeitschrift 1991, S. 66 bis 68
[zit.: *Mohl/Backes, Kampfhunde, KStZ 1991, S. 66 ff*]

Müller, Friedrich Paul Stichwort "Sachverhalt", in: *Georg Strickrodt/Günter Wöhe/Christian Flämig* et al. (Hrsg.), Handwörterbuch des Steuerrechts Bd. II, 2. Auflage, München/Bonn 1981, S. 1167
[zit.: *Müller, Sachverhalt, HwStR II 1981, S. 1167*]

Musgrave, Richard A. /Musgrave, Peggy B./Kullmer, Lore Die öffentlichen Finanzen in Theorie und Praxis Bd. 2, 5. Auflage, Tübingen 1993
[zit.: *Musgrave/Musgrave/Kullmer, Finanzen II 1993*]

Mußgnug, Reinhard Verfassungsrechtlicher und gesetzlicher Schutz vor konfiskatorischen Steuern, in: Juristen-Zeitung 1991, S. 993 bis 999
[zit.: *Mußgnug, Konfiskatorische Steuern, JZ 1991, S. 993 ff*]

Myrbach-Rheinfeld, Franz Freiherr v. Grundriß des Finanzrechts, 2. Auflage, München/Leipzig 1916
[zit.: *v. Myrbach-Rheinfeld, Finanzrecht 1916*]

Neumark, Fritz Grundsätze gerechter und ökonomisch rationaler Steuerpolitik, Tübingen 1970
[zit.: *Neumark, Grundsätze 1970*]

Ders. Steuern I: Grundlagen, in: *Willi Albers/Karl Erich Born/Ernst Dürr* et al. (Hrsg.), Handwörterbuch der Wirtschaftswissenschaft - zugleich Neuauflage des Handwörterbuchs der Sozialwissenschaften (HSW), Bd. 7, Stuttgart/New York/Tübingen/Göttingen/Zürich 1977, S. 295 bis 309
[zit.: *Neumark, Steuern I, HdWW VII 1977, S. 295 ff*]

Nickolay, Heinz O. Zum Tarifverlauf der Erbschaft- und Schenkungsteuer, in: Deutsches Steuerrecht 1977, S. 277 bis 280
[zit.: *Nickolay, Tarifverlauf, DStR 1977, S. 277 ff*]

Nöll von der Nahmer, Robert Lehrbuch der Finanzwissenschaft Bd. I: Allgemeine Finanzwissenschaft, Köln/Opladen 1964.
[zit.: *Nöll von der Nahmer, Finanzwissenschaft I 1964*]

o.V. Nichts geht mehr, in: Der Spiegel 1997, H. 32, S. 62 bis 66
[zit.: *o.V., Nichts geht mehr, Der Spiegel 1997, H. 32, S. 62 ff*]

o.V. Stichwort "Steuertarif", in: Brockhaus-Enzyklopädie, 19. Auflage 1993, S. 205
[zit.: *o.V., Steuertarif, Brockhaus-Enzyklopädie 1993, S. 205*]

o.V. Stichwort "Steuersatz", in: Gabler-Wirtschafts-Lexikon, 13. Auflage 1992, S. 3145
[zit.: *o.V., Steuersatz, Gabler-Wirtschafts-Lexikon 1992, S. 3145*]

o.V.	Stichwort "Steuertarif", in: Gabler-Wirtschafts-Lexikon, 13. Auflage 1992, S. 3147 [zit.: *o.V.*, Steuertarif, Gabler-Wirtschafts-Lexikon 1992, S. 3147]
Offerhaus, Klaus	Gesetzlose Steuerbefreiungen zulässig? - Eine Anmerkung zum Essensgeld-Urteil des BFH vom 7. 12. 1984, DB 1985 S. 577 -, in: Der Betrieb 1985, S. 565 bis 568 [zit.: *Offerhaus*, Steuerbefreiungen, DB 1985, S. 565 ff]
Ossenbühl, Fritz	Vorrang und Vorbehalt des Gesetzes, in: *Josef Isensee/Paul Kirchhof* (Hrsg.), Handbuch des Staatsrechts der Bundesrepublik Deutschland Bd. III, Heidelberg 1988, S. 315 bis 349 [zit.: *F. Ossenbühl*, Vorrang, HStR III 1990, S. 315 ff]
Ossenbühl, Klaus Hermann	Die gerechte Steuerlast - Prinzipien der Steuerverteilung unter staatsphilosophischem Aspekt, Heidelberg 1972 [zit.: *K. H. Ossenbühl*, Gerechte Steuerlast 1972]
Pach-Hanssenheimb, Ferdinand	Der Transfer von Wirtschaftsgütern in eine und aus einer ausländischen Betriebsstätte durch unbeschränkt Steuerpflichtige - Zur Stufenbautheorie des Einkommensteuertatbestandes, in: Betriebs-Berater 1992, S. 2115 bis 2124 [zit.: *Pach-Hanssenheimb*, Transfer, BB 1992, S. 2115 ff]
Papier, Hans-Jürgen	Die finanzrechtlichen Gesetzesvorbehalte und das grundgesetzliche Demokratieprinzip - Zugleich ein Beitrag zur Lehre von den Rechtsformen der Grundrechtseingriffe, Berlin 1973 [zit.: *Papier*, Gesetzesvorbehalte 1973]
Ders.	Der Bestimmtheitsgrundsatz, in: *Karl Heinrich Friauf* (Hrsg.), Steuerrecht und Verfassungsrecht, Veröffentlichungen der Deutschen Steuerjuristischen Gesellschaft e.V. Bd. 12, Köln 1989, S. 61 bis 78 [zit.: *Papier*, Bestimmtheitsgrundsatz, DStJG XII 1989, S. 61 ff]
Paulick, Heinz	Lehrbuch des allgemeinen Steuerrechts, 3. Auflage, Köln/Berlin/Bonn/München 1977 [zit.: *Paulick*, Steuerrecht 1977]
Pausch, Alfons	Albert Hensel, in: Steuer und Studium 1991, S. 443 bis 446 [zit.: *Pausch, Albert Hensel*, SteuerStud 1991, S. 443 ff]
Pohmer, Dieter/Jurke, Gisela	Zur Geschichte und Bedeutung des Leistungsfähigkeitsprinzips unter besonderer Berücksichtigung der Beiträge im Finanzarchiv und der Entwicklung der deutschen Einkommensbesteuerung, in: Finanzarchiv Neue Folge 1984, S. 445 bis 489 [zit.: *Pohmer/Jurke*, Leistungsfähigkeitsprinzip, FA N.F. 1984, S. 445 ff]
Pollak, Helga	Steuertarife, in: *Fritz Neumark* (Hrsg.), Handbuch der Finanzwissenschaft Bd. II, 3. Auflage, Tübingen 1980, S. 239 bis 266 [zit.: *Pollak*, Steuertarife, HdF II 1980, S. 239 ff]

Popitz, Johannes   Einkommensteuer, in: *Ludwig Elster/Adolf Weber/Friedrich Wieser* (Hrsg.), Handwörterbuch der Staatswissenschaften Bd. 3, 4. Auflage, Jena 1926, S. 400 bis 491
[zit.: *Popitz, Einkommensteuer, HwS III 1926, S. 400 ff*]

Rid, Max   Probleme des gespaltenen Vermögensteuersatzes ab 1995, in: Deutsches Steuerrecht 1995, S. 477 bis 479
[zit.: *Rid, Vermögensteuersatz, DStR 1995, S. 477 ff*]

Rose, Gerd   Über die Entstehung von "Dummensteuern" und ihre Vermeidung, in: *Joachim Lang* (Hrsg.), Die Steuerrechtsordnung in der Diskussion - Festschrift für *Klaus Tipke* zum 70. Geburtstag, Köln 1995, S. 153 bis 164
[zit.: *Rose, Dummensteuern, FS für Tipke 1995, S. 153 ff*]

Ruban, Reinhild   Stichwort "Rückwirkungsverbot", in: *Franz Klein* (Hrsg.), Lexikon des Rechts: Steuer- und Finanzrecht, Neuwied/Darmstadt 1986, S. 368 bis 371
[zit.: *Ruban, Rückwirkungsverbot, LdR/StuFR 1986,S. 368 ff*]

Salzwedel, Jürgen   Rechtsstaat im Steuerrecht, in: *Günther Felix* (Hrsg.), Vom Rechtsschutz im Steuerrecht, Düsseldorf 1960, S. 1 bis 42.
[zit.: *Salzwedel, Rechtsstaat, Rechtsschutz 1960, S. 1 ff*]

Sasse, Christoph   Die verfassungsrechtliche Problematik von Steuerreformen - Ein Beitrag zur Interpretation der Art. 105 und 106 des Grundgesetzes und zur Frage der verfassungsrechtlichen Bestandsgarantien, in: Archiv des öffentlichen Rechts 1960, S. 423 bis 457
[zit.: *Sasse, Steuerreformen, AöR 1960, S. 423 ff*]

Schemmel, Lothar   Das einkommensteuerliche Existenzminimum: Berücksichtigung der Menschenwürde im Steuerrecht oder politisch gestaltbare Steuervergünstigung?, in: Steuer und Wirtschaft 1993, S. 70 bis 85
[zit.: *Schemmel, Existenzminimum, StuW 1993, S. 70 ff*]

Ders./Borell, Rolf   Verfassungsgrenzen für Steuerstaat und Staatshaushalt - Ein Beitrag zur Reform der Finanzverfassung, Schriftenreihe des *Karl-Bräuer*-Instituts des Bundes der Steuerzahler, H. 75, Wiesbaden 1992
[zit.: *Schemmel/Borell, Verfassungsgrenzen 1992*]

Schick, Walter   Steuerrecht Teil A: Die Stellung des Steuerrechts im Rahmen der Verfassungs- und Gesetzesordnung der Bundesrepublik Deutschland, in: Wirtschaftswissenschaftliches Studium 1976, S. 223 bis 226
[zit.: *Schick, Stellung des Steuerrechts, WiSt 1976, S. 223 ff*]

Schmidt, Kurt   Die Steuerprogression, Basel/Tübingen 1960
[zit.: *Schmidt, Steuerprogression 1960*]

Schmitz, Hans G.   Die Spielbankabgabe in der Bundesrepublik Deutschland, in: Finanzarchiv Neue Folge 1965, S. 472 bis 499
[zit.: *Schmitz, Spielbankabgabe, FA N.F. 1965, S. 472 ff*]

Schmölders, Günter Stichwort "Finanzpsychologie und Steuerpsychologie", in: *Georg Strickrodt/Günter Wöhe/Christian Flämig* et al. (Hrsg.), Handwörterbuch des Steuerrechts Bd. II, 2. Auflage, München/Bonn 1981, S. 501 bis 506
[zit.: <u>Schmölders, Finanzpsychologie, HwStR II 1981, S. 501 ff</u>]

Ders. Stichwort "Regression", in: *Georg Strickrodt/Günter Wöhe/Christian Flämig* et al. (Hrsg.), Handwörterbuch des Steuerrechts Bd. II, 2. Auflage, München/Bonn 1981, S. 1134
[zit.: <u>Schmölders, Regression, HwStR II 1981, S. 1134</u>]

Ders./Hansmeyer, Karl-Heinrich Allgemeine Steuerlehre, 5. Auflage, Berlin 1980
[zit.: <u>Schmölders/Hansmeyer, Steuerlehre 1980</u>]

Ders./Kaiser, Hans Stichwort "Steuertarif", in: *Georg Strickrodt/Günter Wöhe/Christian Flämig* et al. (Hrsg.), Handwörterbuch des Steuerrechts Bd. II, 2. Auflage, München/Bonn 1981, S. 1356 bis 1359
[zit.: <u>Schmölders/Kaiser, Steuertarif, HwStR II 1981, S. 1356 ff</u>]

Schneider, Dieter Leistungsfähigkeitsprinzip und Abzug von der Bemessungsgrundlage, in: Steuer und Wirtschaft 1984, S. 356 bis 367
[zit.: <u>D. Schneider, Leistungsfähigkeitsprinzip, StuW 1984, S. 356 ff</u>]

Ders. Grundzüge der Unternehmensbesteuerung, 6. Auflage, Wiesbaden 1994
[zit.: <u>D. Schneider, Unternehmensbesteuerung 1994</u>]

Schneider, Uwe H. Sollten Leistungsfähigkeitsprinzip und Steuergrenzen in die Verfassung aufgenommen werden? - Plädoyer von Prof. Dr. *Uwe H. Schneider*, Darmstadt/Mainz, in: Steuer und Wirtschaft 1994, S. 58
[zit.: <u>U. H. Schneider, Steuergrenzen, StuW 1994, S. 58</u>]

Schöberle, Horst Stichwort "Tarif", in: *Franz Klein* (Hrsg.), Lexikon des Rechts: Steuer- und Finanzrecht, Neuwied/Darmstadt 1986, S. 436 bis 441
[zit.: <u>Schöberle, Tarif, LdR/StuFR 1986, S. 436 ff</u>]

Ders. Der Einkommensteuertarif 1990 - Bedeutung und Ansatzpunkte für seine Weiterentwicklung, in: Deutsches Steuerrecht 1989, S. 567 bis 571
[zit.: <u>Schöberle, Einkommensteuertarif, DStR 1989, S. 567 ff</u>]

Schranil, Rudolf Besteuerungsrecht und Steueranspruch, Leipzig/Wien 1925
[zit.: <u>Schranil, Besteuerungsrecht 1925</u>]

Schreiber, Eberhard Stichwort "Existenzminimum", in: *Georg Strickrodt/Günter Wöhe/Christian Flämig* et al. (Hrsg.), Handwörterbuch des Steuerrechts Bd. I, 2. Auflage, München/Bonn 1981, S. 451 f
[zit.: <u>Schreiber, Existenzminimum, HwStR I 1981, S. 451 f</u>]

Schulz, Harald Grundlagen und System der Einkommensbesteuerung, 4. Auflage, Herne/Berlin 1986
[zit.: <u>Schulz, Einkommensbesteuerung 1986</u>]

Schwenke, Michael   Rückwirkung von Gesetzen und Vertrauensschutz im Lichte der
aktuellen Steuerreformdiskussion, in: Finanz-Rundschau 1997, S.
45 bis 50.
[zit.: *Schwenke, Rückwirkung, FR 1997, S. 45 ff*]

Seer, Roman   Verständigungen in Steuerverfahren, Köln 1996
[zit.: *Seer, Verständigungen 1996*]

Seidl, Christian   Die steuerliche Berücksichtigung des Existenzsminimums: tarifliche Nullzone, Freibetrag oder Steuerabsetzung?, in: Steuer und
Wirtschaft 1997, S. 142 bis 146
[zit.: *Seidl, Existenzminimum, StuW 1997, S. 142 ff*]

Söhn, Hartmut   Stichwort "Steuerschuld", in: *Georg Strickrodt/Günter
Wöhe/Christian Flämig* et al. (Hrsg.), Handwörterbuch des Steuerrechts Bd. II, 2. Auflage, München/Bonn 1981, S. 1342 bis 1343
[zit.: *Söhn, Steuerschuld, HwStR II 1981, S. 1342 f*]

Spanner, Hans   Stichwort "Steuertatbestand", in: *Georg Strickrodt/Günter
Wöhe/Christian Flämig* et al. (Hrsg.), Handwörterbuch des Steuerrechts Bd. II, 2. Auflage, München/Bonn 1981, S. 1359 bis 1360
[zit.: *Spanner, Steuertatbestand, HwStR II 1981, S. 1359 f*]

Stern, Volker   Der Lohn- und Einkommensteuertarif 1996 - Ein Vorschlag zur
verfassungskonformen Neugestaltung, Schriftenreihe des *Karl-
Bräuer-Instituts* des Bundes der Steuerzahler, H. 80, Wiesbaden
1994.
[zit.: *Stern, Einkommensteuertarif 1994*]

Stoll, Gerold   Das Steuerschuldverhältnis, Wien 1972
[zit.: *Stoll, Steuerschuldverhältnis 1972*]

Stollenwerk, Arnd   Dogmatischer Gegenstand versus instrumentaler Gegenstand des
EStG - Ein Beitrag zum Aufbau des Einkommensteuertatbestandes,
in: Steuerliche Vierteljahresschrift 1989, S. 217 bis 235
[zit.: *Stollenwerk, Gegenstand, StVj 1989, S. 217 ff*]

Strutz, Georg   Grundlehren des Steuerrechts, Berlin 1922
[zit.: *Strutz, Steuerrecht 1922*]

Thiel, Jochen   Steuergerechtigkeit und Steuervereinfachung in der Praxis - Das
Jahressteuergesetz 1996 wird vorbereitet, in: *Joachim Lang* (Hrsg.),
Die Steuerrechtsordnung in der Diskussion - Festschrift für *Klaus
Tipke* zum 70. Geburtstag, Köln 1995, S. 295 bis 318
[zit.: *Thiel, Steuergerechtigkeit, FS für Tipke 1995, S. 295 ff*]

Thiel, Rudolf   Wegweiser durch den Irrgarten der körperschaftsteuerlichen Anrechnungsvorschriften, in: Der Betrieb 1976, S. 1495 bis 1502
[zit.: *Thiel, Anrechnungsvorschriften, DB 1976, S. 1495 ff*]

Tipke, Klaus   Einkommensteuerliches Existenzminimum auch für Reiche?, in:
Finanz-Rundschau 1990, S. 349 bis 350
[zit.: *Tipke, Existenzminimum, FR 1990, S. 349 f*]

Ders.	Die Steuerrechtsordnung Bd. I: Wissenschaftsorganisatorische, systematische und grundrechtlich-rechtsstaatliche Grundlagen, Köln 1993 [zit.: *Tipke, Steuerrechtsordnung I 1993*]
Ders.	Die Steuerrechtsordnung Bd. II: Steuerrechtfertigungstheorie, Anwendung auf alle Steuerarten, sachgerechtes Steuersystem, Köln 1993 [zit.: *Tipke, Steuerrechtsordnung II 1993*]
Ders.	Von der formalen zur materialen Tatbestandslehre, in: Steuer und Wirtschaft 1993, S. 105 bis 113. [zit.: *Tipke, Tatbestandslehre, StuW 1993, S. 105 ff*]
Ders.	Sollten Leistungsfähigkeitsprinzip und Steuergrenzen in die Verfassung aufgenommen werden? - Stellungnahme von Prof. em. Dr. *Klaus Tipke*, Köln, in: Steuer und Wirtschaft 1994, S. 58 bis 62 [zit.: *Tipke, Leistungsfähigkeitsprinzip, StuW 1994, S. 58 ff*]
Ders./Lang, Joachim	Steuerrecht, 15. Auflage, Köln 1996 [zit.: *Tipke/Lang, Steuerrecht 1996*]
Uelner, Adalbert	Empfiehlt es sich, das Einkommensteuerrecht zur Beseitigung von Ungleichbehandlungen und zur Vereinfachung neu zu ordnen? - Referat für den 57. Deutschen Juristentag, München 1988 [zit.: *Uelner, Referat, 57. DJT 1988*]
Vogel, Klaus	Steuergerechtigkeit und soziale Gestaltung, in: Deutsche Steuer-Zeitung Teil A 1975, S. 409 bis 415 [zit.: *Vogel, Steuergerechtigkeit, DStZ/A 1975, S. 409 ff*]
Ders.	Die Abschichtung der Rechtsfolgen im Steuerrecht, in: Steuer und Wirtschaft 1977, S. 97 bis 121 [zit.: *Vogel, Rechtsfolgen, StuW 1977, S. 97 ff*]
Ders.	Perfektionismus im Steuerrecht, in: Steuer und Wirtschaft 1980, S. 206 bis 212 [zit.: *Vogel, Perfektionismus, StuW 1980, S. 206 ff*]
Ders.	Verfassungsgrenzen für Steuern und Staatsausgaben?, in: *Peter Lerche/Hans Zacher/Peter Badura*, Festschrift für *Theodor Maunz* zum 80. Geburtstag, München 1981, S. 415 bis 428 [zit.: *Vogel, Verfassungsgrenzen, FS für Maunz 1981, S. 415 ff*]
Ders.	Das ungeschriebene Finanzrecht des Grundgesetzes, in: *Peter Selmer/Ingo v. Münch*, Gedächtnisschrift für *Wolfgang Martens*, Berlin/New York 1987, S. 265 bis 279 [zit.: *Vogel, Finanzrecht, GS für Martens 1987, S. 265 ff*]
Ders.	Anmerkung zu BVerfG v. 22.6.1995 - 2 BvL 37/91 und BVerfG v. 22.6.1995 - 2 BvR 552/91, in: Juristen-Zeitung 1996, S. 43 bis 45 [zit.: *Vogel, Anmerkung, JZ 1996, S. 43 ff*]
Vogt, Hans	Der maximale Erbschaftsteuerfreibetrag, in: Deutsches Steuerrecht 1994, S. 17 bis 18 [zit.: *Vogt, Erbschaftsteuerfreibetrag, DStR 1994, S. 17 f*]

Wacke, Gerhard Gesetzmäßigkeit und Gleichmäßigkeit. Die drei Arten der Gleichmäßigkeit als Auflösung des gesetzlichen Tatbestandes, in: Steuer und Wirtschaft I 1947, Sp. 21 bis 66
[zit.: *Wacke, Gesetzmäßigkeit, StuW I 1947, Sp. 21 ff*]

Ders. Verfassungsrecht und Steuerrecht - Das Finanz- und Steuerrecht als Bestandteil der Verfassungsordnung, in: Steuerberater-Jahrbuch 1966/67, S. 75 bis 112
[zit.: *Wacke, Verfassungsrecht, StbJb 1966/67, S. 75 ff*]

Wagner, Adolph Finanzwissenschaft Zweiter Theil: Theorie der Besteuerung, Gebührenlehre und allgemeine Steuerlehre, 2. Auflage, Leipzig 1890
[zit.: *Wagner, Finanzwissenschaft II 1890*]

Waldecker, Ludwig Deutsches Steuerrecht, Breslau 1924
[zit.: *Waldecker, Steuerrecht 1924*]

Waldhoff, Christian Verfassungsrechtliche Vorgaben für die Steuergesetzgebung im Vergleich Deutschland - Schweiz, München 1997
[zit.: *Waldhoff, Vorgaben 1997*]

Walter, Hannfried Spielbankabgabe und Finanzverfassung, in: Steuer und Wirtschaft 1972, S. 225 bis 230.
[zit.: *Walter, Spielbankabgabe, StuW 1972, S. 225 ff*]

Weber-Fas, Rudolf Grundzüge des allgemeinen Steuerrechts der Bundesrepublik Deutschland, Tübingen 1979
[zit.: *Weber-Fas, Steuerrecht 1979*]

Wendt, Michael Diskussionsbeitrag: Übergang zum Dauer(un)recht? - Vom langen Leben des gespaltenen Einkommensteuertarifs, in: Finanz-Rundschau 1997, S. 298 bis 301.
[zit.: *M. Wendt, Dauer(un)recht, FR 1997, S. 298 ff*]

Wendt, Rudolf Familienbesteuerung und Grundgesetz, in: *Joachim Lang* (Hrsg.), Die Steuerrechtsordnung in der Diskussion - Festschrift für *Klaus Tipke* zum 70. Geburtstag, Köln 1995, S. 47 bis 69
[zit.: *R. Wendt, Familienbesteuerung, FS für Tipke 1995, S. 47 ff*]

Wittmann, Walter Einführung in die Finanzwissenschaft II. Teil: Die öffentlichen Einnahmen, 2. Auflage, Stuttgart 1975
[zit.: *Wittmann, Finanzwissenschaft II 1975*]

Wöhe, Günter Stichwort "Standortwahl und Besteuerung", in: *Georg Strickrodt/Günter Wöhe/Christian Flämig* et al. (Hrsg.), Handwörterbuch des Steuerrechts Bd. II, 2. Auflage, München/Bonn 1981, S. 1253 bis 1256
[zit.: *Wöhe, Standortwahl, HwStR II 1980, S. 1253 ff*]

Zimmermann, Finanzwissenschaft - Eine Einführung in die Lehre von der öffent-
Horst/Henke, Klaus-Dirk lichen Finanzwirtschaft, 7. Auflage, München 1994
[zit.: *Zimmermann/Henke, Finanzwissenschaft 1994*]

II. Kommentare

Becker, Enno	Reichsabgabenordnung, 3. Auflage, Berlin 1924 [zit.: *Becker, RAO*]
Blümich, Walter (Hrsg.)	Einkommensteuergesetz, Körperschaftsteuergesetz, Gewerbesteuer gesetz - Kommentar, 15. Auflage, München 1997 (Stand: Februar 1997) [zit.: *Bearbeiter, in: Blümich,* EStG, KStG, GewStG]
Dolzer, Rudolf/Vogel, Klaus (Hrsg.)	Bonner Kommentar zum Grundgesetz, Heidelberg 1997 (Stand: Mär 1997) [zit.: *Bearbeiter, in: Dolzer/Vogel,* GG]
Driehaus, Hans-Joachim (Hrsg.)	Kommunalabgabenrecht - Kommentar, Herne/Berlin 1989 (Stand: März 1997) [zit.: *Bearbeiter, in: Driehaus,* Kommunalabgabenrecht]
Fuisting, Bernhard	Die Preußischen direkten Steuern, Erster Band: Kommentar zum Einkommensteuergesetze in der Fassung vom 19. Juni 1906, 7. Auflage, Berlin 1907 [zit.: *Fuisting, Steuern I*]
Gürsching, Lorenz/Stenger, Alfons (Hrsg.)	Kommentar zum Bewertungsgesetz und Vermögensteuergesetz, 9. Auflage, Köln 1992 (Stand: Dezember 1996) [zit.: *Bearbeiter, in: Gürsching/Stenger,* BewG, VStG]
Herrmann, Carl/Heuer, Gerhard/Raupach, Arndt (Hrsg.)	Einkommensteuer- und Körperschaftsteuergesetz - Kommentar, 21. Auflage, Köln 1996 (Stand: Mai 1997) [zit.: *Bearbeiter, in: Herrmann/Heuer/Raupach,* EStG und KStG]
Hübschmann, Walter/Hepp, Karl/Spitaler, Armin (Hrsg.)	Abgabenordnung, Finanzgerichtsordnung - Kommentar, 10. Auflage, Köln 1995 (Stand: Mai 1997) [zit.: *Bearbeiter, in: Hübschmann/Hepp/Spitaler,* AO, FGO]
Kapp, Reinhard/Ebeling, Jürgen (Hrsg.)	Erbschaftsteuer- und Schenkungsteuergesetz, 11. Auflage, Köln 1994 (Stand: April 1997) [zit.: *Kapp/Ebeling,* ErbStG]
Lenski, Edgar/Steinberg, Wilhelm (Hrsg.)	Kommentar zum Gewerbesteuergesetz, 9. Auflage, Köln 1995 (Stand: November 1996) [zit.: *Bearbeiter, in: Lenski/Steinberg,* GewStG]
Maunz, Theodor/Dürig, Günter/Herzog, Roman et al. (Hrsg.)	Grundgesetz - Kommentar, München 1996 (Stand: Oktober 1996) [zit.: *Bearbeiter, in: Maunz/Dürig,* GG]
Meincke, Jens Peter	Erbschaftsteuer- und Schenkungsteuergesetz - Kommentar, 11. Auflage, München 1997 [zit.: *Meincke,* ErbStG]

Rau,   Kommentar zum Umsatzsteuergesetz, 7. Auflage, Köln 1995
Günter/Dürrwächter,   (Stand: Oktober 1996)
Erich/Flick, Hans/Geist,   [zit.: *Bearbeiter, in: Rau/Dürrwächter/Flick/Geist, UStG*]
Reinhold (Hrsg.)

Tipke, Klaus/Kruse,   Abgabenordnung, Finanzgerichtsordnung - Kommentar zur AO
Heinrich Wilhelm (Hrsg.) 1977 und FGO, 16. Auflage, Köln 1996
    (Stand: Juli 1997)
    [zit.: *Bearbeiter, in: Tipke/Kruse, AO, FGO*]

Troll, Max (Hrsg.)   Erbschaftsteuer- und Schenkungsteuergesetz, 5. Auflage, München
    1997 (Stand: März 1997)
    [zit.: *Bearbeiter, in: Troll, ErbStG*]

Troll, Max (Hrsg.)   Grundsteuergesetz, 7. Auflage, München 1997
    [zit.: *Troll, GrStG*]

Quellenverzeichnis

Die unterstrichenen Angaben bezeichnen die Zitierweise in den Fußnoten.

Abgabenordnung	v. 16. März 1976 (BGBl 1976 I, 613, ber. BGBl 1977 I, 269), zuletzt geändert durch JStG 1997 v. 20. Dezember 1996 (BGBl 1996 I, 2049, 2074) [zit.: AO 1977]
Anlage zum Erlaß über die Aufhebung der Festsetzungen von VSt für Zeiträume nach 1996 des Finanzministeriums NW	v. 6. Januar 1996, abgedr. in *Finanzministerium NW* (Hrsg.), Finanz-Report Januar 1997 (special zum JStG 1997), S. 5 [zit.: Anlage zum Erlaß über die Aufhebung der Festsetzungen von VSt]
Ausführungsbestimmung zum Kommunalabgabengesetz Niedersachsen	v. 20. Juli 1993 (MBl 1993, 1055) [zit.: AusfBest KAG Nds.]
Begründung zum Entwurf eines Standortsicherungsgesetzes	v. 4. Januar 1993 (BR-Drucks. 1/93) [zit.: Begr. z. Entwurf StandOG]
Bewertungsgesetz (BewG)	idF der Bekanntmachung vom 1. Februar 1991 (BGBl 1991 I, 230), zuletzt geändert durch JStG 1997 v. 20. Dezember 1996 (BGBl 1996 I, 2049) [zit.: BewG]
Biersteuergesetz	v. 21. Dezember 1992 (BGBl 1992 I, 2150, 2158, ber. BGBl 1993 I, 169), zuletzt geändert durch G v. 12. Juli 1996 (BGBl 1996 I, 962) [zit.: BierStG]
Bundessozialhilfegesetz	idF der Bekanntmachung vom 23. März 1994 (BGBl 1994 I, 646, ber. 2975), zuletzt geändert durch ÄndG v. 20. Dezember 1996 (BGBl 1996 I, 2083) [zit.: BSHG]
Bundesverfassung der Schweizerischen Eidgenossenschaft	v. 29. Mai 1874 (SR 101) [zit.: BV Schweiz]
Bundesverfassung der Vereinigten Staaten von Amerika	v. 17. September 1787, abgedr. bei *Currie, David P.*, Die Verfassung der Vereinigten Staaten von Amerika, Frankfurt a.M. 1988, S. 81 ff [zit.: BV USA]
Bundesverwaltungsverfahrensgesetz	v. 25. Mai 1976 (BGBl 1976 I, 1253), zuletzt geändert durch GenBeschlG v. 12. September 1996 (BGBl 1996 I, 1354) [zit.: BVwVfG]

Déclaration des Droits de l'Homme et du Cityoen (Erklärung der Menschen- und Bürgerrechte)	v. 26. August 1789, abgedr. bei *Kölz, Alfred,* Quellenbuch zur neueren schweizerischen Verfassungsgeschichte, Bern 1992, S. 31 ff [zit.: ebenso]
Einführungsgesetz zu den Realsteuergesetzen	v. 1.12.1936 (RGBl 1936, 961) [zit.: EinfGRealStG]
Einkommensteuergesetz	v. 7. September 1990 (BGBl 1990 I, 1899), zuletzt geändert durch JStG 1997 v. 20. Dezember 1996 (BGBl 1996 I, 2049) [zit.: EStG]
Einkommensteuergesetz	v. 24. Juni 1891 (preuß. Ges.-Slg. 1891, 175) [zit.: PreußEStG]
Entwurf eines Dritten Steuerreformgesetzes	v. 9. Januar 1974 (BT-Drucks. 7/1470) [zit.: Entwurf 3. StReformG]
Entwurf eines Gesetzes zur Umsetzung des Föderalen Konsolidierungsprogramms	v. 4. März 1993 (BT-Drucks. 12/4401) [zit.: Entwurf FKPG]
Entwurf eines Jahressteuergesetzes 1996	v. 27. März 1995 (BT-Drucks. 13/901) [zit.: Entwurf JStG 1996]
Entwurf eines Standortsicherungsgesetzes	v. 5. März 1993 (BT-Drucks. 12/4487) [zit.: Entwurf StandOG]
Erbschaftsteuer- und Schenkungsteuergesetz	v. 19. Februar 1991 (BGBl 1991 I, 469), zuletzt geändert durch JStG 1997 v. 20. Dezember 1996 (BGBl 1996 I, 2049) [zit.: ErbStG]
Erste Beschlußempfehlung zum Entwurf eines Jahressteuergesetzes 1996	v. 31. Mai 1995 (BT-Drucks. 13/1558) [zit.: Erste BeschlEmpf JStG 1996]
Gemeindeordnung für das Land Nordrhein-Westfalen	idF der Bekanntmachung vom 14. Juli 1994 (GV NW, 666) [zit.: GO NW]
Gesetz über die Zulassung öffentlicher Spielbanken	v. 14. Juli 1933 (RGBl 1933 I, 480) [zit.: SpielbankG]
Gesetz zur Umsetzung des Föderalen Konsolidierungsprogramms (FKPG)	v. 23. Juni 1993 (BGBl 1993 I, 944) [zit.: FKPG]
Gesetz zur Verbesserung der steuerlichen Bedingungen zur Sicherung des Wirtschaftsstandorts Deutschland im Europäischen Binnenmarkt (Standortsicherungsgesetz - StandOG)	v. 13. September 1993 (BGBl 1993 I, 1569) [zit.: StandOG]

Gewerbesteuergesetz	v. 21. März 1991 (BGBl 1991 I, 814), zuletzt geändert durch JStG 1997 v. 20. Dezember 1996 (BGBl 1996 I, 2049, 2073) [zit.: GewStG]
Grunderwerbsteuergesetz	v. 17. Dezember 1982 (BGBl 1982 I, 1777), zuletzt geändert durch JStG 1997 v. 20. Dezember 1996 (BGBl 1996 I, 2049, 2062) · [zit.: GrEStG]
Grundgesetz für die Bundesrepublik Deutschland	v. 23. Mai 1949 (BGBl 1949 I, 1), zuletzt geändert durch G zur Änderung des GG v. 3. November 1995 (BGBl 1995 I, 1492) [zit.: GG]
Grundsteuergesetz	v. 7. August 1973 (BGBl 1973 I, 965), zuletzt geändert durch PTNeuOG v. 14. September 1994 (BGBl 1994 I, 2325, 2389, ber. BGBl 1996 I, 103) [zit.: GrStG]
Jahressteuergesetz 1996	v. 11. Oktober 1995 (BGBl 1995 I, 1250) [zit.: JStG 1996]
Jahressteuergesetz 1997	v. 20. Dezember 1996 (BGBl 1996 I, 2049) [zit.: JStG 1997]
Kaffeesteuergesetz	v. 21. Dezember 1992 (BGBl 1992 I, 2150, 2199), zuletzt geändert durch G v. 12. Juli 1996 (BGBl 1996 I, 962) [zit.: KaffeeStG]
Kommunalabgabenverordnung Rheinland-Pfalz	v. 11. Januar 1996 (GVBl 1996, 67) [zit.: KAVO RP]
Kommunalabgabengesetz für das Land Nordrhein-Westfalen	v. 21. Oktober 1969 (GV NW, 712), zuletzt geändert durch G vom 16. Dezember 1992 (GVBl 1992 I, 561) [zit.: KAG NW]
Körperschaftsteuergesetz	v. 22. Februar 1996 (BGBl 1996 I, 341), zuletzt geändert durch JStG 1997 v. 20. Dezember 1996 (BGBl 1996 I, 2049, 2072) [zit.: KStG]
Neufassung der Reichsabgabenordnung	v. 22. Mai 1931 (RGBl 1931 I, 161) [zit.: RAO 1931]
Reichsabgabenordnung	v. 13. Dezember 1919 (RGBl 1919 I, 1993) [zit.: RAO 1919]
Schreiben des BdF	v. 30. Dezember 1981 (IV B 6 - S 2531 - 6/81), abgedr. bei: *Günther Felix/Dieter Carlé* (Hrsg.), Steuererlasse in Karteiform (StEK), Stand: August 1996, Köln 1996, EStG, § 9 Nr. 270 [zit.: BdF-Schreiben, StEK EStG, § 9 Nr. 270]
Stabilitätsgesetz	v. 8.6.1967 (BGBl 1967 I, 582) [zit.: StabG]

Umsatzsteuergesetz	v. 27. April 1993 (BGBl 1993 I, 566, ber. 1160), zuletzt geändert durch USt-ÄndG 1997 v. 12. Dezember 1996 (BGBl 1996 I, 1851) [zit.: UStG]
Verfassung des Deutschen Reiches	v. 11. August 1919 (RGBl 1919 I, 1383) [zit.: WRV]
Verfassung von Berlin	v. 23. November 1995 (GVBl 1995, 779) [zit.: ebenso]
Vermögensteuergesetz	v. 14. November 1990 (BGBl 1990 I, 2467), zuletzt geändert durch JStErgG 1996 v. 18. Dezember 1995 (BGBl 1995 I, 1959) [zit.: VStG]
Verordnung des Reichspräsidenten zur Sicherung von Wirtschaft und Finanzen	v. 1. Dezember 1930 (RGBl 1930 I, 517) [zit.: Notverordnung]
Verordnung über öffentliche Spielbanken	v. 27. Juli 1938 (RGBl 1938 I, 955) [zit.: SpielbankVO]

Entscheidungsregister

I. Bundesverfassungsgericht

Fundstelle	Datum	Aktenzeichen
BVerfGE 1, 264	30.04.1952	1 BvR 14, 25, 167/52
BVerfGE 2, 380	01.07.1953	1 BvL 23/51
BVerfGE 7, 89	24.07.1957	1 BvL 23/52
BVerfGE 8, 51	24.06.1958	2 BvF 1/57
BVerfGE 9, 3	03.12.1958	1 BvR 488/57
BVerfGE 11, 64	04.05.1960	1 BvL 17/57
BVerfGE 11, 139	04.05.1960	1 BvL 17/57
BVerfGE 13, 153	10.10.1961	2 BvL 1/59
BVerfGE 13, 261	19.12.1961	2 BvL 6/59
BVerfGE 13, 274	19.12.1961	2 BvR 1/60
BVerfGE 13, 279	19.12.1961	2 BvR 2/60
BVerfGE 13, 318	24.01.1962	1 BvR 232/60
BVerfGE 13, 331	24.01.1962	1 BvR 845/58
BVerfGE 14, 76	10.05.1962	1 BvL 31/58
BVerfGE 16, 64	07.05.1963	2 BvL 8, 10/61
BVerfGE 16, 147	22.05.1963	1 BvR 78/56
BVerfGE 19, 206	14.12.1965	1 BvR 413, 416/60
BVerfGE 19, 253	14.12.1965	1 BvR 571/60
BVerfGE 21, 12	20.12.1966	1 BvR 320/57, 70/63
BVerfGE 28, 119	18.03.1970	2 BvO 1/65
BVerfGE 30, 367	23.03.1971	2 BvL 2/60, 2 BvR 168, 196, 197, 210, 472/66
BVerfGE 30, 392	23.03.1971	2 BvL 17/69
BVerfGE 31, 8	01.04.1971	1 BvL 22/67
BVerfGE 38, 61	17.07.1974	1 BvR 51, 160, 285/69, 1 BvL 16, 18, 26/72
BVerfGE 46, 224	25.10.1977	1 BvR 15/75
BVerfGE 49, 343	12.10.1978	2 BvR 154/74
BVerfGE 65, 325	06.12.1983	2 BvR 1275/79
BVerfGE 66, 214	22.02.1984	1 BvL 10/80
BVerfGE 69, 272	16.07.1985	1 BvL 5/80, 1 BvR 1023, 1052/83, 1227/84
BVerfGE 72, 175	13.05.1986	1 BvR 99, 461/85
BVerfGE 72, 200	14.05.1986	2 BvL 2/83

Fundstelle	Datum	Aktenzeichen
BVerfGE 73, 388	23.10.1986	2 BvL 7, 8/84
BVerfGE 82, 60	29.05.1990	1 BvL 20, 26, 184, 4/86
BVerfGE 84, 239	27.06.1991	2 BvR 1493/89
BVerfGE 87, 153	25.09.1992	2 BvL 5, 8, 14/91
BVerfGE 93, 121	22.06.1995	2 BvL 37/91
BVerfGE 93, 165	22.06.1995	2 BvR 552/91
KStZ 1967, 55	21.12.1966	1 BvR 33/64
ZKF 1990, 206	15.12.1989	2 BvR 436/88
NJW 1992, 168	22.07.1991	1 BvR 313/88

II. Finanzgerichtsbarkeit

1. Bundesfinanzhof

Fundstelle	Datum	Aktenzeichen
BFHE 55, 247	13.03.1951	II 107/50 S
BFHE 66, 510	28.02.1958	VI 132/56 U
BFHE 67, 403	05.08.1958	I 158/57 U
BFHE 68, 462	18.02.1959	II 28/58 U
BFHE 70, 272	06.05.1959	VI 170/58 U
BFHE 73, 387	11.07.1961	I 162/59 S
BFHE 75, 255	03.04.1962	I 149/60 U
BFHE 87, 121	19.10.1966	II 92/63
BFHE 89, 422	27.07.1967	IV 300/64
BFHE 97, 78	29.08.1969	VI R 318/67
BFHE 102, 285	26.05.1971	I R 20/70
BFHE 105, 402	28.04.1972	III R 87/71
BFHE 107, 315	08.11.1972	II B 24/72
BFHE 108, 464	12.01.1973	VI R 255/68
BFHE 112, 14	12.03.1974	VII R 136/71
BFHE 112, 546	14.05.1974	VIII R 95/72
BFHE 113, 98	20.06.1974	IV R 19/70
BFHE 118, 221	17.02.1976	VIII R 34/75
BFHE 118, 379	24.03.1976	II R 56/69
BFHE 121, 572	18.02.1977	VI R 177/75
BFHE 124, 268	08.11.1977	VII R 41/75
BFHE 136, 319	05.05.1982	VII R 96/78
BFHE 138, 355	12.04.1983	VIII R 80/79

Fundstelle	Datum	Aktenzeichen
BFHE 149, 342	05.03.1987	VII R 31/84
BFHE 151, 285	14.10.1987	II R 11/85
BFHE 157, 291	30.06.1989	III R 85/87
BFHE 159, 341	12.01.1991	VI R 29/86
BFHE 160, 61	21.02.1990	II B 98/89
BFHE 162, 211	05.10.1990	III R 19/88
BFHE 162, 450	07.11.1990	II R 17/86
BFHE 168, 174	20.05.1992	III B 100/91
BFHE 169, 486	21.12.1992	VII B 128/92
BFHE 174, 97	27.10.1993	I R 60/91
BFHE 180, 108	16.02.1996	I R 68/95
BStBl II 1979, 81	30.08.1978	II R 28/73
BStBl II 1994, 128	13.10.1993	II R 92/91

2. Reichsfinanzhof

Fundstelle	Datum	Aktenzeichen
RFHE 51, 112	20.11.1941	IV 47/41

3. Finanzgerichte der Länder

Fundstelle	Datum	Aktenzeichen
FG Baden-Württemberg		
FR 1997, 308	20.09.1996	9 K 195/96
FG Düsseldorf		
EFG 1992, Nr. 360, S. 346	02.12.1991	4 K 332/87 Erb
FG Hamburg		
KStZ 1985, S. 197 ff	07.12.1984	III 287/84
FG Köln		
DStZ 1989, S. 126	14.07.1988	5 K 424/88
FG Münster		
EFG 1991, Nr. 266, S. 253	01.02.1991	16 K 936/90 E
Niedersächsisches FG		
BB 1991, 258	15.01.1991	IX 427/90, IX 437/90

Fundstelle	Datum	Aktenzeichen
FG des Saarlandes		
BB 1991, 668	19.03.1991	1 K 84/91

III. Verwaltungsgerichtsbarkeit

1. Bundesverwaltungsgericht

Fundstelle	Datum	Aktenzeichen
BVerwGE 3, 45	14.12.1955	V C 295.54
BVerwGE 8, 329	05.06.1959	VII C 83.57
BVerwGE 37, 293	05.03.1971	VII C 44.68
BVerwGE 96, 272	19.08.1994	VIII N 1.93
DÖV 1993, 1093	11.06.1993	VIII C 32.90

2. Sonstige Verwaltungsgerichte

Fundstelle	Datum	Aktenzeichen
PreußOVG		
PreußOVGE 60, 252	06.10.1911	VIII C. 57. 11
PreußVerwBl 38 (1916/17), 116	02.05.1916	II C. 14. 16
OVG Münster,		
KStZ 1975, 176	17.3.1975	II A 620/73
VGH BW		
ESVGH 24, 230	28.03.1974	V 604/72
VGH Mannheim		
BWGZ 1993, 308	28.12.1992	S 1557/90

Deutscher Universitäts Verlag
GABLER·VIEWEG·WESTDEUTSCHER VERLAG

Aus unserem Programm

Manfred A. Dauses (Hrsg.)
Osterweiterung der EU
Rechtsangleichung und strukturpolitischer Rahmen
1998. 581 Seiten, 4 Abb., 15 Tab., Broschur DM 128,-/ ÖS 934,-/ SFr 114,-
DUV Sozialwissenschaft
ISBN 3-8244-4284-1
Die Osterweiterung der Europäischen Union steht vor der Tür. Die potentiellen
Beitrittspartner Mittelosteuropas haben bereits einen großen Teil der System-
transformation umgesetzt. Jetzt müssen die rechtlichen Rahmenbedingungen für
die Einbindung in die EU geschaffen werden.

Klaus Dorner u. a. (Hrsg.)
Aspekte der europäischen Integration
1998. XIV, 236 Seiten, 5 Abb., 18 Tab., Broschur DM 48,-/ ÖS 350,-/ SFr 44,50
DUV Sozialwissenschaft
ISBN 3-8244-4286-8
In diesem am Centrum für Europäische Studien (CEUS) entstandenen Sammel-
band werden bisherige Entwicklungslinien des europäischen Integrationsprozes-
ses aufgearbeitet und Zukunftsperspektiven aufgezeigt.

Simone Hils-Seewöster
Besteuerung des Einkommens aus wiederkehrenden Vermögensleistungen
1998. XXVIII, 294 Seiten, 13 Abb., 50 Tab., Br. DM 108,-/ ÖS 788,-/ SFr 96,-
GABLER EDITION WISSENSCHAFT
ISBN 3-8244-6701-1
Die gegenwärtig praktizierte Besteuerung wiederkehrender Zahlungen weist zahl-
reiche Mängel auf. Im Mittelpunkt dieser Untersuchung steht die Entwicklung
ökonomisch fundierter und anwendbarer Besteuerungsregeln für wiederkehrende
Vermögensleistungen.

Dirk Lüth
Subsidiarität und föderale Währungsunion in Europa
Eine ergebnis- und verfahrensorientierte Analyse
1997. XVIII, 348 Seiten, 46 Abb., Broschur DM 118,-/ ÖS 861,-/ SFr 105,-
"ebs-Forschung", Schriftenreihe der EUROPEAN BUSINESS SCHOOL
Schloß Reichartshausen, Band 6
DUV Wirtschaftswissenschaft
ISBN 3-8244-0365-X
Der Autor verdeutlicht u. a., warum - trotz getroffener Vorkehrungen in den Ver-
trägen von Maastricht - die vorhandenen sowie vorgesehenen Struktur- und Len-
kungsprinzipien zu einer höheren Inflationsrate in der Europäischen Währungsunion führen.

DeutscherUniversitätsVerlag
GABLER · VIEWEG · WESTDEUTSCHER VERLAG

Peter Mauritz
Konzepte der Bilanzierung und Besteuerung derivativer Finanzinstrumente
1997. XXXII, 370 Seiten, Broschur DM 118,-/ ÖS 861,-/ SFr 105,-
GABLER EDITION WISSENSCHAFT
ISBN 3-8244-6444-6
Der Autor weist nach, daß die bislang praktizierten Methoden der kompensatorischen Bilanzierung von Finanzderivaten nicht dem geltenden Bilanzrecht entsprechen, und zeigt Alternativen.

Axel P. Mielke
Steuerorientierte Rechtsformwahl
Teilsteuerrechnung und Teilsteuerartenrechnung im Mittelstand
1997. XXVIII, 416 Seiten, 15 Abb., 34 Tab., Br. DM 128,-/ ÖS 934,-/ SFr 114,-
GABLER EDITION WISSENSCHAFT
ISBN 3-8244-6555-8
Der Autor zeigt, welche Entscheidungsgrundlagen in einem Steuerbelastungsvergleich für eine rationale Rechtsformwahl ermittelt werden müssen.

Heinrich Pehle
Das Bundesministerium für Umwelt, Naturschutz und Reaktorsicherheit:
Ausgegrenzt statt integriert?
Das institutionelle Fundament der deutschen Umweltpolitik
1998. XII, 329 Seiten, 64 Tab., Broschur DM 74,-/ ÖS 540,-/ SFr 67,-
DUV Sozialwissenschaft
ISBN 3-8244-4291-4
Im Mittelpunkt dieser Untersuchung steht die Frage, wie sich die Errichtung eines eigenständigen Umweltministeriums auf Bundesebene auf die deutsche Umweltpolitik ausgewirkt hat.

Petra Schild-Plininger
Steuerplanung bei der Übertragung von Betriebsvermögen auf Kinder
Betriebswirtschaftliche Vorteilhaftigkeitsanalyse möglicher Gestaltungen
1998. LIII, 589 Seiten, 133 Abb., 75 Tab., Br. DM 168,-/ ÖS 1.226,-/ SFr 149,-
GABLER EDITION WISSENSCHAFT
ISBN 3-8244-6579-5
Die Autorin zeigt die steuerlich bedeutsamen Gestaltungsmöglichkeiten bei der Betriebsübertragung auf und analysiert diese mit dem Ziel der Steuerbarwertminimierung.

Die Bücher erhalten Sie in Ihrer Buchhandlung!
Unser Verlagsverzeichnis können Sie anfordern bei:

Deutscher Universitäts-Verlag
Postfach 30 09 44
51338 Leverkusen